中國學術思想 研究輯刊

十六編

林 慶 彰 主編

第3冊

墨子哲學理論基礎
——「義」之研究

韋 展 勛 著

《淮南子》認識論研究
——以把握本質的方法爲中心

川津康弘 著

花木蘭文化出版社

國家圖書館出版品預行編目資料

墨子哲學理論基礎——「義」之研究　韋展勛　著／《淮南子》
認識論研究——以把握本質的方法為中心　川津康弘　著 — 初
版 — 新北市：花木蘭文化出版社，2013〔民 102〕
目 2+64 面／目 2+122 面；19×26 公分
（中國學術思想研究輯刊 十六編；第 3 冊）
ISBN：978-986-322-128-9（精裝）
1. 墨子　2. 淮南子　3. 研究考訂
030.8　　　　　　　　　　　　　　　　　　　102002257

ISBN-978-986-322-128-9

9 789863 221289

中國學術思想研究輯刊
十六編　第三冊　　　　　　　　ISBN：978-986-322-128-9

墨子哲學理論基礎——「義」之研究
《淮南子》認識論研究——以把握本質的方法爲中心

作　　者　韋展勛／川津康弘
主　　編　林慶彰
總 編 輯　杜潔祥
出　　版　花木蘭文化出版社
發 行 所　花木蘭文化出版社
發 行 人　高小娟
聯絡地址　235 新北市中和區中安街七二號十三樓
　　　　　電話：02-2923-1455／傳眞：02-2923-1452
網　　址　http://www.huamulan.tw 信箱 sut81518@gmail.com
印　　刷　普羅文化出版廣告事業
封面設計　劉開工作室
初　　版　2013 年 3 月
定　　價　十六編 25 冊（精裝）新台幣 42,000 元

墨子哲學理論基礎
——「義」之研究

韋展勛　著

作者簡介

韋展勛，字續墨，祖籍廣西宜州，癸亥年七月二十五日生於台北北投，現為輔仁大學博士生，好任俠，好飲酒，好玄思。從小具有好管閒事的正義感與實事求是的精神，對於墨子言「義」嚮往不已，視其為墨子哲學之基礎與其天人之際的樞紐。

提　要

　　本文試圖以《墨子》文本為理論根據，重新看待墨子哲學的核心概念及其價值，筆者以為「義」應可作為墨子學說之基石，再進一步透過「十論」之義舉、義行之方法，以達致墨子學說的理想狀態，此即天下大同、利及天下之義。因「義」之意涵貫串墨子思想而成就其哲學系統，於此，本文透過探討墨子哲學中「義」之為「義」，以義為根本而達至滿全之「義」的理想，更進而研究以「義行」、「義舉」出發達致「天下大利（義）」的思想，即「以義出發進而達致『義』」之哲學系統，於此可謂「義」應可作為墨子思想的核心價值之理據。

目

次

第一章　緒　論

第一節　研究動機與目的

《韓非子・顯學篇》云：

> 世之顯學，儒墨也。儒之所至，孔丘也；墨之所至，墨翟也。

在春秋戰國之際，其中以儒、墨二家最爲興盛，並稱顯學。於此一時期，周文疲弊世道紊亂，世風日下，人心不古，因此儒家、道家……等學說流派大抵上都是爲了治亂世而起，墨子之學亦是爲了救世之弊而誕生，而墨家哲學在其方法與角度上更不同於它者。在墨子心中最爲重要的是「仁人之所以爲事者，必興天下之利，除天下之害」，墨子也以其自身做了一個萬眾欽佩的楷模。《莊子・天下篇》曰：

> 使後世之墨者多以裘褐爲衣，以跂蹻爲服，日夜不休，以自苦爲極，
>
> 曰：「不能如此，非禹之道也，不足謂墨。」

《呂氏春秋・當染篇》更稱：墨子「無爵位以顯人；無賞祿以利人。」但其「盛譽流於北方；義聲振於楚越。」由此可見，在先秦諸子百家之中墨子爲其所處大亂世時代之翹楚，且是極具影響力的。墨子面對的問題是社會的動盪與亂象，進而提出救治亂世的良方，以及尋找「人之所以爲人」的處世原則，並且試圖改善人與人的相互關係。墨子把人與人相互的處世原則、個人與團體間彼此互動關係之原則更加的擴大，湯智君在〈論墨家「義」學的實踐〉一文中，稱此互動關係之原則爲「義」。〔註1〕筆者亦同意此一說法，因

〔註1〕湯智君：〈論墨家「義」學的實踐〉，《聯合學報》第二十二期，2003年，頁2。

《墨子》一書中的〈貴義篇〉即記錄墨子與人對話的內容，用以闡明「義」之道理與其至高價值，此篇章首句即：「萬事莫貴於義。」而墨子更爲了對改善社會混亂之現狀，試圖提出對策與解決方法即墨學「十論」〔註2〕，〈魯問篇〉云：

> 子墨子游，魏越曰：「既得見四方之君子，則將先語？」子墨子曰：「凡入國，必擇務而從事焉。國家昏亂，則語之尚賢、尚同；國家貧，則語之節用、節葬；國家憙音湛湎，則語之非樂、非命；國家遙僻無禮，則語之尊天、事鬼；國家務奪侵凌，即語之兼愛、非攻，故曰擇務而從事焉。」

墨子認爲應該針對不同的問題，提出不同的解決方法，必須對症下藥。墨子認爲如果國家政治混亂就應該以先講「尚賢」與「尚同」並以此爲藥方；如果國家貧窮就先講「節用」、「節葬」而爲處方；如果國家沉溺音樂或沉溺於酒就講「非樂」、「非命」來進行療程；如果國家荒淫無道，沒有禮法，就先講「尊天」（天志）、「事鬼」以約束；如果國家在爭奪侵略，就同他們先講「兼愛」、「非攻」以息干戈，這些處方箋可依照療效分爲十種，用以針對不同病症，這十論方法簡言即是：「兼愛、非攻、尚賢、尚同、節用、節喪、非樂、天志、明鬼、非命」。墨學之治亂十大藥方是以「興天下之利，除天下之害」強天下之身、健社會之體爲基底，墨子更以自身爲其學說藥引，是故墨子之學可說是「爲義之學」〔註3〕。再者，墨子曰：「義，利也」、「萬事莫貴於義」，於此更直接說明了「義」的絕對優先屬性，也說明了「義」作爲人我互動關係鏈中的道德基礎。黃士嘉云：

> 墨子生當先秦亂世，能發人之不敢發、言人之所不敢言，甚至爲人之所不願爲，若非有即崇高之道德勇氣實無以致之，他這種試圖撥亂反正、教化人心的偉大人格及情操，實不容後人輕易污衊。而其所提「兼愛」、「貴義」、「交相利」之主張，乃屬改善社會風氣釜底抽薪、標本兼治之良藥，對吾人努力從事社會改革實具有引導之作用，應該奉爲圭臬，實踐力行不渝才是，怎能以未達目標，而遽自

〔註2〕 吳進安：《墨家哲學》，臺北：五南圖書，2003，頁46。上述之方法正墨子思想中的要旨，也是他治國的方法，以完成「興天下之利，除天下之害」的目的。

〔註3〕 陳問梅：《墨學之省察》增訂本自序語：「孔子所開創的可說是『爲仁之學』或即『踐仁之學』，而墨子則可說是『爲義之學』。」臺北，學生書局，1988。

　　怪罪理論之不健全，如同墨子所說：「爲義而不能，必無排其道」，
　　實值得吾輩省思再三。〔註4〕

筆者也認爲吾輩不能因所處不同環境與其自身不同的身分而減損推行「義」
的勇氣，應該學會與認同「人窮志不窮，背彎心不躬」的精神，我們對於「義」
的堅持，我們須從個人之道德主體出發直至個人正義行爲之外顯，而至關切
天下時局之讜論，落實個人「義」到社會「公義」，進而開拓和諧世界與和平
理想之境，「義」爲人類開展的第一步，關切時局爲其界域之延展，而太同世
界的開拓是爲人類最爲理想的社會狀態。

　　亞里斯多德（Aristotle，B.C384-322）說：「德行就是對他人行善的一種
能力，所以最好的德行一定是對別人最有利的德行。」〔註5〕關於（正）義
與（公）利的問題在中國哲學《墨經》一書中有著這樣的解答：「義，利也。」，
此其「利」的提出乃是基於社會之公義與謀天下大利爲故，是以「天下」與
「大同」爲基點視角，不同於原始儒家以個人爲本體作爲出發點的立場。於
是我們不僅要學習中國哲學之智慧、效法先聖先賢之行爲；也需以世界先賢
先哲的理想與理論，依據所處時代之問題，從外在與客觀的事實上，經由經
驗考察與分析來成就和平的理想，畢竟這個對象皆是共同面對的客觀情境與
歷史。由於墨子所處之「七患亂世」〔註6〕的社會，與今時今日類比而論可
謂：實屬雷同，如今人人自私自利、國與國間衝突連連，人我之間爾虞我詐、
以合法之名掩護非法，以道德之言包裝不義之行……，我們由以古而鑑今，
吾人所處之社會不也與墨子之所處時代相同嗎？據此，「義」正是人類之德
行，透過外顯的行爲而成「義」的行爲，發揮此德行的爲「義之人」意近爲
「俠〔註7〕」，「義之人」所行之行爲是爲行「義道」之人，由「義心」的張

〔註4〕　黃士嘉：〈墨子「愛、義、利」概念之分析〉，《孔孟月刊》，第三十九卷第五
　　　　期，頁40。
〔註5〕　Aristotle, Rhee. I. 9."The greatest virtues must needs be those which are most
　　　　profitable to other persons, because virtues is a faculty of doing good to others."
〔註6〕　按《墨子・七患篇》曰：「國有七患。七患者何？城郭溝池不可守而治宮室，
　　　　一患也。邊國至境四鄰莫救，二患也。先盡民力無用之功，賞賜無能之人，
　　　　民力盡於無用，財寶虛於待客，三患也。仕者持祿，游者愛佼，君脩法討臣，
　　　　臣懾而不敢拂，四患也。君自以爲聖智而不問事，自以爲安彊而無守備，四
　　　　鄰謀之不知戒，五患也。所信不忠，所忠不信，六患也。畜種菽粟不足以食
　　　　之，大臣不足 以事之，賞賜不能喜，誅罰不能威，七患也。以七患居國，必
　　　　無社稷；以七患守城，敵至國傾。七患之所當，國必有殃。」
〔註7〕　許慎撰、段玉裁注：《說文解字注》，臺北：洪葉文化文化事業有限公司，1999，

顯而「爲義者」所行「義舉」的開展，正是我們所引頸期盼的人之所以爲人的正確價值觀，而這是由內而外推的力量，於此，吾人應當復醒自我覺察，見不賢而內自省，再由外推的「義行」以成就陶化理想之社會，實踐精神與實踐行爲加上自我省思與環境教化，內外雙修，內歸於個人之義而不逾，外拓至社會公義而不越，也許這就是一種自我的認同感與使命感，更可以說是一種對應天地萬物的責任感。

　　由於現今所涉及《墨子》思想之相關論著，大抵對於墨子哲學之核心價值、墨子之爲義精神與墨子哲學中最高意涵爲何？三大問題著墨最爲豐富，亦對於此三大問題均有所不同見解，其中最引起最熱烈之討論的問題乃是：「墨子哲學之核心價值問題」，大部分學者均同意墨子思想之中最高主宰爲「天」，而「天志」爲上天之絕對意志，而進而討論其中之核心價值，我們若從對於墨學研究的文獻資料上進行回顧可以得知，對此一問題的討論中，學者們之主張大抵上分爲三者，主要將墨子哲學之核心意涵分爲「兼愛」、「利」與「義」，而筆者透過《墨子》之文本與歷史背景之研究，將對於墨子哲學之核心價值問題進行進一步的釐清與深入的探討。據此，本文以研究《墨子》思想之核心概念爲目的，針對前人對於此一問題的理解，進而分析整理出不同之觀點，並對於《墨子》思想之核心概念作出不同的看法，亦試圖將墨子哲學重新詮釋而作爲其系統化的建構，更冀望自身能爲現今所處亂世略盡微薄之力。

頁 377。俠，俜也。从人夾聲。「俠」字始見於《韓非子・五蠹篇》而其對「俠」的定義是：「其帶劍者，聚徒屬，立節操，以顯其名，而犯五官之禁」。而「俠」之能事乃：「群俠以私劍養」。「俠」最早的形象是負面的，而最早肯定「俠」的，應是司馬遷。〈太史公自序〉中給與「俠」明確的定義：「救人於厄，振人不贍，仁者有乎；不既信，不倍（背）信，義者有取焉」。而在〈遊俠列傳〉中更進一步指出：「今遊俠，其行雖不軌於正義，然其言必信，其行必果，已諾必誠，不愛其軀，赴士之厄困；既已存亡死生矣，而不矜其能，羞伐其德」。（文中之「正義」應指時代政治行爲，應非墨子之「義」）。傳統中國之「俠」的仁義典範，應該就是在此時所樹立的。〈遊俠列傳〉中曾提及：「儒以文亂法，而俠以武犯禁。」二者雖然都受到批評，但社會聲譽依然很高。遊俠的行爲雖然並不遵循傳統的社會規範，但爲了實踐諾言，救人危難，往往奮不顧身。於此，他們的誠信品德與犧牲精神，也表現出強有力的文化影響力。

第二節　研究範圍

　　本文以墨子其人與《墨子》一書爲主要研究對象，試圖把握眞實的墨子思想之價值根源問題，探討墨子思想的核心概念爲何？其價值意涵爲何？以及如何的將其哲學進行系統化的詮釋？是故以《墨子》一書作爲研究主軸，佐以相關文獻、學術論文以進行主題式的探討與釐清。筆者將墨子其人所處的時代背景，以及其時代思想的交互影響關係爲前提，探究其哲學意涵與價值根源，最後進行其「義」思想的系統化建構，在此過程中主要以其「義」思想的價值與墨學的核心概念，進行研究與重申。於此，主要的研究範圍可分爲五項：

（一）史書史料

　　如《史記》、《鹽鐵論校注》、《漢書補注》、《孟子》、《荀子》、《莊子》、《呂氏春秋》、《淮南子》、《明刻淮南鴻烈解》、《韓非子》、《說文解字注》、《易經》、《左傳》……等。上述論著文本，筆者引用史書史料中論及墨子其人其事之記載，節錄於本文中，用以突顯在於歷史中墨子的形象以及墨子其人對於時代背景中之影響力。

（二）《墨子》一書與多家注本

　　如孫詒讓：《墨子閒詁》、李漁叔註譯：《墨子今註今譯》、梁啓超：《墨子校釋》、畢沅：《墨子注》、張惠言：《墨子經說解》、吳汝綸：《點勘墨子讀本》、俞樾：《墨子平議》、嚴靈峰編輯之《墨子集成》……等。《墨子》一書自宋代以來，史家之考據繁多，於清代孫詒讓所考而大成，考據之細膩與詳盡，凡治墨學者無不拜服，亦使本文作者爲之傾倒，是故筆者選以孫詒讓《墨子閒詁》爲本文《墨子》篇章出處，並以嚴靈峰編輯之《墨子集成》交互對照以供篇章選用之參考。

（三）學者之研究成果

　　如梁啓超：《墨子學案》、陳問梅：《墨學之省察》、孫廣德：《墨子政治思想之研究》、張知寒主編：《墨子研究論叢》、魏義霞：《七子視界：先秦哲學研究》……等。自清代以降，治墨學者留下許多對於墨子學說之精闢見解，如梁啓超：《墨子學案》一書，而至現代之治墨學人更對於前人之言有所新的體悟與認識，更給與我們更多的思想與研究的空間，不論過去與現代的學者的研究成果均值得留與後學們十分重要的參考價值，更提供完善的理論基礎

給與當代墨學研究者作為開展與討論，同時成就墨學並賦予墨子哲學新的生命。

（四）相關學術論文

如薛保綸：〈墨子的人生哲學〉、吳進安：〈墨子「義利一元論」探析〉、〈墨子政治哲學的政道與治術〉、〈從墨子義利一元論探討墨子社會正義觀〉、〈墨家天人關係論探析〉；周富美：〈墨子的實學〉、孫中原：〈論墨家的人文與科學精神〉、李賢中：〈墨家的天人關係〉、司文德：〈墨子之道德哲學〉、陳慈莉：〈墨子「義」概念之研究〉、湯智君：〈論墨家「義學」的實踐〉、〈墨家義利相容論〉；黃士嘉：〈墨子「愛、利、義」概念之分析〉、洪靜芳：〈墨子的為義精神〉、李正治：〈墨子「以義反禮」型的禮樂思索〉、高柏園：〈墨子與孟子對戰爭之態度〉、高瑋謙：〈墨家義道思想析論〉、郭鵬飛：〈論墨子的「義」道與其思想系統的關係〉、許雅棠：〈以義齊之──墨子政治思想試說〉……等。於本文中，參見當代許多學者之相關學術論文，主要分為三方面：

（1）墨學之「天」理論系統〔註8〕

如李賢中：〈墨家的天人關係〉對於「天」的特性之觀點以及「天與人的主宰關係」、「天與人的倫理關係」與實用的「天與人的師法關係」之三層次觀念、吳進安：〈墨家天人關係論探析〉中的天與人、人與人的「義利一元」關係的說明。

（2）墨學之實用觀念

如周富美：〈墨子的實學〉中理論與實踐的可能性與成效性、應然性與必然性的問題、孫中原：〈論墨家的人文與科學精神〉論及過去思想與未來發展，而產出重新詮釋與實用的思想。

（3）墨學之核心意涵

如司文德：〈墨子之道德哲學〉中論及「天」是道德的來源性與「天」的本質性問題、陳慈莉：〈墨子「義」概念之研究〉中對於墨子「義」概念的解釋問題、黃士嘉：〈墨子「愛、利、義」概念之分析〉中「愛義利三合一」與「愛義利三者相容」問題、洪靜芳：〈墨子的為義精神〉文中分析歸結墨子的四種為義精神與為義方式的解釋、高瑋謙：〈墨家義道思想析論〉

〔註8〕 此條列主要是針對墨子哲學的「形上思想」與「形下世界」的聯繫問題，即「天人關係」系統。於此進行簡易說明以避免與條列（3）墨學之核心意涵中所提及「天」之來源性與本質性問題兩相混淆。

提出《墨子》中橫向思想、縱向思想與總輪紐為何的看法、郭鵬飛：〈論墨子的「義」道與其思想系統的關係〉論及「義」與其他四個向度，即「義與社會」「義與宗教」、「義與政治」、「義與經濟」的關係。

於當代學術論文之中，包含許多真知灼見，不乏極具影響力之大作，而筆者針對上述三者加以探討，由其以墨學核心問題之處著墨最多，亦是本文之探討之重點。

（五）專書論著

如李賢中：《墨學：理論與方法》、吳進安：《墨家哲學》、張家焌：《先秦儒道墨思想論文集》、崔清田：《顯學重光》、方授楚：《墨學源流》、王東珍：《墨學新探》、王讚源：《墨子》、史墨卿：《墨學探微》、任繼愈：《墨子與墨家》、吳進安：《孔子之仁與墨子兼愛比較研究》、吳進安：《墨子政治哲學探微》、吳晉生、黃歷鴻、吳薇薇：《墨學與當代政治》、李紹崑：《墨子研究》、李紹崑：《墨學十論》、余英時：《中國知識階層史論》、邢兆良：《墨子評傳》、黃省三：《墨子思想新探》、周玉蕙：《從現代學術論墨學》、周長耀：《孔墨思想之比較》、韋政通：《先秦七大哲學家》、孫中原：《墨者的智慧》、孫中原：《墨學通論》、孫廣德：《墨子政治思想之研究》、陳顧遠：《墨子政治哲學》、陳癸淼：《墨辯研究》、張永義：《墨苦行與救世》、梁啓超：《子墨子學說》、舒大剛：《墨子的智慧》、唐君毅：《哲學概論》、徐復觀：《中國思想史論集》、陳拱：《儒墨平議》、嚴靈峰：《墨子簡篇》、譚家健：《墨子研究》、譚宇權：《墨子思想評論》、蔡仁厚：《墨家哲學》。

本文參考相關學者的專書與其相關論著，如學者獨特之見解、比較之研究、相關評傳與探微，以及學術、會議論文……等，進而分析與比較上述資料，冀望從近代學者之研究成果，進而歸納整理出，墨子哲學理論基礎中「義」之定位，即對於墨子思想之核心問題的重要觀點，參考上述資料以針對墨子之「義」思想進行考察與探究。

第三節　研究方法

本文擬針對墨子之「義」思想進行「創造的詮釋法」﹝註9﹞與「內容分析

﹝註 9﹞ 傅偉勳：〈創造的詮釋學即其應用〉，《從創造的詮釋學到大乘佛學：「哲學與宗教」四集》，臺北：東大圖書公司，1990，頁 1～46。

法」〔註 10〕之探討，據此以了解墨子「萬事莫貴於義」的思想產生之時代背景及其眞實意涵。首先實際投入墨子相關之資料彙整篩選以及進行《墨子》文本與相關資料之分析研究，以了解墨子哲學思想的源流與以及墨子學說的流變，並且分析探討墨子之「義道」精神在中國哲學中的影響力；經過研究墨子思想其中的哲學義涵、與墨學思想的演變，而進行論述，對墨子之「義」思想在其中作一完整分析研究，最後進行論述，從而探究墨子思想之核心價值，即其「義」概念的當代價值。

（一）創造的詮釋法

本論文以墨子思想核心中「義」的概念與分析進行以「義」爲主題的研究與開展，透過《墨子》一書之記載：墨子與其門生之對話、墨子之觀念論證、墨子之行爲，以及對於「義」意涵之解釋、章句、篇幅、行爲…等進行核心概念的重整釐清與分析，用以探究墨子「義」之所以爲「義」的價值意涵與重現。《墨子》對於「義」之說明、墨子意欲對於「義」的解釋、墨子對於「義」之眞實意涵與其「義」可能的蘊涵、墨子與《墨子》之應然產出「義」之謂「義」是爲何故？最後論及到墨子思想中「義」概念之哲學系統於現代之價值意涵的當代意義。本文以《墨子》文本爲本論文之研究，探討其中「義」之思想並且歸納其脈絡，進而推敲墨子「義」概念的深層意涵，此外探討整理相關資料、考量時代背景與墨子之思想歷程，以針對「義」之主題進行探究與詮釋。

（二）內容研究法

本論文透過文獻資料的內容進行研究與分析，藉以研究墨子哲學思想中以「義」爲價值根源之思想結構。主要在於《墨子》書中的「義」概念與其解釋，參佐學術論文與專論專書等資料，對墨子思想之核心價值進行探討。由於《墨子》書以篇章方式作爲其思想論述結構，並沒有將「義」概念作爲其思想之全面的系統化。因此，本文冀望以墨子及《墨子》之相關文獻資料的調查與分析整理，將墨子「義」之思想客觀忠實的呈現，以其正確對墨子「義」概念之核心價值重新把握，使其重現。筆者擬以墨子之「義」爲本論文主要探討之核心概念，藉由對於「義」概念之重詮，冀望能將墨子思想結構系統化之全貌呈現出來。

〔註10〕 葉乃嘉：《研究方法的第一本書》，臺北：五南圖書出版股份有限公司，2006，頁 200。

第二章　墨子其人及其思想源流

第一節　墨子生平簡介

　　墨子一生充滿著傳奇，更具有人所不能的實踐力與無限豐沛的生命力，墨子對於社會的摩頂放踵，在歷史上留下了深刻的痕跡，而〈止楚攻宋〉的事件更留給後人無限的想像與驚嘆。而充滿神秘感的墨子，其生卒年與國籍之問題至今仍在學術界引起熱烈之探討與考據的風潮。《呂氏春秋》高誘注曰：「墨子名翟，姓墨氏。魯人。」而《荀子》楊倞注曰：「墨翟，宋人，號墨子。」諸子之書亦皆稱孔墨。於此，本文根據《史記·孟子荀卿列傳》云：

　　　　蓋墨翟，宋之大夫，善守御，爲節用，或曰并孔子時，或曰在其後。

史學家司馬遷生卒年於西元前 145～86 年間，距離墨子生卒年三百餘年，其定墨子里籍爲宋人。此外根據《墨子閒詁》所載：「墨子十五卷，歸本題爲宋墨翟撰。」《漢書·藝文志》：「墨子七十一篇，注曰：名翟，宋大夫。」《隋書·經籍志》亦曰：「宋大夫墨翟撰。」《莊子》郭象注曰：「墨翟宋大夫。」莊子距墨子僅約百餘年。葛洪《神仙傳》云：墨子爲宋人《中國歷代人物年譜考錄》云：「墨子戰國初宋國人，後居魯國，名翟」〔註 1〕他們諸家亦認爲墨子里籍爲宋人。孟子以楊墨併舉，其云：「楊朱墨翟之言盈天下。天下之言，不歸楊，則歸墨。」（《孟子·滕文公下》）楊朱姓楊名朱，按類推，墨翟理當姓墨名翟。《呂氏春秋·博志》篇稱「孔丘、墨翟晝日諷誦習業」，孔丘姓孔

─────────────────────────

〔註 1〕顧廷龍編：《中國歷代人物年譜考錄》，北京：中華書局，1992。

名丘,墨翟亦理當如此。〔註2〕據此,筆者引用徐希燕之著作《墨學研究》中對墨子生卒年問題之研究,其書中大量使用相關墨子之史料,進行歷史考證與科學疊圖之分析,而暫定墨子之生卒年與國籍考據之相關問題。故筆者引之,徐希燕云:

> 墨子姓墨名翟,生於春秋戰國之際的魯陽（今河南省魯山縣）,其學習與部分盛年活動在魯國。晚年返故里魯陽定居,其生約於前 480 年,卒年約為前 389 年。〔註3〕

墨子的一生不僅為世人留下完整的思想體系與墨家特有的哲學系統,其終其一生不厭其煩的勸人為義並且以身行義,企圖力挽狂瀾以改變天下之亂世,以人說義、以事論義、以利舉義、以身行義,這種大度胸襟與急公好義的精神,令人不禁神往,其行義之事蹟列舉如下,〈公孟篇〉曰:

> 有游於子墨子之門者,身體強良,思慮徇通。子墨子曰:「姑學乎!吾將仕子。」勸於善言,而學其年,而責仕於子墨子,子墨子曰:「不仕子。……今子為義,我亦為義,豈獨我義也哉?子不學,則人將笑子,故勸子於學。」

此篇中墨子說:「現在你行義,我也行義,怎麼能說只是我的義呢?你不學別人將要笑話你,所以勸你學習。」〈公孟篇〉中墨子勸人為義,勸人學習。透過故事性的例證與善言誘導,是將「身體強良、思慮徇通」之人以勸其學「義」而不怠的證明。〈公孟篇〉又云:

> 有游於子墨子之門者。子墨子曰:「盍學乎?」對曰:「吾族人無學者。」子墨子曰:「不然。夫好美者,豈曰吾族人莫之好,故不好哉。夫欲富貴者,豈曰我族人莫之欲,故不欲哉。好美欲富貴者,不視人,猶強為之,夫義,天下之大器也,何以視人,必強為之。」

此篇記載著有一個人來到墨子門下,墨子說:「為何不學習呢?」那人回答說:「我家族中沒有學習的人。」墨子說:「不是這樣。喜愛美的人,難道會說我家族中沒有人喜愛美,所以不喜愛嗎?意欲富貴的人,難道會說我家族中沒有人有這樣打算,所以不打算嗎?喜歡美的人、打算富貴的人,不用看他人行事,仍然努力去做。義,是天下最貴重的寶器,為什麼要看他人呢?一定努力去從事。」此篇章以論辯的方式勸人學「義」,也間接說明了「天下之大

〔註2〕徐希燕:《墨學研究》,北京:商務印書館,2001,頁3。
〔註3〕徐希燕:《墨學研究》,頁20。

器」的「義」是人人都一定要努力去學習的，墨子勸人為義的苦心，可見一斑。此外，當時之能工巧匠公輸盤善於製作器械，對墨子汲汲行義似乎不以為然，於是問墨子：

> 公輸子善其巧，以語子墨子曰：「我舟戰有鉤強，不知子之義亦有鉤強乎？」墨子回答道：「我義之鉤強賢於子舟戰之鉤強。我鉤強，我鉤之以愛，揣之以恭，弗鉤以愛則不親，弗揣以恭則速狎，狎而不親則速離，故交相愛，交相恭，猶若相利也。令子鉤而止人，人亦鉤而止子，子強而距人，人亦強而距子。交相鉤，交相強，猶若相害也。故我義之鉤強，賢子舟戰之鉤強。」（〈魯問篇〉）

〈魯問篇〉中公輸盤問墨子：「我船戰有自己制造的鉤、鑲，不知道您的義是不是也有鉤、鑲？」墨子回答說：「我義的鉤、鑲，勝過你船戰的鉤、鑲。我以『義』為鉤、鑲，以愛鉤，以恭敬推拒。不用愛鉤就不會親，不用恭敬推拒就容易輕慢，輕慢不親近就會很快離散。所以，互相愛，互相恭敬，如此互相利。現在你用鉤來阻止別人，別人也會用鉤來阻止你；你用鑲來推拒人，人也會用鑲來推拒你。互相鉤，互相推拒，如此互相殘害。所以，我義的鉤、鑲，勝過你船戰的鉤、鑲。」墨子以「相互生利」來說明「義」的效用與好處用以比較公輸盤的「互相殘害」的武器，曉以大義的言論亦證明其為義天下的「義心」。〈魯問篇〉云：

> 魯君謂子墨子曰：「吾恐齊之攻我也，可救乎？」子墨子曰：「可。昔者三代之聖王，禹湯文武，百里之諸侯也。說忠行義，取天下。三代之暴王，桀紂幽厲，讎怨行暴，失天下，吾願主君之上者尊天事鬼，下者愛利百姓，厚為皮幣、卑辭令，亟偏禮四鄰諸侯，毆國而以事齊，患可救也，非此，顧無可為者。」

魯國國君對墨子說：「我害怕齊國攻打我國，可以解救嗎？」墨子說：「可以。從前三代的聖王禹、湯、文、武，只不過是百里見方土地的首領，喜歡忠誠，實行仁義，終於取得了天下；三代的暴王桀、紂、幽、厲，把怨者當作仇人，實行暴政，最終失去了天下。」此例說明了實行「義」與「行義」的必要性與「義」與「天下」的絕對性，也為「義」能產生的好處以歷史的方式說明進行「行義」的重申。〈貴義篇〉謂：

> 子墨子自魯即齊，過故人，謂子墨子曰：「今天下莫為義，子獨自苦而為義，子不若已。」子墨子曰：「今有人於此，有子十人，一人耕

而九人處，則耕者不可以不益急矣。何故？則食者眾，而耕者寡也。

今天下莫為義，則子如勸我者也，何故止我？」

墨子從魯國到齊國，探望了老朋友。朋友對墨子說：「現在天下沒有人行義，你何必獨自苦行為義，不如就此停止。」墨子說：「現在這裡有一人，他有十個兒子，但只有一個兒子耕種，其他九個都閒著，耕種的這一個不能不更加緊張。為什麼呢？因為吃飯的人多而耕種的人少。現在天下沒有人行義，你應該勉勵我行義，為什麼還制止我呢？」此外，在〈耕柱篇〉的論辯過程，以故事引導到反諷止戰，實令人拍案叫絕：

> 子墨子謂魯陽文君曰：「今有一人於此，羊牛犓豢，維人但割而和之，食之不可勝食也。見人之作餅，則還然竊之，曰：『舍余食。』不知日月安不足乎，其有竊疾乎？」魯陽文君曰：「有竊疾也。」子墨子曰：「楚四竟之田，曠蕪而不可勝辟，呼虛數千，不可勝，見宋、鄭之閒邑，則還然竊之，此與彼異乎？」魯陽文君曰：「是猶彼也，實有竊疾也。」

根據上述，墨子為利天下以自身說義、行義，更勸人學義、勸人行義而力行不殆，據此我們不得不敬重墨子的為人，更欽佩墨子的「義」，梁啟超在其論著中更引《詩經》語稱讚墨子為義之積極：「凡民有喪，匍匐救之。」〔註4〕墨子實踐義的事蹟不勝枚舉。墨子救世之渴望與其實踐的力量應可說是：「席不暇煖，突不得黔」，我們藉由歷史史料可從中觀察與了解墨家所發揮出來的「萬事莫貴於義」精神。但是，我們不禁會問：墨子是如砥礪自己以及其門徒從事於「義」而屬行不怠呢？其實墨子已經給了我們答案，〈貴義篇〉云：

> 必去六辟。默則思，言則誨，動則事，使三者代御，必為聖人。必去喜，去怒，去樂，去悲，去愛，而用仁義。手足口鼻耳，從事於義，必為聖人。

《莊子・天下篇》曰：「以裘褐為衣，以跂蹻為服，日夜不休，以自苦為極」的墨子雖然教人要順天之志，為天之所欲，教人尊天事鬼。但墨家從未成一宗教團體，更未離開政治而談宗教，顯見墨子的社會意識重於宗教意識。〔註5〕因為墨子所擔憂之天下之亂，其企圖撥亂返正的熱情，需要透過「義」的方法實踐，而「行義」之方法必須從「義」之理論所衍生，於是由此「義」

〔註4〕梁啟超：《墨子學案》，臺北：臺灣中華書局，1985，頁33。
〔註5〕周富美：《救世的苦行者——墨子》，臺北：時報文化出版，1988，頁268。

的精神開展出墨子哲學中的為義方法，即墨學「十論」。而墨子之學也在戰國之土地投下一顆震撼彈，為亂世之病症注入一劑強心針。

第二節　墨學源流

在《史記》當中，司馬遷對於墨子的記載，僅僅附於〈孟荀列傳〉之後，並以十分簡單幾句話來描述墨子：

蓋墨翟，宋之大夫，善守禦，為節用。或曰並孔子時，或曰在其後。

司馬遷於《史記》的描述可謂之過分簡單，於此而所留下對於墨子其人的史料也相對稀少，墨子也因此失去了其應有的地位。但是墨子思想源於何處呢？孫詒讓在《墨子閒詁》云：「墨子與孔子異，其學出於夏禮。」，莊子認為墨學源於夏禹，《莊子・天下篇》云：

墨子稱道曰：「昔者禹之湮洪水，決江河，而通四夷九州也，名山三百，支川三千，小者無數。禹親自操橐耜，而九雜天下之川，腓無胈，脛無毛，沐甚雨，櫛疾風，置萬國。禹大聖也，而形勞天下也如此。」使後世之墨者，多以裘褐為衣，以跂蹻為服，日夜不休，以自苦為極，曰：「不能如此，非禹之道也，不足為墨。」

《淮南子・要略篇》說墨子「背周道而用夏政」，但其實墨子所效法學習的是夏禹的精神，《墨子》書中並未曾特別標榜夏禹，當墨子提及夏禹時，是與堯、舜、湯、文、武等古聖王並舉。〈貴義篇〉云：

凡言凡動，合於三代聖王堯、舜、禹、湯、文、武者，為之。凡言凡動，合於三代暴王桀、紂、幽、厲者，舍之。

那麼墨學源流之端發於何處？於此，筆者認為墨家思想淵源於儒家。《淮南子・要略篇》稱：「墨子學儒者之業，受孔子之術。」「孔丘墨翟修先聖之術，通六藝之論，口道其言，身行其志，慕義從風。」且「墨子學儒者之業，受孔子之術，以為其禮煩擾而不說，厚葬靡財而貧民，（久）服傷生而害事，故背周道而用夏政。」《呂氏春秋・當染篇》亦云：「魯公使宰讓請郊廟之禮於天子，桓王使史角往，惠公止之，其後在於魯，墨子學焉。」但墨子眼見孔子歿後之當時儒者，過分重視禮樂及厚葬久喪，過分流於形式而漸漸腐敗，導致社會之重形式而輕實踐之病狀，於是墨子遂毅然決然反對儒家，而另創學說。《淮南子・氾論篇》曰：

> 夫弦歌鼓舞以爲樂，盤旋揖讓以修禮，厚葬久喪以送死，孔子之所
> 立也，而墨子非之。

此外，於《淮南子‧泰族訓》亦對孔墨兩家學派之特色作了說明：

> 孔子弟子七十，養徒三千，皆入孝出弟。言爲文章，行爲儀表，教
> 之所成也。墨子服役者，百八十人，皆可使赴火蹈刃，死不旋踵，
> 化之所至也。

由此可見，墨子「舉義」、「行義」而圖救亂世，孔子說「仁」而周遊列國，
孟子倡導「仁義」而游說諸王，席不暇暖，都是存心企圖挽救亂世之風氣。
孫廣德的說法十分恰當：

> 墨子救世之態度與儒家不同，而較儒家更熱心，更積極。儒家認爲
> 須當政治可施展抱負，而天下有道始可以當政，故主張「不在其位，
> 不謀其政」，「邦有道則仕，邦無道，則卷而懷之」；有主張「天下有
> 道則見，無道則隱」，「可以仕則仕，可以止則止，可以久則久，可
> 以速則速」，「扣則鳴，不扣則不鳴」，如果不得其志，道不能行，則
> 「乘桴浮於海」。而墨子則一切不顧，毫無保留，不管是否受歡迎，
> 是否受禮遇，只一心一意，爲救世打算；東奔西走，爲救世而努力。
> 只要對救世能有所貢獻，則吃苦受辱，赴湯蹈火，在所不計。故莊
> 子謂其：「雖枯槁不舍也」，孟子云：「墨子兼愛，摩頂放踵，利天下
> 爲之」。其用意雖均在批判墨子，而其結果，卻正在充分表現墨子忘
> 我救世之精神。〔註6〕

但在孔子歿後，當時所謂儒者逐漸淪爲「形式主義」〔註7〕，而墨子認爲光談
理論不去實踐，就算理論再好，也產生不了愛人利人的成效，而理論與實踐
並重才是眞正有益於天下。是故墨子十分反對「空談理論」並稱之爲「蕩口」，
墨子在〈貴義篇〉云：

> 言足以遷行者常之，不足以遷行者勿常。不足以遷行而常之，是蕩
> 口也。

墨子之所以反對當時儒家的目的，是在於強調實踐的重要性而反對蕩口迂腐
之徒。尤其在孔子逝後，春秋戰國之際，於九流十家浩瀚思想中，墨子之學
首先異軍突起，與儒家學派分庭抗禮，各有千秋。《韓非子‧顯學》謂：「世

〔註6〕孫廣德：《墨子政治思想之研究》，臺北：臺灣中華書局，1974，頁54。
〔註7〕湯智君：〈論墨家「義」學的實踐〉，頁3。

之顯學，儒墨也。」據此更反映了當時的歷史背景，也突顯出墨子哲學的獨特性。墨子曾受教於史角〔註8〕，故其思想言論不悖離仁義之道，並且將「仁義之道」定爲天下社會與一切人事批判之法儀。李正治云：

> 但其思想性格特別重視客觀實效，對於孔學之仁義詮釋有其新的見
> 解，遂轉孔子以仁說義的仁道思想而爲以義說仁的義道思想。〔註9〕

筆者認爲李正治之論點具有參考之價值，據其所言，墨子對於孔子之學的重新詮釋，是將「以仁說義」之「仁道」思想轉化爲「以義說仁」之「義道」思想，這也說明了所謂「仁者見仁」、「義者見義」之觀念，也說明了墨子之學源於孔學之論，墨子之義道思想乃有鑒於孔子之仁道思想，進而轉向其觀念，故墨學乃以「義」爲出發，墨學是以「義」爲核心觀念之開展系統化之哲學。

第三節　前人研究成果與反思

綜合前人之研究，對於墨子思想之核心價值，大抵可分爲「利」、「義」與「兼愛」三者，筆者將「義」與「利」引用〈經上篇〉云：「義，利也。」之解釋歸納爲「以義涵利」與「義利互生」之觀念〔註10〕而稱爲：「義」；另一觀念曰：「兼愛」。於此，眾多學者所持看法不盡相同，分別以上述二種概念作爲墨子哲學核心意義，大抵上有梁啓超、徐復觀……等人，以「兼愛」爲墨學之核心價值進行開展；陳問梅、郭鵬飛……等人以「義」作爲墨子思想核心，進而成就其哲學系統之兩種看法。而筆者認爲「義」與「兼愛」之關係，應是墨子哲學中「體」與「用」，以及「『義』之觀念」與「『行義』之方法」的關聯性。筆者引用郭鵬飛云：

> 大凡一個思想家或一個救世者，他對世界所作出的一切奉獻，其背
> 後必有一種強烈的信念來支持著。這種信念經過理性的思考、分析
> 與綜合，便成爲他的思想體系。就墨子而言，歷來分析他的哲學思
> 想，大多以他的十論爲其思想主體。十論之中，又以「兼愛」爲中

〔註8〕《呂氏春秋‧當染篇》：「魯公使宰讓請郊廟之禮於天子，桓王使史角往，惠
　　　公止之，其後在於魯，墨子學焉。」

〔註9〕李正治：〈墨子「以義反禮」型的禮樂思索〉，《鵝湖月刊》，第十七卷第六期，
　　　頁1。

〔註10〕吳進安：《墨家哲學》，381頁。吳進安將此觀念謂之「義利一元」，其認爲「義」
　　　與「利」應可等同而視之。

心思想。如梁啓超先生說：「墨學所標綱領，雖有十條，其實只從一個根本觀念出來，就是兼愛。」〔註11〕「墨家唯一之主義曰『兼愛』。」〔註12〕徐復觀說：「墨子的思想，是以兼愛爲中心而展開的。」〔註13〕；可見梁、徐二位皆認爲兼愛是墨子的中心思想，以之統攝墨子其他的理論──包括其社會思想（非攻），政治思想（尚同、尚賢），經濟思想（非樂、節用、節葬）及宗教思想（天志、明鬼、非命）。以上各種思想固然是以「兼愛」爲其基礎，爲其樞紐，但深一層看，「兼愛」本身也只是爲了要達到某種目的的一座橋樑。換言之，「兼愛」是一種手段，其上是有一更高之理想目的作爲指導「兼愛」這意念及實行方式。既然如此，則其他的社會思想、宗教思想、政治思想便是爲了達致這最終理想的具體表現。這個最終的理想也就是墨子學說的樞紐，統攝著墨子十論的思想體系。這便是一個「義」字。〔註14〕

以上論述，也就是說明了「十論」的思想體系當中以「兼愛」作爲中心而作爲落實於形下世界的核心方法；換言之，「兼愛」也就是落實墨子的「天」此一形上思想的方法，但方法的落實需要有一更高的理想或指導原則，此亦代表著由天而出的「義」以作爲至高無上的「天」之意志以及落實於現實世界的「十論」方法的理想或指導原則，也代表者此一連接點與貫串處也就是「義」，是故「義」應可看作爲是墨子思想中會通形上與形下二者的交集之處。此外，筆者認爲郭鵬飛以十論爲範圍進行之探討頗爲精闢，實具有參考之價值，但惟獨對於「兼愛」觀念之分析，而對於其他觀念之關聯較少進行著墨，有鑑於此，關於「兼愛」與「十論」之聯繫，筆者參照陳問梅其著作《墨學之省察》進行分析，陳問梅認爲梁啓超以「兼愛」爲墨學的根本觀念，而以其他諸觀念都從「兼愛」這一根本觀念出來。而所謂其他九個觀念都由「兼愛」發出來，陳問梅更將其理路歸納有三者：

　　一、是從兼愛之內容與其他觀念中有可以相通而說的。

〔註11〕梁啓超：《墨子學案》，1978年，頁8。

〔註12〕梁啓超：《先秦政治思想史》，臺北：臺灣中華書局，1980年，頁115。

〔註13〕徐復觀：《中國人性論史──先秦篇》，臺北：臺灣商務印書館，1981年，頁318。

〔註14〕郭鵬飛：〈論墨子的「義」道與其思想系統的關係〉，《中華文化復興月刊》第十八卷第六期，頁18。

二、是從兼愛之實利標準與其他觀念之關聯而說的。

三、是從其他觀念中有可以作爲推行兼愛之工具而說的。

關於以上之三大理路，陳問梅亦對其進行鞭辟入裡的解釋：

> 要是只從兼愛之實利標準與其他九個觀念之關聯而說，則亦可以將
> 其他九個觀念歸於兼愛所統一。但從這一理路而說統一，又只是一
> 種橫的或平面性的統一，而決不是縱的或立體性的統一，或即如我
> 們所謂超越的統一。故依梁氏之說，趨其極，亦只能表示：兼愛是
> 其他九個觀念的中心；而決不能不說，兼愛即是諸觀念的根本觀念
> 的。如果轉從墨子思想之結構，以及從落實於現實之用上說，則與
> 其說天之意志是墨學諸觀念的根本觀念，實在又不如說「義」是諸
> 觀念的根本觀念。〔註15〕

據此，以陳問梅的解釋，則可以說「兼愛」觀念是十論中的核心觀念，而「義」
觀念則是在墨子思想之結構中貫串「墨學十論」而更高於「墨學十論」，是故
「義」觀念是墨子哲學之中諸多觀念中的最根本之觀念，應可作爲墨子哲學
系統中核心觀念之核心。墨子曰：

> 萬事莫貴於義。今謂人曰：「予子冠履，而斷子之手足。」子爲之乎？
> 必不爲。何故？則冠履不若手足之貴也。又曰：「予子天下而殺子之
> 身。」子爲之乎？必不爲，何故？則天下不若身之貴也。爭一言以
> 相殺，是貴義於其身也。故曰：『萬事莫貴於義。』（〈貴義篇〉）

我們由《墨子》文本中所見，「義」在墨子哲學中的位階是極爲崇高的。既然
如此的肯定了「義」的地位，進一步便是如何「行義」之問題。《墨子》篇章
中是如此的記載：

> 治徒娛、縣子碩問於子墨子曰：「爲義孰爲大務？」子墨子曰：「譬
> 若築牆然，能築者築，能實壤者實壤，能欣者欣，然後牆成也。爲
> 義猶是也。能談辯者談辯，能說書者說書，能從事者從事，然後義
> 事成也。」（〈耕柱篇〉）

「義」是墨子思想中的高度理想，但他從不給與「義」的意義與作用添加神
秘感，更遑論將其神而化之。墨子認爲只要是有益於天下公利之萬事萬物，
則「義」之概念便引領「義行」且貫串系統更存在其中。郭鵬飛在其〈論墨
子的「義」道與其思想系統的關係〉一文中，給了這樣的解釋：

〔註15〕陳問梅：《墨學之省察》，頁 270～271。

　　由是觀之，墨子的兼愛說對了要達求平亂政治的實用目的。平亂政
　　治也就合乎天下之公利，合乎天下公利，便是「義」之所在。可以
　　說，墨子先存有「義」的理想，才產生兼愛的想法，以之實行而達
　　致「義」的理想。所以兼愛之說是應該統攝於「義」之下的。

以上，筆者藉由治墨先進與學界前輩們對於針對墨子哲學核心之討論，冀望
能給予本論文一個墨學核心探究之方向，並給予重申與新詮之基點。本論文
將以探討以「義」作為墨學之開端，「義行」方法十論為之墨子「義」概念之
展開而成之行義方法，進一步探討墨子哲學中應可以「義」作為核心價值之
原由，與「墨學」之為「義學」所為何故之論。

第三章 墨子「義」的理論基礎

第一節 「義」的定義

墨子思想爲何以「義」爲最貴呢？墨子云：

> 萬事莫貴於義。今謂人曰：「予子冠履，而斷子之手足。」子爲之乎？必不爲。何故？則冠履不若手足之貴也。又曰：「予子天下而殺子之身。」子爲之乎？必不爲，何故？則天下不若身之貴也。爭一言以相殺，是貴義於其身也。故曰：「萬事莫貴於義。」（〈貴義篇〉）

據此〈貴義篇〉所述，墨子以義爲最貴之絕對性可見一斑，既然「義」作爲墨子思想的最高價值爲至高之統攝，然而墨子對「義」定義爲何？我們可以在墨子的文本當中發現，墨子及其門徒爲其「義」所下的結論：大抵上可分爲六條目：

（一）〈貴義篇〉云：「萬事莫貴於義。」。

（二）〈貴義篇〉云：「義者，天下之良寶也。」。

（三）〈天志篇〉云：「義者，政也。」。

（四）〈天志篇〉云：「義者，天下之大器也。」。

（五）〈經上篇〉云：「義，利也。」

（六）〈經說上篇〉云：「義，志天下爲芬，而能能利之，不必用。」

由《墨子》一書中與〈貴義篇〉所述，墨子學說以「義」爲最貴，而並非以其他觀念作爲「天下之良寶」，所以「義」爲其思想之核心價值應當爲無誤之見，此外我們將〈天志篇〉、〈經說上篇〉、〈經上篇〉三篇中略加思索可

以得出墨子學說除了以「義」為至高之正當性外，還講求「義」對於天下社
會所實用的效果，墨子之「義」具有超越性也包含了對天下之用（利），以下
筆者對於所謂「義」定義下之內容於此作兩處簡易之討論。《墨子》曰：

　　「義者，政也。」（〈天志篇〉）

　　「義，利也。」（〈經上篇〉）

由〈天志篇〉與〈經上篇〉所對「義」下的定義，可以得出墨學之「義」兼
攝「正與利」，此即「義」包括了「正」和「利」兩個意義。正即是正當，正
當也就是合宜之謂，於此這個「義」與「義者，宜也。」應為相同或類似之
概念。《墨子》書中〈經上篇〉云：「義，利也。」義即是利，不利即不義。
墨子所謂之「利」，究竟為何？

　　天之行廣而無私，其施厚而不德，其明久而不衰。（〈法儀篇〉）

　　有力者疾以助人，有財者勉以分人，有道者勸以教人。（〈尚賢下篇〉）

誠如〈法儀篇〉所言，人們以天為法儀，自然要效法天之無私愛人之公義。
所以墨子之利乃是指功益之利，於此梁啟超在《子墨子學說》中論曰：「墨子
所以斷斷言利者，其目的固在利人。」所謂為之中肯，梁啟超於《先秦政治
哲學史》一書中對墨子「義」與「利」之問題作過這樣的解釋：

　　然則彼所謂利者究作何解耶？吾儕不妨以互訓明之，曰：「利，義也。」
　　兼相愛即仁，交相利即義，義者宜也，宜於人也。曷為宜於人？以
　　其合於人用也。墨家以為凡善未有不可用者，故義即利，惟可用故
　　謂之善，故利即義。〔註1〕

於此最為重要的是此「利」是為「公利」，所以墨學之「利」是指對於天下之
公利，而並非對於個人的私利。舉凡有利於天下者，可謂之為「義」。相反的，
凡指有危害於天下之公利者，墨子將其謂之於「不義」。蔡仁厚對墨子學說中
所追求的「利」作出恰如其分的解釋：

　　是「他的」、「客觀的」利，亦即公利：「利，是一個類名，它本身表
　　示一個類。繫屬於『利』這個類的財利、貨利等等，亦同樣表示一
　　個類，一般稱之為『私利』。而扣緊私利這一種屬而言，當然亦有與
　　私利相對的公利這一種屬。『私利』既然是不義，那末『義』當然是
　　指『公利』而言了。因此，墨子所說之『利』，又必須加上『公的』
　　這一狀詞來說。而公與私對，『私的』一面，是指『己的』、『主觀的』

〔註1〕梁啟超：《先秦政治哲學史》，臺北：臺灣中華書局，1984，頁119。

而言；而『公』的一面，則指『他的』、『客觀的』而言。」〔註2〕
此外，我們也可以在許多的中國典籍與思想史料之中發現，有許多對於「義」
與「利」之看法與解釋在墨學說法有類比相同之處，如：

> 利者，義之和也。（《易經·乾卦文言》）
>
> 利物足以和義。（《易經·乾卦文言》）
>
> 以義利利天下。（《易經·乾卦文言》）
>
> 義以生利（〈左傳·成公二年〉）
>
> 義，利之本也。（〈左傳·昭公十年〉）
>
> 義以建利。（〈左傳·成公十六年〉）
>
> 利，義之和也。（〈左傳·襄公九年〉）

儘管墨子之「義」思想蘊含著「公利」概念，但是個人主體性並不會因此而
被否定、被忽視抑或消失。墨子於〈兼愛中篇〉云：

> 夫愛人者，人亦從而愛之；利人者，人亦從而利之。惡人者，人亦
>
> 從而惡之；害人者，人亦從而害之。

至於墨子哲學之理想境界是為以義稱道之社會、大同兼愛之天下，其理想的
社會狀況是「為人國若為其國」、「為人之都，若為其都」、「為人之家若為其
家」，於此「國、都不相攻伐，人、家不相亂賊」是為是為必然之現象，萬民
所得的乃是天下的大利。而這個天下之大利正是墨子畢生所追求的「義」，陳
問梅曰：即是公共社會之大利或「客觀社會的大利」〔註3〕。於此，必然需要
涉及「義」與「利」是否相容之層面並且必須對此一問題作出一概略式的回
應。自古以來，先聖先賢與專家學者們關於對「義利相容」之討論從未停止
過，其中以儒家學派對此一問題討論最為熱烈，對於給儒家學派之回應，筆
者參見《墨學之省察》一書中對於此一問題之解釋略作說明，陳問梅認為：

（1）儒家之義，乃是透過內在（道德理性）自覺的外在表現。行為合理
　　　與否，端視動機是否純正。

（2）就行為動機而言「義」、「利」是不能並容的，但從行為結果來看，
　　　義是可以涵利的。

（3）以合理的行為求利，是有可能獲得道德價值和人生行為雙重的利；
　　　若得不到富貴，至少可得道德價值的利。

〔註2〕蔡仁厚：《墨家哲學》，臺北：東大圖書公司，1983，頁71。
〔註3〕陳問梅：《墨學之省察》，頁291。

由以上三點我們大致可以歸類出儒家對於「義利相容」之問題，可以分為兩個層面：一者是從人之內在動機是否純正來看，一者是從人之外在行為是否合理來看。因為儒家對於「義」的解釋乃是為「義者，宜也」之仁德的外在行為表現，此即必須是包含正當性、正確性及合理性之外在行為，以及「己所不欲勿施於人」的無損於人的消極意涵，而儒家思想之核心價值乃是「仁」；墨子的「義」乃出於「天志」，其包含的具有利人即利己即以利天下的積極意義，但是其實孔子之「仁」德系統或墨子之「義」道思想實為一體兩面的相互包容之「義」概念，只因為仁者稱其「仁」而義者見其「義」，但兩者其心是相同不二的概念，即大同或太平或稱之可作為墨子哲學中核心的價值，曰：「義」。

第二節　「義」的來源

上節闡述了墨子與墨門弟子對於「義」的定義，本節對於墨子思想中謂之「萬事莫貴於義」的「義」從何而來作出回應。於此，我們可以發現《墨子》一書已經給予我們相當清楚的解釋：

> 子墨子言曰：「今天下之君子之欲為仁義者，則不可不察義之所從出。既曰不可以不察義之所欲出，然則義何從出？」子墨子曰：「義不從愚且賤者出，必自貴且知者出。何以知義之不從愚且賤者出，而必自貴且知者出也？曰：義者，善政也。何以知義之為善政也？曰：天下有義則治，無義則亂，是以知義之為善政也。夫愚且賤者，不得為政乎貴且知者，然後得為政乎愚且賤者，此吾所以知義之不從愚且賤者出，而必自貴且知者出也。然則孰為貴？孰為知？曰：天為貴，天為知而已矣。然則義果自天出矣。」（〈天志中〉）

依照〈天志篇〉的解釋，義是出於天的，所以「義」就是天之所以為天的本質，「義」也就是「天志」的意義與內涵。因此，這一個可以作為最高法儀的「義」之「天志」的「義」，也就是為墨子哲學中最為理想之價值根源，也是天下人的行為規範，因為墨子認為天下所有人，尤其是為政者，都要有一個法儀，以作為人之所以為人的行事的表準。是故墨子於〈法儀篇〉云：

> 天下從事者，不可以無法儀，無法儀而其事能成者無有也。雖至士之為將相者，皆有法，雖至百工從事者，亦皆有法。百工為方以矩，

> 爲圓以規，直衡以水，以繩，正以縣。無巧工不巧工，皆以此五者
> 爲法。巧者能中之，不巧者雖不能中，放依以從事，猶逾己。故百
> 工從事，皆有法所度。今者大者治天下，其次治大國，而無法所度，
> 此不若百工辯也。

此外，綜觀《墨子》一書，可以得知天的形象是至高無上的，是爲最高的超越，是人們法儀的最高點，〈法儀篇〉云：「法不仁，不足以爲法」是故墨子最後歸結出「莫若法天」結論。〈法儀篇〉又云：

> 天之行廣而無私，其施厚而不德，其明久而不衰，故聖王法之。

墨子以天爲尊、爲貴，墨子以「義」爲「天志」的本質內涵是爲天下之法儀，是因「天志」之於墨子是絕對的價值標準，它對社會的作用就像是「譬若輪人之有規，匠人之有矩」。輪人匠工以規矩而成方圓，而內涵爲「義」的「天志」就是墨子量度一切是非、善惡、利害的標準，換言之即「天志」的內涵：「義」即是作爲墨子用以量度天下之法儀。墨子在〈天志中篇〉曰：

> 故置此以爲法，立此以爲儀，將以量度天下之王公大人卿大夫之仁
> 與不仁，譬之猶分黑白也。是故子墨子曰：「今天下之王公大人士君
> 子，中實將欲遵道利民，本察仁義之本，天之意不可不順也。順天
> 之意者，義之法也。」

於此，我們能說墨子所謂之「義」即是「天志」的內容及「天志」作爲「天志」的意義所在，因爲「天欲義而惡不義」、「天欲人相愛相利，惡人相惡相賊」。〈天志上篇〉云：

> 然則天亦何欲何惡？天欲義而惡不義。然則率天下之百姓以從事於
> 義，則我乃爲天之所欲也。我爲天之所欲，天亦爲我所欲。然則我
> 何欲何惡？我欲福祿而惡禍祟。若我不爲天之所欲，而爲天之所不
> 欲，然則我率天下之百姓，以從事於禍祟中也。然則何以知天之欲
> 義而惡不義？曰天下有義則生，無義則死；有義則富，無義則貧；
> 有義則治，無義則亂。然則天欲其生而惡其死，欲其富而惡其貧，
> 欲其治而惡其亂，此我所以知天欲義而惡不義也。

因此「天志」要杜絕死、貧、亂，「天志」要生、富、治，就是要使「飢而得食，寒而得衣，勞而得息」。因爲墨子云：「天下有義則生，無義則死；有義則富，無義則貧；無義則亂。」天的意志就是要以義而行「義行」。墨子以「天志」作爲衡量的標準，而「義」又是天志的內容，故此「義」

就是萬事萬物的衡量準則，或者說「義」應是墨子學說中最高的價值規範。因爲天下之生死、貧富、治亂所仰賴的都是「義」，因此墨子在〈耕柱篇〉與〈公孟篇〉云：「義，天下之良寶也。」、「義，天下之大器也。」更在〈貴義篇〉曰：「萬事莫貴於義」，因爲在天下之萬事萬物中沒有比「義」更爲重要與珍貴。據此以爲「義」作爲「天志」的內涵，或者可以說「天志」的內容即是「義」。倘若能落實墨子思想之完全的觀念，依照墨子之言則能使整個天下得其大利而至大同理想、兼愛社會。換言之，也就即是墨子以「義」利及天下之用心的實現狀態。而墨子以「義」利及天下的用心之實現狀態，事實上就是實現墨子那所謂以「義」爲其內涵之「天志」的全貌。天之意志，當然即是諸觀念在現實之用上的一個根據。由此根據而言，則諸觀念在現實之用上，即是被統一於天之意志的。而天之意志決不是現實世界的任何事物，而是一個超越的實體。〔註4〕我們由此而得知，所謂「天志」抑或其作爲其內涵的「義」，實具有其超越與絕對之屬性，或者能將這一個所謂墨子學說中之超越的絕對實體稱之爲「義」。陳問梅云：

> 義是超越世界與現實世界交接的一個實體，或即天與人交接的一個
> 實體；它源於超越的天，更落實於現實世界而爲人之體或極。故在
> 墨子：天之所以爲天的，只在這一個義；人之所以爲人的，亦只在
> 這一個義。以義溝通天、人，而用以拯救天下，這正是墨學之所以
> 爲墨學之處，亦正是墨子之所以爲墨子之處。〔註5〕

綜合以上所述，墨子哲學「義」觀念應可作爲其他觀念的最根本之觀念，〈天志篇〉云：「義自天出」。而墨子更以「天志」作爲天下萬事萬物間之最高法儀，是因天之欲義惡不義，「天」是至高無上、無比尊貴，其統攝包含一切善而成爲天下人之標準，因此墨子以「天志」作爲天下之準則。據此，墨子由其肯定「義」乃是由天而出，於此更說明出「義」屬性即超越性與絕對性，也表示出「天志」的本質意義就是「義」，或是說「天志」的完全之內涵謂之「義」，「義」也就變成溝通天人之際且貫串墨子學說中具有絕對性與超越性之雙重屬性的概念。「義是天德最好的標誌；義又包含了人間的一切德性，因此也可說是人德最好的表徵。」〔註6〕筆者以爲若以「天志」作爲墨子哲學中

〔註4〕陳問梅：《墨學之省察》，頁269。
〔註5〕陳問梅：《墨學之省察》，頁272。
〔註6〕薛保綸：《墨子的人生哲學》，臺北：中華叢書編審委員會，1976，頁78。

其他之觀念根源，也正是說明出墨子哲學系統中一切之觀念其實是爲「義」所統攝。因此，「義」作爲天志之內涵更作爲墨子思想中之根本核心意義，也是其哲學思想中最高的價值規範。

第三節　「義」的價值與判斷表準

子墨子曰：「萬事莫貴於義」，然而「義」爲何爲貴者？〈貴義篇〉云：

> 萬事莫貴於義。今謂人曰：「予子冠履，而斷子之手足。」子爲之乎？必不爲。何故？則冠履不若手足之貴也。又曰：「予子天下而殺子之身。」子爲之乎？必不爲，何故？則天下不若身之貴也。爭一言以相殺，是貴義於其身也。故曰：「萬事莫貴於義。」

考察《墨子》書中能發現，墨子思想中曾多次說明「義」的絕對價值，〈貴義篇〉云：「義者，天下之良寶也。」、〈天志篇〉云：「義者，天下之大器也。」。〈經上篇〉云：「義，志天下爲芬，而能能利之，不必用。」墨子是將「義」放至其思想的最高領域，「義」是爲天之意志的內蘊內涵，爲天人關係、人我互動、萬事萬物的行動方法之總樞紐與法儀法度的無上指導原則。陳問梅說：

> 墨子以義爲天下之良寶，謂其可以富國家、眾人民、治刑政、安社稷。而同時，更由於義是諸觀念的根本觀念，諸觀念之實質又即是義。所以義之作用的特性，亦即諸觀念之作用的特性。再合義與諸觀念而言，亦即墨子整個思想之作用的特性。〔註7〕

誠如陳問梅所言，我們能知道墨子之「義」是爲天之意志的內蘊內涵，爲天人關係、人我互動、萬事萬物的行動方法之總樞紐與法儀法度的無上指導原則，但是於社會天下能符合於墨子最高價值「義」之判斷表準是何種方法？何種論證方法能讓我們符合墨子之「義」？世人對人事之所言所行（包含動機、行爲與結果）該用如何的檢證方法使其行爲接近與符合墨子之「義」？於此，墨子提出獨有的「三表法」做爲判斷言論之是非對錯、行爲效用與否爲義（利）以及是否符合於墨子之「義」的論證標準。「三表法」是墨家的哲學方法，「三表法」又稱「三表」或「三法」，《墨子》書中於〈非命篇〉中曾重複提及：

> 何謂三表？子墨子言曰：有本之者，有原之者，有用之者。於何本

〔註 7〕陳問梅：《墨學之省察》，頁 292。

之？上本之於古者聖王之事。於何原之？下原察百姓耳目之實。於
何用之？廢以爲刑政，觀其中國家百姓人民之利，此所謂言有三表
也。

在《墨子》一書〈貴義篇〉中又云：

凡言凡動，合於三代聖王堯、舜、禹、湯、文、武者，爲之。凡言
凡動，合於三代暴王桀、紂、幽、厲者，舍之。

簡而言之，歷代聖王之言行舉止，是其行事之模範準則、仿效學習的對象，
然能清楚明訂是非判斷的標準，所立之理、所立之論便具有必然正當性與實
然實踐性，所謂「其持之有故，其言之成理。」（〈荀子·非十二子篇〉）然三
表當之爲何？綜合〈非命上、中、下〉論及三表之相關資料，當可歸結如下：

一、第一表，本之者：（一）本之於古者聖王之事；（二）考之天鬼之志。
二、第二表，原之者：（一）原察眾人耳目之實；（二）徵已先王之書。
三、第三表，用之者：發以爲刑政，觀其中國家百姓人民之利。

以下對作爲墨子哲學方法之「三表法」作一簡易說明，以對墨子思想中
之檢證方法作觀念式的釐清。李賢中云：

三表法在時間上含括著過去、現在未來，本之者是根據過去聖王的
經驗效用；原之者是根據過去的及現在眾人的五官經驗；用之者則
是以現在和將來的經驗效用爲準則。在論證上，符合三表者爲正確，
不符合爲錯誤，三表法雖不符合純粹形式論證的架構，但其中已有
歸納法與演繹法的推理形式，如：原之者，是歸納眾人耳目之實的
結果，而本之者，則視古者聖王之事爲演繹推論的大前提。〔註8〕

這第一表於本之者不論「本於聖王之事」或「考之天鬼之志」均可作爲墨子
之「義，正也。」的立論依據。第二表於原之者「原察百姓耳目之實」，就是
取決於公眾耳目之聞見、意見。其所注重的是於現實社會的經驗法則，也是
從真實社會中發掘、釐清問題與治天下之弊病的途徑。第三表於用之者「廢
以爲刑政，觀其中國家百姓之利。」墨子所強調的是即：理論結合現實的實
施效果。如第一表之判斷標準是「天志」與「聖王之事」，第二表之判斷標準
是「民意」與「先王之書」，第三表之判斷標準是「天下之利」成否之成效，
因此「用之者」實爲「義，利也。」的論證。乍言三表之表準爲三，然實爲
一者，即此墨子之三表所依據的是同一表準即「天志」，而「天志」之內涵即：

〔註8〕李賢中：《墨學：理論與方法》，臺北：揚智文化，2003，頁53～54。

「義」，是故以「天志」（義）爲其標準根源。李賢中於《墨學－理論與方法》一書中論及：第一表的「聖王之事」與第二表的「先王之書」有著某種的類似性，第二表「原察眾人耳目之實」的標準，不限於解釋爲檢證某物是否存在如「鬼神」、「命」等；而包含百姓人民對施政利害觀感之實。如此則第二表與第三表也有可通之處。故此「義」能貫串其間爲三表交集之核心概念。

墨子哲學方法之三表法：「有本之者、有原之者、有用之者」，據此以觀可見墨子不僅著眼於「動機和目的」，而墨子更注重著墨之處則是「方法和效果」，「義」理論之闡述與判斷「爲義」行動之實踐與成效，以「義」貫串脈絡，理論於實踐合一即是墨子爲義於社會、興「天下之大利」的行事方法與準則。

第四章　墨子「義」的實踐精神及其相關問題

第一節　「義」思想之實踐與其方法論

　　三表法是墨家用以檢證行爲與結果，是否合於「義」的哲學方法，墨學十論則是墨家將其天志之「義」，實踐於亂世的「行義」方法，而此這以「義」爲本之行義方法所要產出的效果即「興天下之大利」，是故是因社會之不利，即動盪不安、戰禍連天、民不聊生，而「亂」自何起？〈兼愛上篇〉云：

> 聖人以治天下爲事者也，必知亂之所自起，焉能治之，不知亂之所
> 自起，則不能治。譬之如醫之攻人之疾者然，必知疾之所自起，焉
> 能攻之；不知疾之所自起，則弗能攻。治亂者何獨不然，必知亂之
> 所自起，焉能治之；不知亂之所自起，則弗能治。

墨子認爲聖人是以治理天下爲職業的人，所以必須知道混亂產生的原因，才能對它進行治理。如果不知道混亂的根源，就不能治理。所以不可不考察混亂產生的根源。〈兼愛上篇〉又云：

> 聖人以治天下爲事者也，不可不察亂之所起。當察亂何自起？起
> 不相愛。臣子之不孝君父，所謂亂也。子自愛不愛父，故虧父而自
> 利；弟自愛不愛兄，故虧兄而自利；臣自愛不愛君，故虧君而自利，
> 此所謂亂也。雖父之不慈子，兄之不慈弟，君之不慈臣，此亦天下
> 之所謂亂也。父自愛也不愛子，故虧子而自利；兄自愛也不愛弟，

> 故虧弟而自利；君自愛也不愛臣，故虧臣而自利。是何也？皆起不
> 相愛。

臣與子不孝敬君和父，就是所謂亂。兒子愛自己而不愛父親，因而損害父親以自利；弟弟愛自己而不愛兄長，因而損害兄長以自利；這就是所謂混亂。反之，即使父親不慈愛兒子，兄長不慈愛弟弟，君上不慈愛臣下，這也是天下的所謂混亂。父親愛自己而不愛兒子，所以損害兒子以自利；兄長愛自己而不愛弟弟，所以損害弟弟以自利；君上愛自己而不愛臣下，所以損害臣下以自利。這是爲什麼呢？墨子認爲混亂的根本原因乃是來自於人與人之間不相愛。〈兼愛上篇〉再云：

> 雖至天下之爲盜賊者亦然，盜愛其室不愛其異室，故竊異室以利其
> 室；賊愛其身不愛人，故賊人以利其身。此何也？皆起不相愛。雖
> 至大夫之相亂家，諸侯之相攻國者亦然。大夫各愛其家，不愛異家，
> 故亂異家以利其家；諸侯各愛其國，不愛異國，故攻異國以利其國，
> 天下之亂物具此而已矣。察此何自起？皆起不相愛。

天下的亂事紛擾，墨子觀察亂象產生的原因，如大夫之間相互侵擾，諸侯相互攻伐、盜賊亂世、鼠輩橫行……等，是因爲自私自利，都起於不相愛。墨子由社會階層中，垂直與平行關係的君臣、大夫、諸侯、父子、兄弟、盜賊、……等不同的社會形態，倫理關係去審視社會禍亂的根源，更能從〈兼愛上篇〉中發現由「聖人以治天下爲事者也，不可不察亂之所自起。」爲前提而後歸結出來「嘗察亂何自起？起不相愛。」的結論，即社會動亂的根本原因都是由於自私自利的「不相愛」而彼此相惡相賊所產生的。考察〈兼愛篇〉不難發現，「愛」與「利」的關係是極爲密切的，在《墨子學案》論及此一問題曰：「墨子講兼愛，常用『兼相愛、交相利』六字連講，必合起來他的意思才明」。梁啓超更認爲：「兼相愛是理論，交相利是實行這理論的方法。」〔註 1〕考察其中理論與實行的關聯性，要說「兼相愛」是理論而「交相利」是實施方法，也許可以將兩造關係作另一種解釋，「兼相愛」是「莫若法天」的結論，乃至於行「天志」之「義」於天下人間的方法，而「交相利」乃是爲興天下之大利的理想，實施「兼相愛」方法後所期望產出的「交相利」之效果。於此得出不同於《墨子學案》中將「兼相愛，交相利」看作爲理論與方法的看法，即是將「兼相愛，交相利」看作以行「天志」之義的實行方法與預期效果。

〔註 1〕梁啓超：《墨子學案》，臺北：臺灣中華書局，1985，頁 8。

筆者以爲「墨學十論」是墨子以期治理天下之方法，抑是由其形上之「天志」落實至形下之天下之手段，是以「義之天」乃至於行「天之義」，欲求以義利天下之宏願，是故「兼愛」是墨子提出對治天下亂源的一種方法，於此墨子將必須說明其正當性，墨子將其歸納爲「聖王之道」來說明其方法的正當性，是故〈兼愛下篇〉曰：

> 《泰誓》〔註2〕曰：文王若日若月，乍照光于四方，于西土。〔註3〕即此言文王之兼愛天下之博大也。譬之日月兼照天下無有私也，即此文王兼也。……雖禹誓，即亦猶是也。……禹之征有苗也，非以求以重富貴，干福祿，樂耳目也。以求興天下之利，除天下之害，即此禹兼也。……雖湯說亦猶是也。……即此言湯貴爲天子，富有天下，然且不憚以身爲犧牲，以詞說于上帝鬼神，即此湯兼也。……《周詩》〔註4〕即亦猶是也。《周詩》曰：「王道蕩蕩，不偏不黨，王道平平，不黨不偏。〔註5〕其直若矢，其易若厎，君子之所履，小人之所視」〔註6〕，若吾言非語道之謂也，古者文武爲正，均分賞賢罰暴，勿有親戚弟兄之所阿。即此文武兼也。

於此，亦說明了兼相愛，是以作爲行義之方法，乃爲張顯「義」之「義行」，

〔註2〕《尚書・周書・泰誓上篇》：「惟十有一年，武王伐殷。一月戊午，師渡孟津，作《泰誓》三篇。」。

〔註3〕《尚書・周書・泰誓下篇》：「時厥明，王乃大巡六師，明誓眾士。」王曰：「嗚呼！我西土君子。天有顯道，厥類惟彰。今商王受，狎侮五常，荒怠弗敬。自絕於天，結怨於民。斮朝涉之脛，剖賢人之心，作威殺戮，毒痡四海。崇信奸回，放黜師保，屏棄典刑，囚奴正士，郊社不修，宗廟不享，作奇技淫巧以悅婦人。上帝弗順，祝降時喪。爾其孜孜，奉予一人，恭行天罰。古人有言曰：『撫我則後，虐我則仇。』獨夫受洪惟作威，乃汝世仇。樹德務滋，除惡務本，肆予小子誕以爾眾士，殄殲乃仇。爾眾士其尚迪果毅，以登乃辟。功多有厚賞，不迪有顯戮。嗚呼！惟我文考若日月之照臨，光於四方，顯於西土。惟我有周誕受多方。予克受，非予武，惟朕文考無罪；受克予，非朕文考有罪，惟予小子無良。」

〔註4〕《周詩》：今《詩經》中未存，疑佚。後八句可考於《尚書・周書・洪範篇》與《詩經・小雅・大東篇》。

〔註5〕《尚書・周書・洪範篇》：「無偏無黨，王道蕩蕩；無黨無偏，王道平平；無反無側，王道正直。」會其有極，歸其有極。曰：「皇，極之敷言，是彝是訓，於帝其訓，凡厥庶民，極之敷言，是訓是行，以近天子之光。曰：天子作民父母，以爲天下王。」。

〔註6〕《詩經・小雅・大東篇》：「有饛簋飧、有捄棘匕。周道如砥、其直如矢。君子所履、小人所視。睠言顧之、潸焉出涕。」。

湯智君認為：「兼愛應用在政治上，是善政的表現，也就是表現『義』。同時，它不僅是一種理念而已，又是可用而有利的。」〔註7〕再者，孟子在〈盡心上篇〉云：「墨子兼愛，摩頂放踵，利天下為之。」其除了慨歎墨子為了落實「兼愛」方法，不惜犧牲自己的精神，其實也說明了墨家以行「兼相愛」達到「交相利」而利及天下的目的，也可以視為「方法」與「成效」的相互關係。嚴靈峰更在《墨子簡編》一書中為這連鎖關係給了以下的解釋：

> 墨子之「愛」，即是從反面為「利」；其為「義」，亦就是避「害」。
> 是則「利」生於「愛」，「害」免於「義」。因之「兼愛」必然「貴義」。
> 所以墨子說：「兼相愛，交相利。」「義，利也。」則是「愛」與「義」、
> 「利」相為表裡；無義、利，不足以表現其仁愛；無仁、愛亦不足
> 以達到其「義」、「利」。墨子以仁、愛、義、利互為聯鎖。〔註8〕

嚴靈峰認為其實仁、愛、義、利，對墨子而言是相為表裡、互為連鎖的關係。但是又因為「兼愛」必然要「貴義」，因「義」乃自天出，「義」是為「天志」之內涵，而且墨子「兼愛」所是強調是其同於天的「兼」，是故筆者將「義」視是為其「兼愛」的根本載體，「義」也就是「兼愛方法」的充分且必然的條件。換言之，墨子的「兼愛」，是以「義」為內涵以及「義以涵利」的表現手法，並且「兼愛」是用以發揮以「義」治理天下的方式。大抵上來說，墨子將「義」與「天」、「兼」三者結合〔註9〕，而形成其獨有的哲學思想，墨子所認為的「義政」是為「兼之道」，而「別之道」是為「力政」，而義政者也就是順天意之行為，但墨子對於所謂「義政」給予了這樣的解釋，〈天志篇下〉曰：

> 大不攻小也，強不侮弱也，眾不賊寡也，詐不欺愚也，貴不傲賤也，
> 富不驕貧也，壯不奪老也。是以天下之庶國，莫以水火毒藥兵刃以
> 相害也。

墨子認為行義可以上利天、中利鬼、下利人，利此三者即順天意，墨子在〈天志下篇〉中說明，天下如果實行了義政，則：「聖知也，仁義也，忠惠也，慈孝也，是故聚斂天下之善名而加之。」是「順天之意也。」，由此可知墨子之「義」實具以涵「利」之理。此外，墨子更根據上古聖王之事以說明其思想，

〔註7〕湯智君：〈墨家義利相容論〉，《聯合學報》第二十二期，2003，頁30。
〔註8〕嚴靈峰：《墨子簡編》，臺北：臺灣商務印書館，1968，頁38。
〔註9〕黃士嘉：〈墨子「愛、義、利」概念之分析〉，頁36。

推導提出「尚賢」之方，墨子認爲「尚賢」此法若能發以爲刑政，可以得「上利天，中利鬼，下利人」三者皆能得「利」之效用。此外，筆者引蕭公權所言：

> 墨子尚賢，就大體論，乃於封建末世之舊制度中寓機會平等之新原則，非蕩平階級，泯尊卑貴賤之等差也。……墨子所注重者，官無常貴，民無終賤之機會平等，所提倡者以才能定身分之合理標準，而所欲廢置者親親愛私之不合理政策而已。〔註10〕

是故，墨子之思想目標乃是於「興天下之大利」、「利及天下」，而「非蕩平階級，泯尊卑貴賤之等差也」。換言之，其以「天志」爲「根」，以「義」爲「本」的墨學「十論」乃是針對當時社會的實質問題所提出的應對方法，如同《淮南子·要略篇》中所提及，即墨子之所以反對厚葬久喪是因爲「其禮煩擾而不說，厚葬靡財而貧民，久服傷生而害事。」墨子以是否爲「義的行爲」與能否產出「利的效果」，以作爲其十論方法的衡量基礎，例如〈節葬篇〉中云：

> 且故興天下之利，除天下之害，令國家百姓之不治也，自古及今，未嘗之有也。……此存乎王公大人有喪者，曰棺槨必重，葬埋必厚，衣衾必多，文繡必繁，丘隴必巨；存乎匹夫賤人死者，殆竭家室；乎諸侯死者，虛車府，然後金玉珠璣比乎身，綸組節約，車馬藏乎壙，又必多爲屋幕。鼎鼓几梴壺濫，戈劍羽旄齒革，挾而埋之，滿意。若送從，曰天子殺殉，眾者數百，寡者數十。將軍大夫殺殉，眾者數十，寡者數人。處喪之法將柰何哉？曰哭泣不秩聲翁，縗絰垂涕，處倚廬，寢苫枕塊，又相率強不食而爲飢，薄衣而爲寒，使面目陷陬，顏色黧黑耳目不聰明，手足不勁強，不可用也。……是故求以富家而既已不可矣，欲以眾人民，意者可邪？其說又不可矣。今唯無以厚葬久喪者爲政，君死，喪之三年；父母死，喪之三年；妻與後子死者，五皆喪之三年；然後伯父叔父兄弟孽子其；族人五月；姑姊甥舅皆有月數。則毀瘠必有制矣，使面目陷陬，顏色黧黑，耳目不聰明，手足不勁強，不可用也。……以此求眾，譬猶使人負劍，而求其壽也。眾之說無可得焉。

墨子認爲厚葬不僅花費極鉅，極侈之極，以在其時代背景下更常以人殉葬，可說慘無人道，於是提出「薄葬」之說，更由於「久喪」使人「面目陷陬，

〔註10〕蕭公權：《中國政治思想史》，臺北，聯經出版社，1982年。頁150～151。

－33－

顏色黧黑，耳目不聰明，手足不勁強」、「使人負劍，而求其壽也」、「使人三還而毋負己也」是不可能的，於是墨子有「短喪」之論，也因「厚葬久喪」亦有可能導致戰禍、與民生經濟的蕭條，這絕對是不義且不利的，因此，墨子提出了治世方法之一的「節葬」。由於墨子的「節葬」思想，不論在於節儉思維上或考慮國家的生產關係鏈，其目的都是爲了矯正弊端以治理亂世，也就是踐行「義」而求得「利」方法。也許墨子心中理想社會的藍圖，正如同〈尚賢下篇〉所言：

> 有力者疾以助人，有財者勉以分人，有道者勸以教人，若此則飢者
> 得食，寒者得衣，亂者得治，此安生生。

我們可以從這裡看出，墨子不僅要求治理天下之行爲需符合天志之「義」，而「義」在政治上的行爲表現即是義政。此外，墨子亦考量到實際的行爲效果，重視「義以生利」的關係，因此若能「興天下之利，除天下之害」，即是墨子所追求的理想。但是，一般的宿命論者與當時儒者的命定論，認爲天下的萬事萬物及其命運，是早被上天所安排了一切，無論如何努力的作爲亦無補於事，墨子認爲這會使人民，因此而導致消極的人生態度，這不同於墨子的「非命」，墨子認爲這樣會危害天下，是爲不義之事，而將導致：「上則刑政錯亂，下則民用匱乏。」而有〈公孟〉與〈非儒〉主要針對上述問題加以批判，〈公孟篇〉曰：

> 公孟子曰：「貧富壽夭，齰然在天，不可損益。」又曰：「君子必學。」
> 子墨子曰：「教人學而執有命，是猶命人葆而去亓冠也。」

墨子認爲作爲儒者的公孟子，一方面主張有命，另一方面勸人學習這是自相矛盾的說法：因而墨子更對民間的宿命論者與命定論者提出強而有力的批判，〈非命上篇〉云：

> 子墨子言曰：「古者王公大人，爲政國家者，皆欲國家之富，人民之
> 眾，刑政之治。然而不得富而得貧，不得眾而得寡，不得治而得亂，
> 則是本失其所欲，得其所惡，是故何也？」子墨子言曰：「執有命
> 者以集於民閒者眾。執有命者之言曰：『命富則富，命貧則貧；命眾
> 則眾，命寡則寡；命治則治，命亂則亂；命壽則壽，命夭則夭；命
> 雖強勁，何益哉？』以上說王公大人，下以駔百姓之從事，故執有
> 命者不仁。故當執有命者之言，不可不明辨。」

由於天下之萬事萬物，如富貧、眾寡、治亂、壽夭都被命中所注定，而人們

無論如何努力都無法改變，如此一來將否定了人之爲以人的可能性與發展性，因此墨子強調「非命」，所以墨子更對於「命」這一問題，給予了以下的解釋，〈非命下篇〉曰：

> 命者，暴王所作，窮人所術，非仁者之言也。今之爲仁義者，將不可不察而強非者此也。
>
> 今天下之士君子，中實將欲求興天下之利，除天下之害，若有命者之言，不可不強非也。

但是墨子的「天志」與「非命」是否有著理論上的矛盾之處呢？有鑑於此，關於此一問題，筆者不同於嚴靈峰將「非命」與「天志」二者視爲矛盾的看法〔註11〕，而較贊同李賢中對於「天志」與「非命」二者視爲兩相貫通的看法作爲以下解釋，李賢中認爲：

> 「天志」是天的意志，「非命」是人的意志，墨家的天人關係的另一面向就在於天志與人志的相貫通，「天」的意志希望人能「兼愛」、「貴義」，天意欲天下百姓國富、民眾、刑治；而人的意志就是感通天志而強力有爲的竭力從事，去實踐兼愛、貴義，進而興天下之利，除天下之害。〔註12〕

蔡仁厚亦云：

> 「天志」乃「義」之超越根據時，嘗言「天志——義」這組觀念實代表墨家思想之超越的統一，而「愛利」爲墨家思想之橫面的聯繫。
>
> 〔註13〕

由此可見，墨子的「非命」觀念是以利天下爲根據的，因爲要順「天志」之義（理論）就必須要「『行義』（方法），『行義』就必須要『利民』、『利天下』（功效）」〔註14〕，而一般宿命論與儒者命定論並非天志且無法達致「利天下萬民」，是故墨子之非命之理由也就在於此，此亦即以「義」貫穿「天志」與「非命」之所在。此外，墨子的政治思想見於「尚賢」及「尚同」諸說之中。「尚賢」之旨，在於舉天下能知義行義的賢能之士，來治理天下國家。「尚同」

〔註11〕參見嚴靈峰：《墨子簡篇》，頁49。嚴靈峰認爲：「墨子的『非命』主張，可以說是正確的；不過他要在尊天、事鬼的條件下實現，這是他的理論的矛盾。」

〔註12〕李賢中：〈墨家的天人關係〉，《海峽兩岸輔大、人大、山大、蘇大校際哲學論壇暨哲學系教師研究成果發表會會議論文集》，頁44～45。

〔註13〕蔡仁厚：《墨家哲學》，臺北：東大圖書公司，1983年，頁66～67。

〔註14〕筆者認爲此乃上法「天志」之義，中行「義」之法，下達「義」之利。

之旨，則在集合天下人的思想及言論，次第同化統一於上位者，達到「一同天下之義」，而成為天下的公義。〔註15〕〈尚賢上篇〉更云：「不義不富，不義不貴，不義不親，不義不近。」而郭鵬飛在其〈論墨子的「義」道與其思想系統的關係〉一文中對於此「義」之意涵，有以下的看法：

> 尚賢說中的「義」道，包含兩層意思。第一個意思是正當、合理。
> 這是從道德層面而言。第二個意思為利，凡有益於天下國家者，均
> 可稱「義」。這是從功利層面而言。今以賢者當位，則上以風化下，
> 天下的人莫不競行「義」，是以行義的人漸多，而可舉之以治天下之
> 賢能亦日眾。

於是我們可以試著把以「義」看作為墨子哲學的內涵，而墨家所推行的「墨學十論」均為其試圖以推行「義」的方法，嘗試作為「義政」實施要點，由於墨子思想著眼於天下公利，強調「萬事莫貴於義」，並且墨子以自身行為，應用落實於當世，墨子相信若能確切實踐，定能「興天下之利，除天下之害」。也由於墨家施行義政，落實行義方法十分注重成效與實質之利，這也使得墨學更貼近現實，也更能說明「墨學十論」是具務實性又十分具體的治世方要。高瑋謙曾言：

> 蓋墨家思想中，舉凡明鬼、非命之主張，節用、節葬、非樂之考慮，
> 以及尚賢、尚同之論調，莫不出自「愛利」的權衡而規定者。故「義
> ——愛利」這組觀念，實為墨家諸多觀念之橫面的聯繫。〔註16〕

所以說「義」即是「墨學『十論』」之本，而「墨學『十論』」則是「『義』之用」。換言之「墨學十論」方法之實質必定是「義」，或即「義」就是「墨學十論」方法之實質內涵，也表示出「墨學十論」應可作為墨子的行義方法以看待之，是為何故。

第二節　「義」思想之目的與「為義」精神

在墨子所處時代，當時的「行義者」並不受到社會所重視，墨子在〈貴義篇〉云：

〔註15〕郭鵬飛：〈論墨子的「義」道與其思想系統的關係〉，《中華文化復興月刊》第十八卷第六期。頁21，此「天下公義」亦是指「天下公利」之意。
〔註16〕高瑋謙：〈墨家義道思想析論〉，《鵝湖月刊》第十七卷第六期，頁24。

> 世俗之君子，視義士不若負粟者。……今爲義之君子，奉承先王之
> 道以語之，縱不說而行，又從而非毀之，則世俗之君子之視義士也，
> 不若視負粟者也。

墨子在此篇指出，人們在旅途中見到，有背米者而無力重拾米包的時後，均會主動自發的給予協助，這是爲甚麼呢？墨子認爲這就是因爲「義」而去「行義」，但是令其感到相當矛盾的是：人們卻會對「義者」的「勸義」行爲感到相當反感，而更會引發其心中之不悅、產生躲避，更甚至對於「義者」有所中傷與毀謗而感嘆不已。此外，墨子見當世之所謂「君子」多爲言行不一的人，雖然口中說要「行義」，但事實上卻都違背了「義」，於是墨子在〈貴義篇〉心有所感的說：

> 世之君子，欲其義之成，而助之修其身則慍，是猶欲其牆之成，而
> 人助之築則慍也，豈不悖哉？

由於墨子勸人行義而有所不得，認爲也不應該去詆誹、排斥「義」，是故墨子在〈貴義篇〉云：

> 爲義而不能，必無排其道。譬若匠人之斲而不能，無排其繩。

墨子終其一生，自苦以極的「行義」、「勸義」、「說義」、「舉義」，而在這「爲義」的行動過程中，我們不能忽略而不去看待這其中的精神，在〈耕柱篇〉有所記載：

> 巫馬子謂子墨子曰：「子之爲義也，人不見而不服，鬼而不見而福。
> 而子爲之，有狂疾。」子墨子曰：「今使子有二臣於此：其一人者見
> 子從事，不見子則不從事；其一人者見子從事，不見子亦從事。子
> 誰貴於此二人？」巫馬子曰：「我貴其見我從事，不見我亦從事者。」
> 子墨子曰：「然則，是子亦貴有狂疾也！」

〈耕柱篇〉表示了墨子之「行義」，並不是爲了要令人欽佩，也不是要向鬼神求得福利，而是超越一般世俗所認知的行爲，其認爲在世人所能知見的範圍，固然要符合「義」且要「爲義」，而在世人不能知見的地方，也一樣要「義」，而並非是因爲有所求或希望獲得回報。按〈貴義篇〉中記載：

> 子墨子自魯即齊，過故人。謂子墨子曰：「今天下莫爲義，子獨自苦
> 而爲義，子不若已。」子墨子曰：「今有人於此，有子十人，一人耕
> 而九人處，則耕者不可以不益急矣。何故？則食者眾，而耕者寡也。
> 今天下莫爲義，則子如勸我者也，何故止我？」

墨子「獨自苦以爲義」卻如飲瓊漿、甘之如飴，也正因爲其所處之時代，人人不願意「行義」而漠視「義」、忽略「義」，他的「爲義」就顯得格外具有必要性與迫切性，墨子在「一人耕而九人處」處境下，認爲必須加倍的努力奉獻，才能使「利及天下」的理想，也就是「興天下之利」的實現，使得天下都能獲得到「義」的「利」。因此在墨子看來，人們何必勸止他呢？而應是大家一起來「爲義」、「行義」才是正確無誤的「義」。而〈公輸篇〉中更有著「止楚攻宋」的記載：墨子聽聞，公輸般完成了雲梯〔註17〕，楚王即將要攻打宋國，而墨子「行十日十夜而至於郢」，去遊說公輸般而阻止了戰火。同樣的事情載於《呂氏春秋·愛類篇》：

> 公輸般爲高雲梯，欲以攻宋。墨子聞之，自魯往，裂裳裹足，日夜
> 不休，十日十夜而至於郢……。

文中「裂裳裹足，日夜不休」把墨子「自苦爲義」表現得十分傳神與深刻。《孟子·盡心篇》：「墨子兼愛，摩頂放踵，利天下而爲之。」《莊子·天下篇》也說：「墨子眞天下之好也，將求之不得也，雖枯槁不舍也。」以上將墨子自苦爲義的精神，完完全全的作了最入木三分的描寫與刻畫。此外，墨子更具有不計毀譽的形象，〈耕柱篇〉記載：

> 子墨子使管黔敖游高石子於衛，衛君致祿甚厚，設之於卿。高石子
> 三朝必盡言，而言無行者。去而之齊，見子墨子曰：「衛君以夫子之
> 故，致祿甚厚，設我於卿。石三朝必盡言，而言無行，是以去之也。
> 衛君無乃以石爲狂乎？」子墨子曰：「去之苟道，受狂何傷！古者周
> 公旦非關叔，辭三公東處於商蓋，人皆謂之狂。後世稱其德，揚其
> 名，至今不息。且翟聞之爲義非避毀就譽，去之苟道，受狂何傷！」
> 高石子曰：「石去之，焉敢不道也。昔者夫子有言曰：『天下無道，
> 仁士不處厚焉。』今衛君無道，而貪其祿爵，則是我爲苟啗人食也

〔註17〕「雲梯」古代工程器械，相傳「雲梯」的發明人爲公輸般，「雲梯」是士兵用來越過城牆進行攻擊的器材，尤其在冷兵器時代，城牆的破壞極爲困難，藉由雲梯直接進行攻擊往往是攻城戰的重要手段。在敵人矢石攻擊當中，利用雲梯攀附城牆往往死傷慘重，雲梯直到宋朝改良最多，而宋人又研發出一系列重型的雲梯，以減少攻城部隊在攻擊發起至開始攀牆作業前的傷亡。根據宋仁宗命令曾公亮、丁度等人所編撰的《武經總要》，自嘉祐六年四月（1061年），大理寺丞郭固校兵書，至治平四年，（1067年）始校刊完畢。《武經總要》中共收錄了五種攻城器械：杷車、行天橋、搭天車、行女墻和雲梯。

〔註18〕。」子墨子説（悦）。

墨子說明更明確的表示：「爲義非避毀就譽」。正如墨子於此文中謂：「去之苟道，受狂何傷？」，而「受狂」意即「遭受詆毀」，是故在墨子思想之中，若爲「義」而受到詆毀是根本不必計較與在乎，而就算受到讚譽也不足道哉，世俗之見完全撼搖不了墨子「爲義」之心。而在〈魯問篇〉更有云：

> 魯人有因子墨子而學其子者。其子戰而死，其父讓子墨子。子墨子
> 曰：「子欲學子之子，今學成矣，戰而死，而子慍，而猶欲糶，糴讎，
> 則慍也。豈不費哉？」

由上述所見，墨子的「爲義精神」是不在乎、不計較生死的。墨子認爲如果爲了「義」而有所犧牲，甚至犧牲生命也是應當的、正確無誤的，是因其「死得其所」。但有鑑於此，將會產生墨子之「非攻」與「戰爭」之間是否有著自相矛盾之處，於下節將作簡易討論之。此外，在〈公孟篇〉曰：

> 公孟子謂子墨子曰：「實爲善，人孰不知？譬若良玉，處而不出 有
> 餘糈。譬若美女，處而不出，人爭求之。行而自衒，人莫之取也。
> 今子遍從人而説之，何其勞也？」子墨子曰：「今夫世亂，求美女者
> 眾，美女雖不出，人多求 之；今求善者寡，不強説人，人莫之知也。
> 且有二生，於此善筮。一行爲人筮者，一處而不出者。行爲人筮者
> 與處而不出者，其糈孰多？」公孟子曰：「行爲人筮者其糈多。」子
> 墨子曰：「仁義鈞。行説人者，其功善亦多，何故不行説人也！」

〈魯問篇〉亦載：

> 吳慮謂子墨子曰：「義耳義耳，焉用言之哉？」子墨子曰：「籍 設而
> 天下不知耕，教人耕，與不教人耕而獨耕者，其功孰多？」吳慮曰：
> 「教人耕者其功多。」子墨子曰：「籍設而攻不義之國，鼓而使眾進
> 戰，與不鼓而使眾進戰，而獨進戰者，其功孰多？」吳慮曰：「鼓而
> 進眾者其功多。」子墨子曰：「天下匹夫徒步之士，少知義而教天下
> 以義者，功亦多，何故弗言也？若得鼓而進於 義，則吾義豈不益進
> 哉？

〔註18〕高石子之謂：「苟陷人食」則其心不安，意謂高石子的行爲是合理的行爲之「義」，是同達致於孔子曰：「不義而富且貴，於我如浮雲。」的「人性」之「義」，而非墨子所言的「天志之義」即「公利」之「義」，二者不同之「義」大略作上述釐清以避免兩相混淆。

誠如上述所言，墨子從個人落實「義」，其一方面直接「爲義」、「行義」，一方面又教人勸人「爲義」，是爲了讓更多人都來「爲義」。由於「爲義者」若眾，則「受利者」亦眾，如此之「興天下之利」就容易達致「利及天下」的理想目的。因此，無論藉由「勸義」或「說義」的間接爲義或者個人的直接「爲義」、「行義」，步驟雖然不完全相同，但其實際所可得的「利天下」之效果卻都是相同不二的。

關於以上幾個觀點，墨子爲義精神是我們可以加以肯定與效法的。但是墨子的直接行義與間接行義，亦有者動機與效果的不同起點，如〈耕柱篇〉：

巫馬子謂子墨子曰：「子兼愛天下，未云利也；我不愛天下，未云賊也。功皆未至，子何獨自是而非我哉？」子墨子曰：「今有燎者於此，一人奉水將灌之，一人摻火將益之，功皆未至，子何貴於二人？」

巫馬子曰：「我是彼奉水者之意，而非夫摻火者之意。」子墨子曰：「吾亦是吾意，而非子之意也。」

雖然墨子在有些時候，其爲義只求出發點的純良，並不要求效果，但是這並不矛盾，反而更加強墨子「極端利天下」的精神，只要勉力爲義，一切都顯得次要了。〔註19〕筆者亦認同此一觀點，然而綜合本節所述，將引用洪靜芳在〈墨子的爲義精神〉一文中所論及，其將墨子之「爲義精神」進行分析主要將其歸納，共分爲五大類：

（一）超越知己的爲義精神

墨子的「爲義精神」是一種「摩頂放踵」的精神，不管是否有人看見、是否有人知道，具有極爲強大的使命感與責任感。

（二）自苦而急於爲義的精神

這也就表示墨子的爲義精神是不惜自苦而急於爲義的信念。筆者亦同於洪靜芳認爲這種「自苦而急於義」的精神，是最能夠代表墨子行「義」的「爲義精神」。

（三）不計毀譽的爲義精神

若在〈耕柱篇〉中著眼於墨子的「爲義精神」不難發現，這是一種何等偉大的精神。這和「超越知見」一樣，可見墨子爲義精神是形上的，並非世

〔註19〕參見洪靜芳：〈墨子的爲義精神〉，《東海中文學報》第九期，1990 年 7 月，頁180。

間一般評價可以左右，可以說是超脫自在的精神。〔註20〕

（四）超出生死的為義精神

　　墨子在與公輸盤對陣之舉，在楚王面前更有「雖殺臣，不能絕也。」之言，其將置個人死生於度外的慷慨陳詞。於此充分突顯墨子犧牲為義的精神。《淮南子・泰族訓》稱：「墨子服役者百八十人，皆可使赴火蹈刃，死不還踵，化之所致也。」此更進一步闡釋表明墨子的「為義精神」，不僅不計受苦與否、不計毀譽、不計旁人是否能知能見更超出生死，亦更表明了墨子以「義」利及天下的精神與理想。孫詒讓謂：「彼勤生薄死，以赴天下之急，而姓名漸滅，與草木同盡者，殆不知凡幾？嗚呼！悕已。」〔註21〕也就說明墨家的為義精神，是不惜身殉的，此外更慨嘆墨者「只見一義，不知生死」的為義精神。

（五）求功善多而利天下的為義精神

　　墨子所實踐的「義」，如前所言，即是站在「興天之之利，除天下之害」，企圖營造天下萬民之大利的觀點與立場，〈雜守篇〉云：

　　　　使人各得其所長，天下事當，均其分職，天下事得，皆其所喜，天

　　　　下事備，強弱有數，天下事具矣。

〈兼愛下篇〉亦云：

　　　　是以老而無妻子者，有所侍養，以終其壽；幼弱孤童之無父母者，

　　　　有所放依，以長其身。

進言之，墨子「義」的目的乃是在於求得天下之和平，人民安居樂業的理想境界，而墨子的「為義精神」，是完全不計自身，積極以利天下的精神，可以說是墨子以其畢生從事於「義」中，因為墨子堅定其信念所肯定的「義」必能撥亂反正，足以拯救天下，是有世人們以歌頌墨子之偉大情操，其中亦包括不同於墨子思想的哲學家們，對墨子之讚頌流世，如程伊川曰：「墨子之德至矣！」〔註22〕，於此更說明了墨子之所以為墨子何故。

第三節　「義」思想與其相關問題

　　於上兩節中分別闡述了「『義』思想之實踐與其方法論」與　「『義』思想

〔註20〕洪靜芳：〈墨子的為義精神〉，頁179。

〔註21〕孫詒讓：《墨子閒詁・墨子後語上》，頁33。

〔註22〕程頤：《二程遺書》卷二十五，〈伊川先生語11〉。

之目的與『爲義』精神」。綜觀二者，我們不難發現在墨學理論中是否有著互相矛盾此一問題，本節企圖針對此問題進行釐清與簡易之說明。關於此一矛盾與否的問題，筆者將其主要分爲三組進行探討：（一）「天志」與「非命」的關係；（二）「兼愛」是否爲無等差的愛；（三）「非攻」與「戰爭」的合理化。針對以上三點，將於本文中分別進行相關討論，如下：

（一）「天志」與「非命」此一問題

在於前文曾所提及到，其中彷彿存在著二者矛盾與否的問題，而在嚴靈峰《墨子簡編》一書中認爲這是有著理論上的矛盾，而筆者不同於此一說法。〈天志上篇〉云：

> 然則天亦何欲何惡？天欲義而惡不義。……然則何以知天之欲義而惡不義？曰天下有義則生，無義則死；有義則富，無義則貧；有義則治，無義則亂。然則天欲其生而惡其死，欲其富而惡其貧，欲其治而惡其亂，此我所以知天欲義而惡不義也。

筆者引用李賢中對於此一問題之解釋云：「天志」是天的意志，「非命」是人的意志，此一面向即在於「天志」與「人志」的相貫通。……「天志」是天的心志，「非命」是人的心志。就結果與功效的一面來看，如果「命」導致怠惰、窮困、混亂，這是違反「天志」；因爲天愛天下百姓，天希望人民生活安定，國家治安良好，因此若從宿命論與命定論所導致的結果來看，其「命」絕對不是天的心志所欲。在從人的動機或意志一面看，人在感通天志之後就要盡心盡力達成天志，因此，墨家的「非命」其實就是在遂行「天志」。〔註23〕筆者極贊同以上之論，認爲「天志」與「非命」並非兩相矛盾之論，而是作爲其理論由「形上理論」至「形下實踐」必要的貫通，此即人對「天志」之「義」的「法儀」與落實「天志」之「義」的實踐，而其中的「義」乃是於作爲此一觀念的貫通處與「天人關係」的轉折點，因此要順應「天志」之「義」就是要「行義」以「『義』利天下」，更由於只看待「命」也就不是著眼於「天志」，而不能「利天下萬民」，是故墨子必須「非命」。李賢中在〈墨家的天人關係〉一文中提及「天志」與「非命」的理論轉折曰：

> 墨家「天志」與「非命」的理論轉折在於：從天人之間的主宰關係

〔註23〕李賢中：〈墨家的天人關係〉，頁45。

來看，天雖然是全知全能的，但是祂並沒有完全掌握或者主宰一切
的事物，人生中的貧富貴賤、治亂眾寡、吉凶夭壽等等，藉由人意
志的堅持、人爲的努力，仍然可以改善不好的狀況，其次從天人之
間的倫理關係來看，人的自由意志是有發揮作用的空間……。在從
天人之間的師法關係來看，「天志」與「非命」並沒有矛盾，宿命或
命定並非「天志」，而墨家的「非命」其實正是人對於「天志」愛人
的師法，這也是「非命」思想在墨家理論中的價值。

以上更說明了墨子認爲人民有「行義」的可能也就是實踐「義」的能力，企
圖改變世間混亂的熱情，通過高舉「天志」以作爲人民所效法之「義」，更進
一步提出「非命」之法，以作爲落實「義」的可能性，從「理論」到「實踐
理論」而達致「理論實踐」的目標即「義」的目的性，也就是「興天下之利」
的大同理想。據此以觀，「天志」與「非命」兩者應爲兩相互詮之由，而並非
相互矛盾之關係，應爲無誤之見。

（二）「『兼愛』是否為『無等差』的愛」的問題

在於前文提及，墨子所認爲「義政」是爲「兼」之道，而「力政是爲「別
之道」，而其中問題之核心於在「兼」與「別」二者，是以有關於「『兼愛』
是否爲『無等差』的愛」之探討。〈魯問篇〉曰：「國家務奪侵凌，則語之兼
愛非攻」，墨子所針對的國家之亂是由於不相愛而生，而其進而提出「兼愛」
之觀念與此一方法，但是由於「兼愛」與其相關的問題，不斷的引發學界的
討論。王讚源說：「在中國歷史上，兼愛卻是長久深受誤會的一個觀念。其
主要因素，一個是受孟子的影響，另一個是讀書不求甚解的結果。」〔註24〕。
關於以上，筆者試圖於《墨子》一書中找尋其眞實之意，〈經上篇〉曰：「體：
分於兼也」，〈經說上篇〉又曰「若二之一，尺之端也。」以上說明「體」與
「兼」乃是「部分」與「整體」的關係，換言之一是二的部分，線是點的整
體，所以墨子的「兼」是指整體或全部之意。而墨子的「兼愛」方法乃是出
於「天志之義」，更由於「天之行廣而無私」是故天是兼愛天下而沒有長幼
貴賤之別，而人民應該效法「天志」，即順應「天志」以作其順應「天志」
之行爲，〈天志下篇〉曰：

日順天之意何若？曰兼愛天下之人。

〔註24〕王讚源：《墨子》，臺北：東大圖書公司，1996，頁183。

由〈天志篇〉所言，這裡所指的天下的整體的人，理應包含自己，《墨子》云：

「愛人不外己，己在所愛之中。」(〈大取篇〉)

愛人，待周愛人，而後為愛人。(〈小取篇〉)

從以上對於「兼」的定義，「兼愛天下之人」、「愛人不外己」以及「周愛人」可以簡單的歸結出「兼愛」的對象是以「整體」的天下人為對象。但是「『兼愛』是否為『無等差』的愛」呢？由於「兼愛」乃是於墨子針對其所處時代所提出的「為義方法」與「行義理論」是以有落實「兼愛」的方法，〈兼愛中篇〉曰：

然則兼相愛交相利之法將奈何哉？子墨子言：「視人之國若視其國，視人之家若視其家，視人之身若視其身。是故諸侯相愛則不野戰，家主相愛則不相篡，人與人相愛則不相賊，君臣相愛則惠忠，父子相愛則慈孝，兄弟相愛則和調。天下之人皆相愛，強不執弱，眾不劫寡，富不侮貧，貴不敖賤，詐不欺愚。凡天下禍篡怨恨可使毋起者，以相愛生也，是以仁者譽之。

兼愛的方法也就是說「視人之國若視其國，視人之家若視其家，視人之身若視其身。」的「愛人若己」，但這也就引發「『兼愛』是否為『無等差』的愛」的問題。一般來論，倘若愛是有等差的，我們必須將考慮到這是否為墨子所謂「『兼』愛」此一考量，而愛若是「無等差」的將面臨到孟子曰：「墨氏兼愛，是無父也。」〔註25〕此一問題，而關於此一問題，〈大取篇〉云：「二子事親，或遇熟，或遇凶，其利親也相若」意即說明了對於「人親」與「我親」的「兼愛」之心可以相同，但是「兼愛」在實際的實踐上，必然會有所差異。但「兼愛」是否就是「無父」呢？李賢中認為：

質疑或反對「兼愛」者所構成的情境，可能是當人之親與我之親在同一時空下，在資源有限的情況中，依兼愛精神如果當下利人之親，則必然無法有利我之親，故提出「兼愛」有害於孝道。〔註26〕

綜合上述，於此而有「無等差的愛」之「是」與「否」的二分問題，筆者認同與李賢中與王讚源二者對於此一問題的解釋，認為這是孟子或認為「兼愛」即是「無父」之論，是在根本上混淆了層次，是以沒有看出兼愛思想有其形而上和形而下的分別所致。由於部分學者們將「愛人若己」的「若」

〔註25〕《孟子·滕公文下》。

〔註26〕李賢中：《墨學：理論與方法》，頁140。

誤解或曲解爲「相等」或「等於」〔註27〕,「愛人若己」意即用自己的心去衡量度量別人的需要與感受,將心比心的去愛、待他人,而人承「天志」而得的「兼愛」,是形而上的,是全知全能的上天對於人間的無等差之愛,是普照天下的無私的、公平的愛。可是人去法儀「天志」的「兼愛」是人對於人的「兼愛」的實踐,這是形而下的,而人並非全知全能的,是故必然有所等差,牟宗三亦在其〈墨子與墨學〉此篇說:「兼愛並不涵『愛無等差』之。孟子斥其兼愛是無父,即示其無親親仁民愛物之差等。實則墨子之言本身並不涵此義。而此兩義亦並不相衝突。」〔註28〕試言之:「兼愛是無等差又是有等差的愛」,這端看是以哪一層次以看待之,如以天志的形上層次來看待兼愛,則兼愛是爲無等差的愛,倘若以實踐的形下層次來說明兼愛,則兼愛是有等差的愛,「愛無差等,施由親始」也就是說明了「兼愛」的具有「形而上」與「形而下」的兩層意義,也就是〈大取篇〉中所云:「志功不可相從」、「志功爲辯」,「志」是心志動機,「功」是事功效果,是故在「兼愛」的現實上是有等差的,而在「兼愛」理想上是無等差的,因此「兼愛」並不如同孟子所謂的「無父」之論。此外,墨家「兼相愛」常與「交相利」相提並論,而墨家的「義」、「利」、「愛」三者的關係是互爲連鎖的,以「兼愛」作爲「義」的方法意味著是以實際的「興天下之利」爲目的,李賢中云:

> 墨家的「兼愛」既要求實際的利益且爲天下之公利;因此墨子肯定
> 了人際間「投我以桃,報之以李」的互動性。……墨家的「兼愛」
> 是超越時空的整體人類之愛、平等之愛,追求實際的利益、公利,
> 其方法乃愛人若己,藉著人際間的互動性與個人的主體性來完成的
> 互利之愛。〔註29〕

於此,針對「『兼愛』是否爲『無等差』的愛」的問題作以上說明,更將其「兼愛」之意涵,作出一概略式的解釋與說明,企圖以「天志與人爲」、「理論與實踐」、「形上與形下」等方面以釐清關於「兼愛是否爲無等差的愛」之論,而並非對於此一問題進一步的深切討論之。

〔註27〕 王讚源:《墨子》,頁198～200。
〔註28〕 牟宗三:《國史上的偉大人物·墨子與墨學》,臺北:中華文化出版事業委員會,1953。
〔註29〕 李賢中:《墨學:理論與方法》,頁127。

（三）「非攻」與合理化的「戰爭」

墨子處於戰禍四起、烽火連天的時代背景，於春秋戰國之世，《孟子》云：

> 春秋無義戰，彼善此者，則有之矣。征者，上伐下也，敵國不　相
> 征也。（〈盡心下篇〉）

> 世衰道微，邪說暴行有作，臣弒其君者有之，子弒其父者有之（〈滕
> 文公下篇〉）

司馬遷則於《史記》自序謂：「弒君三十六，亡國五十二，諸侯奔走，不得保
其社稷者，不可勝數」，於此我們可以在〈非攻上篇〉中發現，墨子是如何的
看待與陳述戰爭的不仁不義：

> 今有一人，入人園圃，竊其桃李，眾聞則非之，上為政者得則罰之。
> 此何也？以虧人自利也。至攘人犬豕雞豚者，……。至入人欄廄，
> 取人馬牛者，……。至殺不辜人也，扡其衣裘，取戈劍者，……。
> 當此天下之君子，皆知而非之，謂之不義。今至大為攻國，則弗知
> 非，從而譽之，謂之義。此可謂知義與不義之別乎？……今有人於
> 此，少見黑曰黑，多見黑曰白，則以此人不知白黑之辯矣。少嘗苦
> 曰苦，多嘗苦曰甘，則必以此人為不知甘苦之辯矣。今小為非，則
> 知而非之；大為非攻國，則不知非，從而譽之，謂之義。此可謂知
> 義與不義之辯乎？是以知天下之君子也，辯義與不義之亂也。

墨子認為攻伐如同「入人園圃，竊其桃李」、「入人欄廄、取人馬牛」、「殺不
辜人，扡其衣裘、取其戈劍」等侵略的行為，都是為不合乎於「義」的行為，
所以墨子提出「非攻」理論與方法，極力抨擊攻伐的行為。但是，嗜好攻伐
者卻往往以「攻伐」可以獲得個人、國家利益為理由，進而合理化其「不義」
的行為。〈非攻中篇〉曰：

> 國家發政，奪民之用，廢民之利，若此甚眾，然而何為為之？曰：
> 我貪伐勝之名，及得之利，故為之。

於是墨子在強烈的抨擊「攻伐」為「不義」之後，進而強調「攻伐」為「無
利」之舉，是故〈非攻下篇〉曰：

> 今王公大人、天下之諸侯則不然，將必皆差論其爪牙之士，皆列其
> 舟車之卒伍，於此為堅甲利兵，以往攻伐無罪之國，入其國家邊境、
> 芟刈其禾稼，斬其樹木、墮其城郭，以湮其溝池，攘殺其牲牷，燔
> 潰其祖廟，勁殺其萬民，覆其老弱，遷其重器，卒進而柱乎鬥曰：

死命爲上，多殺次之，身傷者爲下，又況失列北橈乎哉？罪死無赦，以憚其眾，夫無兼國覆君，賊虐萬民，以亂聖人之緒，意將以爲利天乎？夫取天之人，以攻天之邑，此刺殺天民，剝振神之位，傾覆社稷，攘殺其犧牲，則此上不中天之利矣。意將以爲利鬼乎？夫殺天之人，滅鬼神之主，廢滅先王，賊虐萬民，百姓離散，則此中不中鬼之利矣。意將以爲利人乎，夫殺之人爲利人也博矣，又計其費，此爲周生之本，竭天下百姓之財用，不可勝數也，則此下不中人之利矣。

攻伐使得被攻者身傷死亡、城池墮落衰敗、國家滅亡。簡言之，上不利於天、下不利於鬼、中不利於人，此應得之三利而無所得利，以至於攻人國者，也是無利的。〈非攻中篇〉云：

今師徒唯毋興起，冬行恐寒，夏行恐暑，此不以冬夏爲者也。春則廢民耕稼樹藝，秋則廢民穫斂。今唯毋廢一時，則百姓飢寒凍餒而死者，不可勝數。今嘗計軍上，竹箭、羽旄、幄幕、甲盾撥劫，往而靡弊腑冷不反者，不可勝數。又與矛戟、戈劍、乘車，其列住碎折靡弊而不反者，不可勝數。與其牛馬肥而往，瘠而反，往死亡而不反者，不可勝數；與其涂道之脩遠，糧食輟絕而不繼，百姓死者，不可勝數也。與其居處之不安，食飯之不時，飢飽之不節，百姓之道疾病而死者，不可勝數。喪師多不可勝數，喪師盡不可勝計，則是鬼神之喪其主后，亦不可勝數，國家發政，奪民之用，廢民之利，若此甚眾，然而何爲爲之？曰：「我貪伐勝之名。及得之利，故爲之。」子墨子言曰：「計其所自勝，無所可用也；計其所得，反不如所喪者之多。」……古者封國於天下，尚者以耳之所聞，近者以目之所見，以攻戰亡者，不可勝數。

戰爭往往是勞民而廢事，戰爭使得貽誤農時、破壞生產是謂極盡「不義不利」之舉。也因爲百姓受到戰火摧殘而挨餓受凍、饑困至死的，多到不可勝數，是謂：「國家失卒，百姓易務」。因此，墨子說：「計其所自勝，無所可用也；計其所得，反不如所喪者多。」正可謂得不償失之舉。此外，由於大國出征攻伐之時，動輒「興師十萬，出師千里」且「久者數歲，速者數月」費事耗時，即便攻舉「三里之城、七里之郭」的彈丸之地，其傷亡人數「多必數於萬，寡必數於千」，乃至於血流成河、屍橫遍野。而好戰之國如齊、晉、楚、

越卻樂而行之，墨子抨擊攻伐侵略是「樂賊滅天下之萬民」，是爲「不義」、「不利」又「不智」的行爲。墨子面對這樣的問題，以自身投入被攻之國，爲其從事防禦的工作以進行「非攻」，墨家止戰的事蹟很多，如《墨子》一書中所載「阻楚伐鄭」〔註30〕、「止楚攻宋」〔註31〕以及「阻齊侵魯」〔註32〕等，而關於「非攻」止戰所運用的方法除了有其十分實際的「守城術」〔註33〕流傳於世之外，墨子更曾以「築牆」〔註34〕作爲比喻以說明止戰之法，也說明了人們就能力來分工合作就能夠成就「義事」。「談辯」、「說書」、「從事」，這都是行義的方法，也是墨子反戰的方式。換言之，墨子是以「言則誨」以及「動則事」，以言論教誨勉人，進行理念的宣導，革除攻伐的思想，更直接的付諸行動，實際投身反戰，如〈貴義篇〉所言：

〔註30〕 〈魯問篇〉曰：魯陽文君將攻鄭，子墨子聞而止之，謂陽文君曰：「今使魯四境之內，大都攻其小都，大家伐其小家，殺其人民，取其牛馬狗豕布帛米粟貨財，則何若？」魯陽文君曰：「魯四境之內，皆寡人之臣也。今大都攻其小都，大家伐其小家，奪之貨財，則寡人必將厚罰之。」子墨子曰：「夫天之兼有天下也，亦猶君之有四境之內也。今舉兵將以攻鄭，天誅亓不至乎？」魯陽文君曰：「先生何止我攻鄭也？我攻鄭，順於天之志。鄭人三世殺其父，天加誅焉，使三年不全。我將助天誅也。」子墨子曰：「鄭人三世殺其父而天加誅焉，使三年不全。天誅足矣，今又舉兵將以攻鄭，曰『吾攻鄭也，順於天之志』。譬有人於此，其子強梁不材，故其父笞之，其鄰家之父舉木而擊之，曰：'吾擊之也，順於其父之志'，則豈不悖哉？」

〔註31〕 〈公輸篇〉曰：子墨子見王，……。臣以三事之攻宋也，爲與此同類，臣見大王之必傷義而不得。王曰：「善哉！雖然，公輸盤爲我爲雲梯，必取宋。」於是見公輸盤，子墨子解帶爲城，以牒爲械，公輸盤九設攻城之機變，子墨子九距之，公輸盤之攻械盡，子墨子之守圉有餘。公輸盤詘，而曰：「吾知所以距子矣，吾不言。」子墨子亦曰：「吾知子之所以距我，吾不言。」楚王問其故，子墨子曰：「公輸子之意，不過欲殺臣。殺臣，宋莫能守，可攻也。然臣之弟子禽滑釐等三百人，已持臣守圉之器，在宋城上而待楚寇矣。雖殺臣，不能絕也。」楚王曰：「善哉！吾請無攻宋矣。」

〔註32〕 〈魯問篇〉曰：子墨子謂項子牛曰：……昔者吳王東伐越，棲諸會稽，西伐楚，葆昭王於隨；北伐齊，取國子以歸於吳。諸侯報其讎，百姓苦其勞，而弗爲用，是以國爲虛戾，身爲刑戮也。昔者智伯伐范氏與中行氏，兼三晉之地，諸侯報其讎，百姓苦其勞，而弗爲用，是以國爲虛戾，身爲刑戮，用是也。故大國之攻小國也，是交相賊也，過必反於國。

〔註33〕 《墨子》：於《墨子》一中書載明守城防禦兵法爲〈備城門篇〉、〈備高臨篇〉、〈備梯篇〉、〈備水篇〉、〈備突篇〉、〈備穴篇〉、〈備蛾傳篇〉、〈迎敵祠篇〉、〈旗幟篇〉、〈號令篇〉、〈雜守篇〉共計十一篇。

〔註34〕 〈耕柱篇〉：治徒娛、縣子碩問於子墨子曰：「爲義孰爲大務？」子墨子曰：「譬若築牆然，能築者築，能實壤者實壤，能欣者欣，然後牆成也。爲義猶是也：能談辯者談辯，能說書者說書，能從事者從事，然後義事成也。」

必去六辟，默則思、言則誨、動則事、使三者代御，必爲聖人。……

手、足、口、鼻、耳，從事於義，必爲聖人。

由於墨子認爲戰爭帶來的是人民的不幸和國家的災難，即是「不義」而「不利」。換句話說也就是「非攻」可使「上利天」、「下利鬼」、「中利人」三者兼得利，更企圖以創造出和平的社會，所以墨家反戰，以「不義」、「不利」主張「非攻」。但是，墨家並不是全盤主張弭兵而一味的「非攻」，墨子在某種情況下是贊成「誅」，這也就是所謂「合理化的戰爭」。〈非攻下篇〉云：

子未察吾言之類，未明其故者也。彼非所謂攻，謂誅也。昔者三苗大亂，天命殛之，日妖宵出……五穀變化，民乃大振。高陽乃命玄宮，禹祇……苗師大亂，後乃遂幾。禹既已克有三苗，焉磨爲山川，別物上下，鄉制四極，而神民不違，天下乃靜，則此禹之所以征有苗也。遷至乎夏王桀，天有酷命，日月不時……天乃命湯於鑣宮，用受夏之大命，夏德大亂。予既卒其命於天矣，往而誅之，必使汝堪之。湯焉敢奉率其眾，是以鄉有夏之境……薦章天命，通于四方，而天下諸侯莫敢不賓服，則此湯之所以誅桀也。遷至乎商王紂，天不序其德，祀用失時……降周之岐社，曰：天命周文王伐殷有國……武王踐功……武王乃攻狂夫，反商之周，天賜武王黃鳥之旗。天既已克殷，成帝之賚，分主諸神，祀紂先王，通維四夷，而天下莫不賓，焉襲湯之緒，此即武王之所以誅紂也。若以此三聖王者觀之，則非所謂攻也，所謂誅也。

墨子列舉了「禹征有苗」、「湯誅桀」、「武王伐紂」等「上古先王之事」來說明歷史上聖干是奉行「天之命」、「天之志」而進行「『誅』不義」的戰爭，這並不是爲了個人小眾或爭權奪利而進行攻伐，而是因爲有苗、桀、紂等違背了「天之命」、「天之志」，此三者是暴虐無道之「不義」之王，故爲義而「伐」之。由此可見，墨子雖然反對攻伐，卻不反對聲討「不義」亦即贊成「誅」。

墨子既倡導與實踐「非攻」思想，但是又允許爲「義」的「誅戰」即爲合於「義」的合理戰爭，兩者是否有著矛盾之處？蔡明田云：

墨子以爲「誅」與「攻」不同「類」、不同「故」。……三聖王依天命行誅，而天欲義、義自天出（天志中），則行誅即是以義伐不義（有苗、桀、紂之亂），「攻」則爲以不義伐有義，或以不義伐不義。三聖王行誅，天下賓服，三利無所不利，是爲天下大利；好攻伐者之

「攻」是爲逞私妄爲，以戰引戰，三不利無所利，是爲天下大害。

墨子貴義，求興天下之利，除天下之害，因此非攻而行誅。〔註35〕

誠如其所言，筆者亦同於此說，更引用郭鵬飛於〈論墨子的「義」道與其思想系統的關係〉文中之看法作爲說明：

> 墨子不贊成「攻」，卻贊成「誅」。「攻」是伐無罪之邦；「誅」是討有罪之國。前者只爲了一己的私欲利益；後者卻爲了摒除天下的公害。同樣是暴力行爲，而有義與不義之別。既然非攻是爲了求天下公利，則亦即以「義」爲依歸。〔註36〕

所以說「誅」和「攻」二者並不相同，其動機與目的亦不相同。「攻」是「不義不利」的戰爭而不同於「誅」，「誅」是聖王以「義」伐「不義」的戰爭，這是「興天下之利」亦是「除天下之害」的大利。由於古代聖王奉行「天命」、「天志」而誅伐「不義」之舉，這是爲天下興利除害，即是「義」，於是「義」的「誅」和「非不義的攻」二者並沒有矛盾處。正如同白崢勇所說：

> 從天鬼欲「義」的角度來說，禹征有苗、湯伐桀、武王伐紂所興起的戰爭，是揚著「義戰」的旗幟，是誅討「不義」，這完全是符合天、鬼的意志，同時也是符合墨子「興天下之利，除天下之害」的原則的，是墨子處心積慮的用心之處，「攻」與「誅」從表面上看都是戰爭，但是它背後的本質卻是大相逕庭的，而這個本質上的差異，正是墨子所不遺餘力闡明的地方。〔註37〕

「攻」與「誅」在形式上都是戰爭，但是本質上卻是截然不同的，所以墨子主張「非不義之攻伐」即「非攻」，亦贊成爲「爲義之誅討」。此外，在其他思想當中也有著相同的看法，如《孟子‧梁惠王下篇》云：

> 齊宣王問曰「湯放桀，武王伐紂，有諸？」孟子對曰：「於傳有之。」曰：「臣弒其君可乎？」曰：「賊仁者謂之賊，賊義者謂之殘；殘賊之人謂之一夫，聞誅一夫紂矣，未聞弒君也。」

《易經‧革卦》彖辭亦云：

> 天地革而四時成，湯、武革命，順乎天而應乎人，革之時大矣哉。

〔註35〕蔡明田：〈析論墨子的非攻思想〉，《東方雜誌》，1984年7月，頁27。

〔註36〕郭鵬飛：〈論墨子的「義」道與其思想系統的關係〉，《中華文化復興月刊》第十八卷第六期，頁20。

〔註37〕白崢勇，〈先秦儒墨法家軍事思想探究〉，臺北：國立臺灣大學中國文學研究所碩士論文，2000年，頁59。

攻伐所謂「殘賊之人」、「不義之君」並不在「非攻」此限，因爲此乃所謂「誅」。墨子所「非」的是「不義之攻戰」而不是「爲義之誅戰」。〔註38〕於此，試言之「非攻」與「誅」是不同的，也就是說「非攻」與「爲義的合理戰爭」亦並不是相互矛盾的之理由何在。

〔註38〕《墨子學案》，頁 13。梁啓超認爲：「墨子所『非』的是『攻』，不是『戰』。質言之，侵略主義，極端反對，自衛主義，卻認爲必要。墨子門下，人人都研究兵法，本書備城門以下十一篇所講都是，墨子聽見有　某國要攻人的國，就跑去勸止他。若勸他不聽，他便帶起一群門生去替那被攻的國辦防守。有這一著，然後非攻主義才能貫徹，墨子所以異於空談弭兵者在此。」

第五章　結　論

　　以下結論大抵分作三個面向進行全文之總結:「義」在墨子哲學中的價值
意涵以及墨子哲學的脈絡進行「義」之系統化重整,最後以墨子哲學中「義」
思想的當代意義作出結論:由於「天」實為墨子學說中的最高法儀。所以墨
子主張「莫若法天」,於此我們亦可以在這其中看出,墨子實已預設了「一切
事物均需法天」的觀念。〈法儀篇〉云:

> 天下從事者,不可以無法儀,無法儀而其事能成者無有也。雖至士
> 之為將相者,皆有法,雖至百工從事者,亦皆有法。衡以水,……
> 今大者治天下,其次治大國,而無法所度,此不若百工,辯也。然
> 則奚以為治法而可?當皆法其父母奚若?梯下之為父母者眾,仁者
> 寡,若皆法其父母,此法不仁也。法不仁,不可以為法。當皆法其
> 學奚若?天下之為學者眾,而仁者寡,若皆法其學,此法不仁也。
> 法不仁,不可以為法。當皆法其君奚若?天下之為君者眾,而仁者
> 寡,若皆法其君,此法不仁也。法不仁,不可以為法。故父母、學、
> 君三者,莫可以為治法。然則奚以為治法而可?故曰:莫若法天。

由於順應天之命也就是效法天之志,效法天之志也就是順應天之意,而且墨
子曰:「順天之意者,義之法也。」由此可見,順應「天之命」、「天之志」亦
即是效法於「義」。所以,順「天意」、「天命」者,既是順應於「天」也就是
效法於「義」,所以「義」是從「天」出。高瑋謙曰:

> 吾人可知墨子乃以天意之善的本質,來作為義之所從出的超越根
> 據。職是之故,吾人當更進一步了解天之本質,從而了解義之內容。
> 〈法儀〉篇云:「天之行廣而無私,其施厚而不德,其明久而不衰,

故聖王法之。」這是說天之德厚施博，大公無私，而且又能常明不衰，唯有如此才足以為聖王所法，為義之超越根據。〔註1〕

因為天之厚德普照萬物，行廣而無私，由此可見「義」之特性亦當相同於「天之厚德而利天下萬物」而以作為「天志」之內涵。墨子又在〈天志中篇〉云：

> 子墨子曰：義不從愚且賤者出，必自貴且知者出。何以知義之不從愚且賤者出，而必自貴且知者出也？……然則孰為貴？孰為知？曰：天為貴，天為知而已矣。然則義果自天出矣。

此段明顯的標示出「義」乃自「天」出，而「義自天出」之理由，即在於「天為貴」且「天為知」者。此外，〈天志上篇〉又云：

> 然則天亦何欲何惡？天欲義而惡不義。……然則何以知天欲義而惡不義？曰天下有義則生，無義則死；有義則富，無義則貧；有義則治，無義則亂。然則天欲其生而惡其死，欲其富而惡其貧，欲其治而惡其亂，此我所以知天欲義而惡不義也。

此篇乃是藉由「天之欲」與「天之惡」來闡明「天」與「義」的關係。然而「天欲義而惡不義」，「義」儼然成為「天志」之取決與意欲為何之判斷標準，是以「義」即作「天志」為本質內容。又〈天志上篇〉云：「順天意者，兼相愛，交相利，必得賞；反天意者，別相惡，交相賊，必得罰。」「順天意者，義政也；反天意者，力政也。」是故陳問梅言：「天志——義」這組觀念對於墨子其他觀念而言，實即代表了一種「超越的統一」〔註2〕，這也代表著「義」構成了墨子思想的核心，但不等同於「形而上」向「形而下」的滑落，而乃是於以「義」作為連結墨子哲學中「形而上」與「形而下」的貫串之由。

由於墨子極度重視「義」，所以「萬事莫貴於義。」他曾舉出一般人皆認為鞋、帽，甚至天下均不比自己的身體重要，但卻可因「爭一言以相殺，是貴義於其身也。」如是以觀，我們可以發現在墨子的觀念思想當中，「義」實在是高於一切，超越萬事萬物之價值，而比自身更加可貴。但是「義」為最貴者是為何故？因為在天下間行使「義」，可使社會平治久安，人民安居樂業的國泰民安之太平天下，「義」也是對天下人民能產生最大「利」的政治方法。〈耕柱篇〉云：「今用義政於國家，人民必眾，刑政必治，社稷必安，所為貴良寶者，可以利民也，而義可以利人，故曰，義天下之良寶也。」〈天志上篇〉

〔註1〕高瑋謙：〈墨家義道思想析論〉，《鵝湖月刊》，第十七卷，第六期。頁21。
〔註2〕陳問梅：《墨學之省察》，頁269。

亦云：「天下有義則生，無義則死；有義則富，無義則貧；有義則治，無義則
亂。」黃士嘉云：

> 墨子認爲「天」，其實就是義之本源，因爲天欲義而惡不義，如依天
> 意行義，則天必降福避禍。……而且，義者乃善政也，何故？因爲
> 義有其功能，「天下有義則治，無義則亂。」（天志中）再者，因天
> 爲貴，所以義必出自天矣！所以「天下之士君子，中實將欲爲仁義，
> 求爲上士，上欲中聖王之道，下欲中國家百姓之利者，當天之志，
> 而不可不察也！天之志者，義之經也。」（天志下）墨子也奉勸天下
> 之王公大人士君子，「中實將欲遵道利民，本察仁義之本，天之意不
> 可不順也，順天之意者，義之法也。」（天志中）〔註3〕

由以上論證「義之貴」與「義之本」看來，墨子以「義」爲貴，那是因爲「義」
乃「『天志』之所意欲」，「義」也是「人民之所意欲」，其中亦即包含表示了
落實「義」的重要性，即「行義」。而「義」之實踐，更不可以因爲無人「爲
義」「行義」而消極怠惰，應以「今天下莫爲義，則子如勸我者也，何故止
我？」此種依正面積極的方式去行義而不怠，然而其中的關鍵之處在於「爲
義，能談辯者談辯，能說書者說書，能從事者從事，然後義事成也。」並且，
「行義」與是否有人知道或看見無關，因爲實現「義」並非是要獲得別人的
稱譽、佩服，更不是害怕被人指責或怕鬼神降禍於身。所以在〈耕柱篇〉記
載著墨子反駁巫馬子之取笑他「子之爲義也，人而不見而服，鬼而不見而富，
而子爲之，有狂疾！」這也是因爲「義」對於墨子來說，是在不管在何時何
地都應落實的「天志」，所以在〈天志上篇〉即有所謂：「天下有義則生、無
義則死，有義則富、無義則貧，有義則治、無義則亂」之說。而〈耕柱篇〉
亦載：

> 子墨子曰：和氏之璧、隋侯之珠、三棘六異，此諸侯之所謂良寶也。
> 可以富國家、眾人民、治刑政、安社稷乎？曰：不可。所謂貴良寶
> 者，爲其可以利也。而和氏之璧、隋侯之珠、三棘六異，不可以利
> 人，是：非天下之良寶也。今用義爲政於國家，人民必眾、刑政必
> 治、社稷必安。所謂貴良寶者，可以利民也。義可以利人，故曰：
> 義，天下之良寶也。

〔註3〕黃士嘉：〈墨子「愛、義、利」概念之分析〉，《孔孟月刊》，第三十九卷第五
期，頁35。

於此，更可以表示墨子之所以強調「義」的用心和理由，這也就是由「天志之義」的理論到落實「人志之義」的實踐之處，而由於「天志」是墨子思想中的最高觀念，而其內涵為「義」，此亦即表示「義」是為墨子思想中的價值意涵與核心觀念。換言之，義在墨學，是極端重要的，「義」亦應可作為墨子哲學中的核心與鏈接之樞紐，亦可以說墨子哲學是一個以「義」貫串之系統。孫廣德言：

> 凡一人之思想，能有系統而成一家之言者，必均有其哲學立場。所謂某人思想之哲學立場，乃指其立論之基礎而言；所謂立論之基礎，即思想中之根本處而足以為其思想建立之依據者。……此種基礎即一人對人、事、物之基本態度與看法，此種態度與看法雖可關涉到科學問題，然此種態度與看法之本身，則即是一種哲學，故稱之為思想之哲學立場。〔註4〕

由於，墨學諸觀念是可以統一的。既然可以統一，則便應該有其系統可說了。並且，這種統一原是一種超越意味的統一，諸觀念是可以統於一個超越的實體的。〔註5〕然而墨學中的重要觀念可以統一於「天志」，而「義」也就是天的內容與本質，換言之，應可把墨子哲學視為「義」的系統，洪靜芳云：

> 至於義與諸觀念的關係，猶如體與用，可以比之如河流與大海，各個支流有自己的流向、形式，但實際上卻是「萬流歸於大海」；又像一棵樹的枝、葉、花、果與根的關係，儘管有形態的不同，卻全是由根發展的。諸觀念的實質實在於「義」。〔註6〕

高瑋謙亦認為：

> 從《墨子》書中論述的諸多觀念來看，不論是尚賢、尚同的主張，還是兼愛、非攻的理想，或者節用、節葬、非樂的堅持，乃至明鬼、非命的強調，均可統一於「義」的觀念當中，所以用一個「義」字來作墨家思想的總代表，意義實更為顯豁而且切要。〔註7〕

於是觀之，基於這個「義」的系統，所以「兼愛」、「非攻」、「尚賢」、「尚同」……等墨學「十論」都是「義」的開展且是「為義」、「行義」的方法，每一個觀念都代表著「義」，十個觀念代表著十種行義的方法。而有了「行義」的方法

〔註4〕孫廣德：《墨子政治思想之研究》，臺北：臺灣中華書局，1974，頁22。
〔註5〕陳問梅：《墨學之省察》，頁261。
〔註6〕洪靜芳：〈墨子的為義精神〉，《東海中文學報》第九期，1990年7月，頁177。
〔註7〕高瑋謙：〈墨家義道思想析論〉，《鵝湖月刊》第十七卷第六期，頁21。

就必須去落實「為義」的行為。墨子以「義」為其「本」為其行事之準則，而墨子的勞心苦志、身體力行，畢生只求實踐「義」的理想與其「行義」精神，的確非常人所能做到。〈魯問篇〉記載曰：

　　天下匹夫徒步之士少知義，而教天下以義，功亦多，何故弗言也？

　　若得鼓而進於義，則吾義豈不益進哉？」這番話頗能說明墨子孜孜

　　教人行義，乃是求功善多，其目的在於利天下。

所以《莊子‧天下篇》稱：「墨子真天下之好也，將求之不得也。雖枯槁不舍也，才士也夫。」《呂氏春秋‧愛類篇》載：「公輸般為高雲梯，欲以攻宋。墨子聞之，自魯往，裂裳裹足，日夜不休，十日十夜而至於郢。」，「裂裳裹足，日夜不休」，尤其可以顯示出墨子以自苦為義，不怕做「賤人」、「役夫」的「行義」精神，所以孟子亦稱：「墨子兼愛，摩頂放踵，利天下為之。」此外，墨子堅守於「義」之道，力行「義行」以求興天下大利，其不避艱險，不貪封邑，不懼貧賤，而在他的「踐義」過程中，子墨子曰：「譬若築牆，能築者築，能實壤者實壤，能掀者掀，然後牆成也。為義猶是也，能談辯者談辯，能說書者說書，能從事者從事，然後義事成也。」這也就是墨子教導門人弟子如何「為義」，「為義」要群策群力，就能力所長而分工合作以「為義」。「能從事者從事」就是於本身要直接去實踐「義」；另外「談辯」、「說書」則用意在勸人教人「義」以「為義」。〈貴義篇〉亦曰：「嘿則思，言則誨，動則事。使三者代御必為聖人。」又言：「手、足、口、鼻、耳從事於義，必為聖人。」由此可見，在墨子認為無論是以自身從事於「義」去「行義」，還是勸人教人義以使之「為義」，二者乃是不相衝突的。此外，也在墨子教化之所及，其門生弟子也多半具此「義」與「行義」之精神。〈耕柱篇〉云：

　　子墨子使管黔敖游高石子於衛，衛君致祿甚厚，設之於卿。高石子三朝必盡言，而言無行者。去而之齊，見子墨子曰：「衛君以夫子之故，致祿甚厚，設我於卿。石三朝必盡言，而言無行，是以去之也。衛君無乃以石為狂乎？」子墨子曰：「去之苟道，受狂何傷！古者周公旦非關叔，辭三公東處於商蓋，人皆謂之狂。後世稱其德，揚其名，至今不息。且翟聞之為義非避毀就譽，去之苟道，受狂何傷！」

由於墨家的基本精神在企圖拯救亂世，建構太平天下，因此為了「行義」，往往不惜身殉，視死如歸。〈魯問篇〉中更載墨子對於「為義而死」的看法：

　　魯人有因子墨子而學其子者，其子戰而死，其父讓子墨子。子墨子

曰：「欲學子之子，今學成矣，戰而死，而子慍，而猶欲糶，糴讎，
　　則慍也。豈不費哉？」

魯人以其兒子之死來責備墨子，但墨子則認為學「義」成而又為「義」而死，猶如欲糶而糶一樣，是死得其所。是故墨子不僅僅是個倡導「義」的偉大思想家，更是一個努力落實其「義」也為了「義」的理想境界，超乎生死的力行理論而非空談理想的實踐者。但也因為墨子的影響是潛入民間並且伏流於社會之中的，也許正因為如此，思想與人們越接近，人們往往越不會發覺或者重視它的存在。於此，我們必須重新的醒覺，不僅僅對社會也對社會中的每一個人，尤其是對自我的自知、自我的醒察；當我們談論墨子思想，大多數人的反應是其方法與實踐的難度，而一笑置之，或者認為沒有人做得到，但是遙想當年，不正有人做到了嗎？就是中國思想的平民巨人——墨子，墨子以自身之力，自己的行為證明其思想的可行性，與對於世界和平、社會大同的渴望；倘若我們以古鑑今亦或者類比墨子當時所處的歷史背景，兩者所欠缺的不都是「相愛」，由於彼此的「交相惡」進而做出損人自利或損人不利自己的勾當，筆者以為也許這正是人類的「義」的匱乏或者掩埋之由，思想至此，不禁汗顏，於此本論文以墨子之「義」思想落筆，藉此對於墨子哲學的研究，重新對這過往之顯學進行核心的探討，更渴望對於人類社會久失之「義」的喚醒，略盡微薄。

參考書目
（按姓氏筆劃排序）

一、原典注釋

1. 司馬遷：《史記》，臺北：智揚出版社，2003。
2. 朱熹：《四書集註》，臺北：藝文印書館，1980。
3. 來知得：《易經來註圖解》，臺南：大千世界出版社，1973。
4. 吳汝綸：《點勘墨子讀本》，臺北：成文出版社，1977。
5. 俞樾：《墨子平議》，臺北：成文出版社，1977。
6. 班固撰、王先謙補注，上海師範大學古籍整理研究所整理：《漢書補注》，上海：上海古籍出版社，2008。
7. 桑弘羊撰、王利器校注：《鹽鐵論校注》，北京：中華書局，1992。
8. 孫詒讓：《墨子閒詁》，臺北：河洛圖書出版社，1986。
9. 許慎撰、段玉裁注：《說文解字注》，臺北：洪葉文化，1999。
10. 許維遹、梁運華整理：《呂氏春秋集釋》，北京：中華書局，2009。
11. 畢沅：《墨子注》，臺北：成文出版社，1977。
12. 張惠言：《墨子經說解》，臺北：成文出版社，1977。
13. 墨翟撰、李魚叔註譯：《墨子今註今譯》，臺北：台灣商務，1974。
14. 墨翟著、嚴靈峰編輯：《墨子集成》，臺北：成文出版社，1975。
15. 蔣致遠主編：《諸子引得——論語，孟子，荀子，莊子，禮記，呂氏春秋，淮南子，韓非子》，臺北：宗青圖書出版公司，1986。
16. 劉安撰、楊家駱主編：《明刻淮南鴻烈解》，臺北：鼎文書局，1979。

二、研究專書

1. 王東珍：《墨學新探》，臺北：世界書局，1984。

2. 王讚源：《墨子》，臺北：東大圖書公司，1996。

3. 方受楚：《墨學源流》，臺北：台灣中華書局，1966。

4. 史墨卿：《墨學探微》，臺北：台灣學生書局，1978。

5. 任繼愈：《墨子與墨家》，臺北：台灣商務印書館，1994。

6. 牟宗三：《國史上的偉大人物·墨子與墨學》，中華文化出版事業委員會，臺北：1953。

7. 李賢中：《墨學：理論與方法》，臺北：揚智文化，2003。

8. 李紹崑：《墨子研究》，臺北：臺灣商務印書館，1968

9. 李紹崑：《墨學十論》，臺北：水牛出版社，1990。

10. 邢兆良：《墨子評傳》，南京：南京大學出版社，1993。

11. 吳進安：《墨子政治哲學探微》，臺南：復文書局，1998。

12. 吳進安：《墨家哲學》，臺北：五南出版社，2003。

13. 吳晉生、黃歷鴻、吳薇薇：《墨學與當代政治》，北京：中國書店，1997。

14. 周玉蕙：《從現代學術論墨學》，臺北：東大圖書公司，1987。

15. 梁啟超：《墨子學案》，臺北：新文豐出版有限公司，1975。

16. 梁啟超：《墨子校釋》，臺北：新文豐出版有限公司，1975。

17. 梁啟超：《子墨子學說》，臺北：臺灣中華書局，1985。

18. 孫中原：《墨者的智慧》，北京：三聯書店，1985。

19. 孫中原：《墨學通論》，瀋陽：遼寧教育出版社，1993。

20. 孫中原：《墨學與現代文化》，北京：中國廣播電視出版社，1998。

21. 孫廣德：《墨子政治思想之研究》，臺北：臺灣中華書局，1974。

22. 陳問梅：《墨學之省察》，臺北：臺灣學生書局，1988。

23. 陳顧遠：《墨子政治哲學》，臺北：新文豐出版公司，1974。

24. 陳癸淼：《墨辯研究》，臺北：臺灣學生書局，1977。

25. 張永義：《墨苦行與救世》，廣東：廣東人民出版社，1996。

26. 張知寒主編：《墨子研究論叢》，濟南：山東大學出版社，1991。

27. 崔清田：《顯學重光》，瀋陽：遼寧教育出版社，1997。

28. 舒大剛：《墨子的智慧》，臺北：漢藝色研文化公司，1996。

29. 黃省三：《墨子思想新探》，臺北：萬卷樓圖書公司，1995。

30. 蔡仁厚：《墨家哲學》，臺北：東大圖書公司，1983。

31. 譚家健：《墨子研究》，貴陽：貴州教育出版社，1991。

32. 譚宇權：《墨子思想評論》，臺北：文津出版社，1995。

33. 嚴靈峰：《墨子簡篇》，臺北：臺灣商務印書館，1995。

三、一般論著

1. 余英時：《中國知識階層史論》，臺北：聯經出版公司，1986。
2. 吳進安：《孔子之仁與墨子兼愛比較研究》，臺北：文史哲出版社，1993。
3. 周長耀：《孔墨思想之比較》，臺北：世紀書局，1981。
4. 韋政通：《先秦七大哲學家》，臺北：水牛出版社，1996。
5. 梁啟超：《先秦政治哲學史》，臺北：臺灣中華書局，1984。
6. 唐君毅：《哲學概論》，臺北：臺灣學生書局，1978。
7. 徐復觀：《中國思想史論集》，臺北：臺灣學生書局，1988。
8. 張家焌：《先秦儒道墨思想論文集》，臺北：哲學與文化月刊社，2010。
9. 陳拱：《儒墨平議》，臺北：臺灣商務印書館，1967。
10. 傅偉勳：〈創造的詮釋學即其應用〉，《從創造的詮釋學到大乘佛學：「哲學與宗教」四集》，臺北：東大圖書公司，1990。
11. 葉乃嘉：《研究方法的第一本書》，臺北：五南圖書出版股份有限公司，2006。
12. 蕭公權：《中國政治思想史》，臺北，聯經出版社，1982。
13. 魏義霞：《七子視界：先秦哲學研究》，北京：中國社會科學出版社，2005。

四、期刊論文

1. 李正治：〈墨子「以義反禮」型的禮樂思索〉，《鵝湖月刊》第十七卷第六期，總號一九八。
2. 李賢中：〈墨家的天人關係〉，《海峽兩岸輔大、人大、山大、蘇大校際哲學論壇暨哲學系教師研究成果發表會會議論文集》。
3. 吳進安：〈墨子「義利一元論」探析〉，《科技學刊》第七卷第四期。
4. 吳進安：〈墨子政治哲學的政道與治術〉，《哲學與文化月刊》第二十六卷第十一期。
5. 吳進安：〈從墨子義利一元論探討墨子社會正義觀〉，《東海大學文學院學報》第四十一卷。
6. 吳進安：〈墨家天人關係論探析〉，《哲學與文化月刊》第三十六卷第十二期，2009 年 12 月。
7. 周富美：〈墨子的實學〉，《臺大文史哲學報》第二十二期，1973。
8. 洪靜芳：〈墨子的為義精神〉，《東海中文學報》第九期，1990。
9. 孫中原：〈論墨家的人文與科學精神〉，《哲學雜誌》第二十八期。
10. 高柏園：〈墨子與孟子對戰爭之態度〉，《鵝湖月刊》第十七卷第六期，總號一九八。

11. 高瑋謙：〈墨家義道思想析論〉，《鵝湖月刊》第十七卷第六期，總號一九八。

12. 湯智君：〈論墨家「義學」的實踐〉，《聯合學報》第二十二期，2003。

13. 湯智君：〈墨家義利相容論〉，《聯合學報》第二十二期，2003。

14. 黃士嘉：〈墨子「愛、利、義」概念之分析〉，《孔孟月刊》第三十九卷第五期。

15. 郭鵬飛：〈論墨子的「義」道與其思想系統的關係〉，《中華文化復興月刊》第十八卷第六期。

16. 許雅棠：〈以義齊之——墨子政治思想試說〉，《東吳政治學報》第十五期，2002。

17. 蔡明田：〈析論墨子的非攻思想〉，《東方雜誌》，1984 年 7 月。

五、博、碩士論文

1. 王曉霞：〈墨子思想探析〉，臺灣師範大學國文學系碩士學位論文，1995。

2. 白崢勇：〈先秦儒墨法家軍事思想探究〉，臺北：國立臺灣大學中國文學研究所碩士學位論文，2000。

3. 司文德：〈墨子之道德哲學〉，輔仁大學哲學研究所碩士學位論文，1966。

4. 李玉竹：〈《墨子》書中平等思想之研究〉，臺灣師範大學公民教育與活動領導學系研究所碩士學位論文，2008。

5. 李之瑩：〈《墨子》天志思想研究〉，華梵工學院人文學系碩士學位論文，1996。

6. 李鈺文：〈墨子宗教情懷的形成與實踐研究〉，臺灣師範大學國文學系研究所碩士學位論文，2008。

7. 林茂賢：〈墨子功利思想之研究〉，中國文化大學哲學研究所碩士學位論文，1985。

8. 林晉康：〈墨子倫理學之研究〉，中國文化大學哲學研究所碩士學位論文，1969。

9. 林燦雄：〈墨子宗教政治暨經濟思想探析〉，華梵大學東方人文思想研究所碩士學位論文，2003。

10. 陳君蘭 ：〈墨子兼愛倫理理論結構之衡定〉，佛光大學哲學系研究所碩士學位論文，2006。

11. 陳慈莉：〈墨子「義」概念之研究〉，東海大學哲學研究所碩士學位論文，2009。

12. 黃富巧：〈墨子與耶穌之愛的比較〉，輔仁大學宗教學系研究所碩士學位論文，2005。

13. 湯娟宜：〈墨子的宗教思想研究〉，東吳大學哲學系研究所碩士學位論文，2005。

14. 許鈞婷：〈墨子政治思想研究〉，雲林科技大學漢學資料整理研究所碩士學位論文，2009。

15. 郭宗軒：〈墨子的價值觀之研究〉，中國文化大學哲學系研究所碩士學位論文，2004。

16. 楊宏彬：〈墨子的政治思想〉，中國文化大學哲學研究所碩士學位論文，1985。

17. 崔周浩：〈墨子宗教思想之研究〉，輔仁大學哲學系研究所碩士學位論文，1985。

18. 薛保綸：〈墨子的人生哲學〉，輔仁大學哲學研究所博士學位論文，1973。

19. 羅月珍：〈《墨子‧兼愛》倫理思想研究〉，中國文化大學哲學研究所碩士學位論文，2001。

《淮南子》認識論研究
——以把握本質的方法爲中心

川津康弘　著

作者簡介

〔日〕川津康弘，1980 年生。畢業於立命館大學文學系中國文學專業、立命館大學大學院文學研究科東方思想專業碩士課程。2008 年獲西北大學文博學院中國古代史專業博士學位。經過十幾年的武術鍛煉與指導經歷，在日本東京創辦武術教室盡力推廣內功等傳統文化。

提 要

　　《淮南子》之中「得道」與各個具體「人事」並重的思想給它的認識論帶來了不少影響。由於認識物件的性質不同，其認識論依據的思想也有差異。《淮南子》在形而下的具體認識物件方面吸取儒、墨的積極認識論思想而提出了世界可知論以及經驗主義。它認為客觀實際情況是認識的來源，又承認主體的感性認識能力與理性思維能力，從而提倡人們不斷積累知識與經驗。另一方面，對於形而上的認識物件，《淮南子》繼承了老、莊道家的直覺性的認識方法，從而提出了「養性」的重要性。它要求人們去智、節欲而保持虛、靜、平的精神狀態，從而排除知識與經驗所產生的成見的干擾。這是主體返回固有的自然「本性」而把主觀與客觀統一起來的具體方法，也就是直接把握事物本質的途徑。

　　大部分學者認為可知論與經驗主義是《淮南子》認識論的主流，而對它給予較高的評價。另一方面，老莊的消極思想的影響往往被看作是相對主義、不可知論、懷疑論、先驗論、唯心主義、神秘主義等，從而成為批評的對象。這是認識論哲學研究的局限性所在。《淮南子》從老、莊繼承下來的思想包含著東方獨特的認識途徑與思維方式，我們不能只靠西方哲學的標準而否定這些東方的思想精華。

導　言

一、《淮南子》認識論的研究意義

　　悠久的歷史裏，精神文化的繼承流傳不息。但隨著物質文明的發展以及信息的泛濫，人們越來越失去精密地把握真正文化的能力，而趨向只有外表的空虛的東西。自西方文化全面地進入到東方社會之後，雖然人們的分析能力提高，各方面的知識量、技術也逐漸豐富，能做到了許多從來難以實現的事情，但是本文作者認爲，從東方文化的目光來看，現代人與先人相比，傾向於缺乏把握精神文化的能力而不擅長綜合性的思考。這意味著東方文化走向沒落的可能性。本文希望通過《淮南子》的研究找出一些爲了改變這種趨勢的提示。

　　根據我的記憶，開創白川文字學的立命館大學名譽教授，已故的白川靜先生在講演時說道：「這方面（歷史、文學、思想等）的研究者不應該止於列舉前人的研究，而應該對東方社會有所貢獻。」筆者是把這一句銘記在心而進行研究的。不管哪個方面的研究，不要僅僅局限於學者的研究而忽略了對現實社會的意義，因此希望本次研究能夠對社會提示某些具體的成果。前面所說的意義不一定與學術意義相同。但是筆者認爲學術意義應該具有一些對社會發揮的現實社會性意義。

　　筆者對中國古代認識論的興趣是從民間武術的鍛煉中引導出來的。一直在思考傳統文化的繼承過程中必要的認識方式。思考過程中注意到了老莊思想中有直覺性的認識方法，並發現這些思想含有在現實世界中實現的可能性。從此以後，作者開始研究《老子》與《莊子》中的有關認識的思想。認

識論思想方面，《老子》這部書有境界的描述，但似乎沒有提到其認識的手段和過程。而《莊子》雖然說到認識的過程，但系統的論述不多。只靠《老子》、《莊子》中的思想考察認識的手段和過程，就有一定的極限。

這一次本研究選擇《淮南子》此書就是因爲筆者認爲《淮南子》是「老莊」思想的搖籃。「老莊」的並稱在《淮南子・要略》裏第一次出現。《老子》思想與《莊子》思想本來各爲別派，由淮南王與他的賓客們結合起來。可以說「老莊」這概念是他們創造出來的。漢初流行的黃老思想是政治思想，基本上不包括莊子思想。《莊子》在淮南的影響非常之大，它的缺乏政治性的思想給淮南的老子派學者們帶來黃老思想方向的轉變。《淮南子》之中的「引莊解老」作爲從黃老治國思想到避世保眞貴生主義的一個重大的轉折。在《史記・老子韓非列傳》中的「老莊申韓」這概念的產生，雖然受到當時黃老思想盛行的影響，但這是沿用《淮南子》的「老莊」概念。所謂「道家」的概念後來在這「老莊」思想的產生的影響下紮了根。但這不是說本文認爲《淮南子》只是老莊學派之著作。從認識論方面來說，《淮南子》中有受到《荀子》勸學理論等影響，批評老莊思想中的否定知識的觀點而承認學習的描述，還有它的經驗論採取法家的參伍之術等思想。《淮南子》是一部集體創作的雜家之書，是先秦諸子思想的結晶。雖然《要略篇》中可以看到漢初道家派牽強附會地總結全書的痕迹，但是《淮南子》每篇都有每篇的主張，筆者把《要略篇》的思想看做是《淮南子》思想中的一部分觀點。也就是說，研究《淮南子》不僅會闡明漢代道家思想，而且也會弄清其他諸子思想的融合與轉變。

《淮南子》此書內容博奧深巨集，值得研究的方面很多，如：哲學、諸子學、經學、史學、文學、神話學、政治學等。這部巨著雖然受到許多學者的重視，而且有許多詳細的專題論述，但目前全面研究不多。因此，筆者認爲不管從哪個方向的任何角度來闡明《淮南子》都會有相當大的學術價值。而且據我所知，目前很少有學者對《淮南子》認識論方面進行過全面的研究。從認識論的研究現狀來看，《淮南子》認識論綜合性的研究值得論述。

如已上述，寫作本題論文的最終目的是探索把握本質的方法，其目標就是引出在現實中能發揮的認識方式或其提示。這是以對現實社會的貢獻爲目標的，而學術方面的目標，第一個是參考中國學者的《淮南子》認識論研究以及日本學者對《淮南子》有關認識思想的研究這兩者的觀點，闡明其認識論的特徵，並且通過這些先行《淮南子》認識論研究的全面性總結，對《淮

南子》研究界提供一些專題研究的前提。第二個是通過闡明《淮南子》在中國古代認識論中發揮的作用，從而給認識論研究帶來歷史方面的反思。

二、《淮南子》研究的歷史與現狀

1、中國的《淮南子》研究

　　《淮南子》的研究，自漢代至民國，在注疏、校勘、箋釋、輯佚等方面取得了相當的成果。東漢一代，許慎首開《淮南子》研究之風，作《淮南間詁》，後來經過唐末五代戰亂，僅存八篇，混於高誘《淮南子注》之中。北宋學者蘇頌在《蘇魏公集》六十六《校淮南子題序》中，比較細緻地辨析了許、高注的標識，把混而為一的二家注本分辯開來，頗有開樸學先風的意味。關於注本及版本流傳的具體情況會在另一章提及，在此先不論述。

　　到了明清時代，研究《淮南子》的力作不少，有王夫之《淮南子注》、傅山的《淮南存雋》、《讀淮南子》、《淮南子評注》三書、陳昌齊《淮南子正誤》、易順鼎《淮南許注鉤沈》、葉德輝《淮南鴻烈簡詁》、俞樾《淮南內篇評議》、王仁俊《淮南許注異同詁校補》等。特別是清代乾嘉學者，受樸學學風的影響，有不少專治《淮南子》，如陶方琦以畢生之力從事《淮南子》研究，他所寫的著作除了《淮南子許注異同詁》、《續補》、《補遺》之外，尚有《淮南參正》、《淮南許代簡詁》、《淮南許詁篇徽》等。明清以前的《淮南子》研究成就主要體現在校注、考據方面，即是當時學者們主要關注的是釋義、辨音、勘誤、版本校勘等。明清以前，學者受到古代學術規範的制約，尚未具備科學的分類及哲學問題意識，因此學者對《淮南子》本文的篇章結構、內在的思想概念等大多只能在校注的過程中以序、跋等形式對其書進行籠統的概說而已。如高誘、莊逵吉等人俱在作注的過程中發表了議論。當時帶有專門研究意味的有錢塘《淮南子天文訓補注》、俞樾《淮南內篇評議》、方元《淮南子要略篇釋》等。還有，王念孫在嘉慶廿十年刊刻《淮南鴻烈解》一書中收錄自漢至清的《淮南總評》千餘字。這些前人的學術成果為當代的研究打下了良好的基礎。〔註1〕

　　臺灣學者于大成先生《六十年來之淮南子學》詳細地介紹了自清末至民國的學者所撰的《淮南子》研究著作。從陶鴻慶《讀淮南子箚記》二卷開始，

〔註1〕　主要參見戴黍：《國內〈淮南子〉研究狀況》，載《〈淮南子〉治道思想研究》，中山大學出版社，2005年。

主要包括劉文典《淮南鴻烈集解》二十一卷、劉家立《淮南集證》二十一卷、于省吾《淮南子新證》四卷、楊樹達《淮南子證聞》七卷、（馬來西亞）鄭良樹《淮南子斠理》七卷、吳承仕《淮南子舊注校理》三卷、胡適《淮南王書》等，總共提及了四十三部著作。〔註2〕本文對于大成先生介紹的內容不再重複。于大成先生的弟子陳麗桂女士還有《〈淮南子〉研究八十年》一文。她認爲「前五六十年（1912～1970 年）是以考據爲主」，而「近二三十年是義理爲主」。〔註3〕其他，楊有禮先生《新道鴻烈——〈淮南子〉與中國文化》中有一小節，對《淮南子》研究情況進行了一些介紹。〔註4〕另有戴黍先生的博士論文《〈淮南子〉治道思想研究》中的附錄《國內〈淮南子〉研究狀況》與《國外的〈淮南子〉研究》對國內外學者關於《淮南子》的研究進行了較詳細的介紹。〔註5〕這些研究現狀的介紹爲我們學習和研究奠定了基礎。下面，根據筆者所知的現狀，並參考這些研究現狀的介紹籠統地總結現當代的中國《淮南子》研究狀況的變遷。

中國在 40 年代以前，對《淮南子》的研究成果中論文不多，且多是箚記或考證之類等文章。如陳蛻《讀〈淮南子〉偶書》、胡適《〈淮南子〉哲學》、盧錫榮《讀〈淮南子〉》、楊樹達《讀劉文典〈淮南鴻烈集解〉》、姚章《淮南王書中的哲理》、郭宜霖《淮南鴻烈論道與治術》等。中國解放到文革之間，研究《淮南子》的論文還是較少。如蔣禮鴻《〈淮南子〉箚記》與劉文典《群書斠補》等。文革時期，由於研究者所處的特殊的政治時代背景，學者以劉安的個人命運和政治上的起伏作爲研究重點，並對作爲復辟派和反革命集團代表的劉安展開批判，有忽視《淮南子》之有價值的內容的傾向。

與此相反，臺灣學者對《淮南子》的研究非常興盛，以王叔岷、于大成、李增等先生的研究成果最爲突出，並集中於對本文的訓詁考證方面。80 年代後，李增和陳麗桂等臺灣學者開始從《淮南子》思想研究入手，以政治思想爲主題，並提及修養、法家思想、知識理論以及學術淵源等方面。而碩博士論文多以此爲研究主題，如陳麗桂《〈淮南鴻烈〉思想研究》、郭立民《〈淮南

〔註2〕于大成：《六十年來之淮南子學》，載《淮南鴻烈論文集》，臺北：里仁書局，2005 年。

〔註3〕陳麗桂：《〈淮南子〉研究八十年》，文載：〔新加坡〕林徐典主編：《漢學研究之回顧與前瞻》，（下冊）歷史哲學卷，中華書局，1995 年。

〔註4〕楊有禮：《新道鴻烈——〈淮南子〉與中國文化》，河南人民出版社，1998 年。

〔註5〕《〈淮南子〉治道思想研究》，中山大學出版社，2005 年。

子〉政治思想研究》、劉智妙《〈淮南子〉無爲思想之研究》、鄒麗燕《〈淮南內篇〉與老莊思想之關係》等。

　　文革之後，大陸學者的《淮南子》研究進入了新的階段。對《淮南子》作者和其文本成書的研究之外，開始從《淮南子》與諸子等許多方面的聯繫進行廣泛而深入的研究，如與老莊、黃老學、儒家、法家、墨家以及與《呂氏春秋》、《文子》、《春秋繁露》等諸多方面的聯繫。尤其是 80 年代以來，研究態勢日趨多樣化，研究方向也各有側重。孫紀文先生分爲四個方面總結其研究方向：第一，現代譯釋本的出現。如陳廣忠《淮南子譯注》、陳一平《淮南子校注譯》。第二，新的集釋本的出版。如何寧《淮南子集釋》、張雙棣《淮南子校釋》等。第三，義理研究性質的著作問世。其中包括散見於《哲學史》、《思想史》等各類巨著中的《淮南子》專門研究，如徐復觀《兩漢思想史》中的《〈淮南子〉與劉安的時代》、金春峰《漢代思想史》中的《〈淮南子〉的思想特點及其政治上的消極傾向》、任繼愈主編《中國哲學發展史（秦漢）》中的车鍾鑒著《〈淮南子〉——西漢道家思潮的理論結晶》等。研治《淮南子》的專著有牟鍾鑒《〈呂氏春秋〉與〈淮南子〉思想研究》、楊有禮《新道鴻烈——〈淮南子〉與中國文化》、雷健坤《綜合與重構：〈淮南子〉與中國傳統文化》、段秋關《淮南子與劉安的法律思想》、李霞《生死智慧——道家生命三要素》、陶磊《〈淮南子・天文〉研究——從數學史的角度》等。第四，從文學、哲學、倫理學、文化學等各個角度研究《淮南子》的各種學術期刊的專門論文日漸增多，研究深度不斷加強。〔註6〕

　　近些年，由於有了科學分類方法與哲學意識，學者所討論的問題較前人更爲細緻、專門化，除開先前已說過的評價、歸判。有些學者將《淮南子》各篇章所討論的問題以現代學術的眼光進行歸類，重新進行理論體系的構建。還有些學者從各個不同的專業視角對《淮南子》加以闡釋，從中吸取資源與啓示。其他，還有《淮南子》與其他學說進行對比的研究，對《淮南子》中的「道」、「無爲」等核心概念進行再理解的研究等。其中，最多的是從某一方面進行的專門研究，如從哲學思想、文學思想、歷史觀、宇宙觀、自然觀、審美觀、養生、政治思想、軍事思想、倫理思想等各個方面展開細緻的論述。認識論也是其中的一個方面。

　　在筆者看來，目前還沒有關於《淮南子》認識論的專門研究著作。雖有

〔註6〕參見孫紀文：《淮南子研究》，學苑出版社，2005 年，第 1、2 頁。

不少關於《老子》、《莊子》認識論的論述，但在題目上直接提及《淮南子》認識論的著作及論文不太多。在《淮南子》研究的著作中，關於認識論的考論大部分只是《淮南子》全面研究的一部分論述而已。提及《淮南子》的有關中國的《思想史》或《哲學史》等著作中，張豈之先生主編的《精編中國思想史》的《兩漢編》有《淮南子》認識論的論述。它說：「《淮南子》的認識論是創見的。它承認客觀規律和客觀真理，提倡不斷積累知識技能，具體研究了認識方法，表現了較強的辯證因素和理性主義。」〔註7〕而且他從《淮南子》重視的現象與本質方面論述《淮南子》認識論：「從外在的多樣的現象進而認識內在的穩定的本質，才能真正認識事物。把握事物的本質主要依靠心（即思維）的作用。」〔註8〕此外，牟鍾鑒先生的《〈呂氏春秋〉與〈淮南子〉思想研究》中也有認識論方面的論述。他在其中的《〈淮南子〉的「無為」新說與認識論》中提出了《淮南子》認識論的值得注意的五個方面：第一、認為世界可知，天地人皆有規律可尋；第二、承認真理的客觀性；第三、人要虛心好學，不斷積累知識與技能；第四、強調認識事物要有正確的思想方法；第五、著重從認識論高度，分析了宗教迷信形成的原因，確定人們應持的態度。〔註9〕而牟鍾鑒先生評價地說：這些特點「說明《淮南子》對社會現象的觀察，其深度和廣度都超過了先秦哲學家所達到的水平，它標誌著人類認識能力有了新的提高」。〔註10〕反之，孫紀文先生等一些學者主張《淮南子》在認識論上沒有任何創新。〔註11〕

在與《淮南子》認識論相關的論文之中，主題上直接提及「認識論」的論文有袁春華《〈淮南子〉認識論思想初探》、丁原明《〈淮南子〉認識論探析》等。這些論文比較詳細地論述《淮南子》的認識論特徵，他們提到《淮南子》中的世界可知論、樸素反映論、經驗論（直接經驗與間接經驗）、辯證思想等，同時從哲學的角度來分析其中的直覺性認識而用相對主義、懷疑論、不可知論、先驗論等詞總結老莊的消極性影響。

要尋找題目上沒有提到「認識論」的有關認識思想的著作或論文，首先筆者應該確定本題所說的「認識論」範疇，才能明白這方面研究的範圍。所

〔註7〕《精編中國思想史·上》，臺北：水牛出版社，2000，第255頁。
〔註8〕《精編中國思想史·上》，第256頁。
〔註9〕《呂氏春秋與淮南子研究》，齊魯書社，1987，第195～214頁。
〔註10〕任繼愈主編：《中國哲學發展史（秦漢）》，人民出版社，1998，第269頁。
〔註11〕《淮南子研究》，學苑出版社，2005年，第12頁。

謂「認識論」屬於西方哲學，它的問題應當通過哲學的分類來考慮。它是處理主觀和客觀的關係、認識的物質性來源、認識的發展等問題的學問。一般在研究認識論當中要解決的問題分別是：思維和存在的對立和統一問題、認識對象的特點及界說問題、主體認識能力的大小及其限度問題、知識的普遍必然性和眞理性問題、獲取知識的途徑和方法問題等。總結中國學者的《淮南子》認識論研究時，必須通過考慮這些問題而闡明其趨勢。但是，筆者認爲關於「認識」的問題解決的標準不能限定於西方哲學認識論的尺度，也要依靠思想本身的面貌的研究。而且，目前的日本基本上沒有學者依靠哲學認識論的標準考慮中國思想中的有關「認識」的問題。要進行拓展性的研究，本文必須摸索視角，而廣泛吸取前人的研究。因此，本選題論文在主題部分「把握本質的方法」，依靠中國思想的研究分類來考察關於認識本質的思想。筆者準備把它大致分爲三個方面進行論證：一是《淮南子》「道」概念與「陰陽」、「氣」理論等屬於本質的自然規律方面，也就是宇宙觀與自然觀；二是《淮南子》對「無爲」的解釋問題，其中包括「虛靜」、「因自然」思想以及積極有爲的養性、教學思想；三是直觀、直覺性認識方面，這種認識不能用分析語義法，因此它與言意觀有一定的聯繫。第一個方面是研究認識的對象，而後面兩個都是考慮認識過程問題的，其中的教學觀與言意觀包括傳達方式的問題。如此劃分，雖然大部分研究在主題上沒有使用「認識」這個詞，但我們會發現許多學者詳細地論述關於「認識」方面的問題。

　　《淮南子》認識的主要對象是屬於本質的自然規律，包括「道」概念、陰陽理論以及宇宙觀、自然觀等方面。治道思想也就是一種關於認識本質的觀念，硏治《淮南子》的治道思想的有戴黍先生的博士論文《〈淮南子〉治道思想研究》，提及《淮南子》之「道」的論文還有臺灣學者李增的《淮南子之道論》、張遠華《〈淮南子〉對道範疇的理論深化》、丁原明《〈淮南子〉道論新探》等。關於《淮南子》自然觀的論文有錢善剛《〈淮南子〉自然哲學述論》、唐劭廉、呂錫琛《〈淮南子〉自然觀：繼承和超越——〈淮南子〉與先秦道家自然觀的比較研究》等。有關《淮南子》宇宙觀的論述有鍾肇鵬、周桂鈿《論〈淮南子〉宇宙觀的唯心主義性質》、顧偉康《〈淮南子〉的宇宙論》與《中國哲學史上第一個宇宙論體系：論〈淮南子〉的宇宙論》等。于首奎先生的著作《兩漢哲學新探》中有有關《淮南子》的論述，其中的《試論〈淮南子〉宇宙觀》對《淮南子》「道」的性質加以論證而說道：「《淮南子》的宇宙觀是

樸素唯物主義的。」﹝註12﹞他認爲《淮南子》唯物主義包含著比較豐富的樸素辯證法思想。他在下一章《論〈淮南子〉的樸素辯證法》中從中國古代的陰陽說「兩點論」方面以及本質與現象等方面論述《淮南子》的辯證法而得出了其樸素性和直觀性的結論。此外，提到《淮南子》辯證法的論述還有陳遠寧《〈淮南子〉的辯證法思想》等。主要考慮《淮南子》「無爲」問題的論文較多，如謝天祐、王家範《評〈淮南子〉的無爲思想》、吳方桐《〈淮南子〉的「無爲」哲學》、陳麗桂《淮南子的無爲論》、張運華《〈淮南子〉的「無爲」理論》、戴黍《〈淮南子〉中的「無爲」及其思想史意義》、陳廣忠《論〈淮南子〉的「無爲而治」》、吳怡《先秦諸子與淮南的無爲思想》、新加坡學者劉笑敢《「無爲」思想的發展——從〈老子〉到〈淮南子〉》、雷健坤《論〈淮南子〉對道家無爲觀的創造性詮釋》等，大部分論述提及《淮南子》無爲思想中的去私、去欲、循理的「爲」的一面。關於《淮南子》教育思想方面的論文也不少，其中從人性、德育方面的研究最多。如高漢聲《〈淮南子〉論人性與教育》、呂錫琛《論〈淮南子〉的道德教育思想》、龍國智《〈淮南子〉對成教德育教育的啓示》等。李增《淮南子之知識理論：淮南子對先秦儒道法知識理論之平評》也是屬於認識思想領域的研究。據筆者所知，還沒有把《淮南子》中的直覺性認識爲主題的專門論述。

總而言之，提到與「認識」相關的思想的《淮南子》研究雖然不少，但是關於「認識論」本身的全面、綜合的論述還是較少。《淮南子》有關認識的思想包含著許多方面的問題，例如：治道思想、陰陽理論、宇宙觀、無爲思想的轉變、辯證法思想、知識理論、教育思想等。因此，以其中的一個方面即「認識本質的方法」爲主題考慮各個問題，可能有一定的價值。

2、日本的《淮南子》研究情況

西元 720 年成書的《日本書紀・神代卷》裏有沿用《淮南子・天文》中的開天闢地傳說的部分。這表明大約在中國的唐代、在奈良時代的日本就有《淮南子》。而藤原佐世在日本平安時代編纂的《日本國見在書目》（891 年）中有所記載：「《淮南子》二十一卷，漢淮南王劉安撰，高誘注；《淮南子》二十一卷，許愼注；《淮南略》一卷。」

高松宮家藏的平安中期小野道風所寫的《秋萩帖》的紙背有唐鈔本《淮南兵略閒詁》第廿殘卷，字迹與敦煌卷子本略近，與今本頗多出入，注文尤

﹝註12﹞《兩漢哲學新探》，四川人民出版社，1988，第53頁。

盛。其中可以看到今本的脫文，此卷具有比較高的學術價值。提及此殘卷的論文有木村英一《就古鈔本淮南子兵略篇（上）（下）》、武內義雄《秋萩歌卷的背記》等，著作還有古谷稔的《秋萩帖論考》。

　　《淮南子》的日語譯文，注訓點的或翻譯成現代語的有田岡嶺雲《和譯淮南子》、服部宇之吉《淮南子‧孔子家語》（漢文大系第二十卷）、同《淮南子》（漢文叢書）、菊池三九郎（晚香）《淮南子國字解（上）（下）》（漢籍國字解全書四四‧四五）、後藤朝太郎《國譯淮南子》（國譯漢文大成‧經子史部一一）、小野機太郎《現代語譯淮南子》、戶川芳郎‧木山英雄‧澤谷昭次《淮南子‧說苑（抄）》（中國古典文學大系六）、楠山春樹《淮南子（上）（中）（下）》（新釋漢文大系五四‧五五‧六二）。上述的譯本中，漢文大系本按莊逵吉本注訓點，在眉批有記載王念孫、俞樾等校勘的內容。漢籍國字解全書、國譯漢文大系與漢文叢書是由注訓點的原文、帶假名的日文和注釋構成，中國古典文學大系則是今譯和注釋，小野機太郎的《現代語譯淮南子》只有今譯，新釋漢文大系是注訓點的原文、帶假名的日文、今譯和注釋。在中國學者戴黍先生的《國外的〈淮南子〉研究》〔註13〕這一文比較詳細地介紹了日本的《淮南子》研究情況，但他誤解了上述的大部分都是節譯、選譯。上述的實際上都是全譯。節譯、選譯的有楠山春樹《淮南子》（中國古典新書）、池田知久《淮南子——知之百科》等。

　　島田翰《古文舊書考》卷四（1905 年）詳細地考證《淮南子》的注本。他沒有看北宋蘇頌的《校淮南子題敘》以及勞格《讀書雜識》、陶方琦《淮南許注異同詁》等清末研究的資料，只是依靠獨自的校勘導出今本是許注八篇和高注十三篇的兩本合併而成書的結論。此書後面附加《淮南出典考》一篇而提到《文子》，值得參考。後來，對《淮南子》的版本源流進行了系統梳理的有倉石武四郎《淮南子之歷史（上）（下）》。它對許注、高注及北宋、明、清及近代的《淮南子》研究作了全面的總結，並考察了其與《文子》的關係。他把《淮南子》流傳的歷史再構成，頗爲影響。他在論述中介紹了日本德川時代目錄裏出現的各家《淮南子》注解。如：澀井大室《淮南子考二卷》、恩田維周《淮南子考二卷》、宇野成之《標注淮南子》、園田雄《淮南子考》、永井修《淮南子考二卷》、諸葛晃《淮南子音義一卷》、《淮南鴻烈解摘注一卷》、久保愛《淮南子注考十二卷》、藤川冬齋《淮南鴻烈解考證》、岡本保孝《淮

〔註13〕文載《〈淮南子〉治道思想研究》，中山大學出版社，2005 年，第 284 頁。

南子疏證四卷》、《淮南子音讀出典考一卷》等。目前其中的大部分都無法閱覽到，金谷治在《秦漢思想史研究》第五章《〈淮南子〉之研究》中強調岡本保孝《淮南子疏證》的出色。金谷治《老莊的世界——淮南子之思想》與楠山春樹所寫的譯本中的簡介，繼承島田翰及倉石武四郎的勞作，詳細地介紹版本流傳的情況。

　　50 年代以前，日本學者對《淮南子》研究比較冷淡，似乎沒有在題目上提到《淮南子》的研究著作，當時 1959 年出版的金谷治《老莊的世界——淮南子之思想》是在日本唯一的專著，而他到現在一直喚起人們對《淮南子》的關心。他對關於淮南王劉安的傳記、《淮南子》的歷史、內容以及其思想等方面進行了綜合研究。他承認《要略》從「老莊」的立場統一了內容雜多的二十篇的意圖和其成功，而且對《淮南子》中所蘊含的老莊思想、觀念作了十分精細的闡述。

　　目前在日本關於《淮南子》的專著還是不多，其中有向井哲夫《〈淮南子〉與諸子百家思想》。他探討了《淮南子》每篇中可以看到的諸子思想成分而闡明了諸篇的思想立場。向井哲夫所發表的論文有《〈淮南子〉與墨家思想》、《〈淮南子〉與陰陽五行思想——以覽冥訓與本經訓爲中心》等。題目上提到《淮南子》的著作還有有馬卓也《淮南子的政治思想》。這部書裏包括他已經發表的一些論文。有馬卓也所寫的論文有《〈淮南子〉原道訓的位置——圍繞「因循」思想》、《〈淮南子〉人間訓的位置》、《〈新語〉的統治概念——以與《淮南子》的關係爲中心》、《關於〈淮南子〉本經訓——因循思想的分歧點》、《關於「應時耦化」說的成立——以《淮南子》犯論訓爲中心》等。在討論《淮南子》思想的統一性有或沒有的問題時，一般認爲其關鍵是在於《要略》的位置，但有馬卓也在其著作中採用了各篇的考證和整體再構成的方法而闡明《淮南子》整體的意向。平岡禎吉《在淮南子中出現的氣之研究》也是在日本不多的專門研究《淮南子》的著作之一。其著作的目的在於從殷商到秦漢「氣」之思想的闡發，而它全面研論了中國學術思想乃至文化中相關於「氣」的事物和學說。由於《淮南子》是到漢初的典籍中最多的 204 次使用「氣」字，而且包括先秦的所有「氣」的概念，立言了「氣」論體系的著作，因此平岡禎吉選定《淮南子》爲主要資料，並參考其他資料考察「氣」的實體以及其概念、思想體系。他還有《關於從現代來看待在〈淮南子〉中出現的氣》、《在淮南子中出現的生命觀》等論文。除了研究著作之外，日本還有京都大

學人文科學研究所出版的鈴木隆一編的《淮南子索引》，它給學者們的研究提供了便利。

中國的哲學史以及思想史等方面的許多巨著比較詳細地討論了《淮南子》的一些問題。而日本的思想史等研究著作基本上是記載比較短的文章介紹其書而已，其中金谷治的《秦漢思想史研究》是例外。但是，日本的各方面的專題研究著作中提到《淮南子》的不少，其中有津田左右吉《道家之思想與其開展》第三章《呂氏春秋及淮南子》，他言及《淮南子》中的道家之說貫穿整體結構並把它看作與《呂覽》的不同之處。在福永光司《氣的研究》中的《道家之氣論與〈淮南子〉的氣》一文，通過探討《淮南子》中的「太一」概念、《老子》與《易》思想的折衷、與漢初天文律曆之學的關聯、人文地理學性的環境論、醫學理論等五個特點而闡明了《淮南子》中可看到的與先秦道家的「氣」論不同的新開展。池田知久的著作《老莊思想》中有《武帝初年的〈淮南子〉之編纂》和《在淮南國產生的「老莊」的概念》等有關《淮南子》的論述，而他討論了關於「老莊」這概念在淮南國誕生的背景。鈴木由次郎《漢易研究》中的《淮南子的易學》主張《淮南子》中引用的關於「易」的學說是早已遺失的《淮南道訓》二篇的殘餘而列舉原典中的那些部分。其他專著中的論述還有楠山春樹《中國的人性之研究》中的《〈淮南子〉的人類觀——以禍福論爲中心》等。

日本學者研究《淮南子》的論文，與其他古籍的研究相比併不能說很多。50 年代以前的論文中提到《淮南子》書名的，除上述的倉石武四郎、木村英一、武內義雄、平岡禎吉等學者的論文之外，還有那波利貞《關於在淮南子中出現的「金目」》、友納義德《支那古代文化史上的淮南子》、本田濟《淮南子的一面》、鈴木喜一《關於淮南子論法的考察》等。本田濟從人性、階級、無爲、法、天、政治、經濟等方面來討論一些問題，並且解釋當時儒教勝利的因素。鈴木喜一討論《淮南子》的論證、辯論的方式問題。如已上述，過去日本學者對《淮南子》的關心並不是很強，其他一些論文只是在漢代思想研究過程中提到其書而已。如:島田鈞一《漢代的學風》、橋本增吉《漢初的思想》、鈴木由次郎《漢初的思想界》等。

到了 60 年代，《淮南子》研究逐漸進入了新的階段，從討論版本的情況或者整體思想體系的研究開展到言及細節的縝密的研究。楠山春樹《從淮南子來看待的莊子成立》分析《淮南子》中的與《莊子》相關的部分，並討論

漢代《莊子》成書的情況。他所寫的《淮南王莊子略要、莊子後解考》則通過考慮今本《淮南子》及《莊子》的記述推測兩部書的內容與性質。日本學者雖然承認《淮南子》中諸子思想的折衷，但日本過去有把它看作老莊、道家思想之書的趨勢，《淮南子》的學派歸屬等問題基本上沒有學者把它成為討論的對象。提起《淮南子》雜家的一面的是田中麻紗巳《作為雜家的〈淮南子〉》，他通過考慮從《呂氏春秋》的引用，《漢書》藝文志、《法言》對《淮南子》的評價，闡述其書的傾向。他還有《〈淮南子〉從〈呂氏春秋〉的引用》一文。提到《淮南子》的思想傾向的論文有澤田多喜男《關於〈淮南子〉的道家傾向與儒家傾向》，他闡明在書中有不同目標的兩家學派的思想趨勢，而且他在結語說到《要略》的「道」是空虛的統一概念。對《要略》的研究有內山直樹《〈淮南子〉要略篇與書籍》、池田知久《關於淮南子要略篇》等。內山直樹在論述中推測《淮南子・要略》有把書籍作為學術基礎的傾向的先兆。池田知久探討了《淮南子》寫作的目的以及其構成，他所寫的另外個論文《〈淮南子〉的成立——由〈史記〉與〈淮南子〉的研討》從內外的兩個角度來追究《淮南子》成書的情況，並且提到《淮南子》給武帝初年的思想界帶來的影響。宇野茂彥《淮南子的總合與其調整管見》分析各篇的細節，從總體上考慮《淮南子》的統一性。專門討論《淮南子》的政治思想的論文，上述有馬卓也的以外還有宮本勝《淮南子主術訓的政治思想與其理論構造》，他舉出無為主義、民本主義、積力眾智等特點說明《主術訓》的政治理論。與《淮南子》中的「氣」相關的研究，除了平岡禎吉之外還有平山久雄《關於高誘的〈淮南子〉〈呂氏春秋〉注中的「急氣言」「緩氣言」》、久富木成大《氣的循環與黃泉的形成——關於〈淮南子〉的黃泉觀念》等。提到自然觀的有馬場英雄《關於〈淮南子〉的「自然」》、田中麻紗巳《關於〈淮南子〉的「自然」——西漢道家思想的一面》、片倉望《〈列子〉與〈淮南子〉的「自然」》、村田浩《〈淮南子〉與災異說》與《〈淮南子〉的「類」》等。另外，討論精神等修養理論方面的是馬場英雄《關於「神、形」與「心、性」的問題——〈淮南子〉的人間觀》、小林理惠《〈淮南子〉的治身、治國論與世界觀——以「精神」為核心》、末永高康《精神小考——以〈淮南子〉為中心》等。有關《地形訓》的研究有田中柚美子《鄒衍的世界觀和淮南子墜形訓》、薄井俊二《淮南子地形訓的基礎研究》等，田中柚美子通過對照《史記》、《論衡》、《鹽鐵論》、《河圖括地象》的佚文以及《淮南子・地形訓》中有關地理

觀念的記載，並多附圖以闡明鄒衍的天下觀念流傳的情況以及與崑崙中心思想的關聯性。從文學的角度來研究《淮南子》的是谷口洋《關於〈淮南子〉的文辭——在漢初的諸學合併與漢賦的成立》、戶川芳郎《關於〈淮南子〉所引的詩句》等。此外，岡阪猛雄《淮南子的「言」之意識》分析辭、議、論、說、辯等有關「言」的概念，討論《淮南子》對「言」之作用的觀點。另外個研究語言的論文杉田正樹《語言的秘密——以〈淮南子〉爲線索》從哲學的立場闡述語言的性質。考察《淮南子》與《文子》的重複文而斷定《淮南子》先成書的研究是田中智幸《關於〈文子〉與〈淮南子〉的關係》。谷中信一《關於對〈淮南子〉成立的齊文化影響——以兵略訓爲中心》主張從整個《淮南子》中可以看到齊文化的影響。

　　上面籠統地說明了日本學者研究《淮南子》的情況，總的說來，在日本這幾十年的《淮南子》研究有討論細節的趨勢，而闡述整體的綜合研究不多。目前日本沒有學者直接提到《淮南子》的有關「認識」的思想，而且毫無「認識論」等西方哲學的角度來研究的論述。但是有一些論述提到《淮南子》中的「無爲」、「自然」、「言」等與認識相關的概念，它們在本研究的過程中值得參考。

3、西方學者對《淮南子》的主要研究

　　西文語種的《淮南子》譯本中，〔英〕巴爾福《道家倫理性、政治性和思想性的文本》（1884 年出版）附有的《淮南子》卷一是我們所見最早的英語節譯。其後，還有〔英〕伊萬‧摩爾根、〔美〕安樂哲、〔美〕約翰‧梅傑等學者對《淮南子》各篇章的英文翻譯作出了貢獻。據海外學者介紹，上世紀 90 年代法國學者譯出了《淮南子》全文。其他，〔法〕克勞德‧萊麗、〔法〕伊麗莎白‧羅克特、〔加〕白光華等學者所作的節譯體現了較高的研究水平。德文方面，可見的只有《地形訓》譯文。1990 年俄羅斯出版了大部頭的《兩漢哲學資料集》，其中包括《淮南子》譯文。〔註 14〕

　　美國漢學家安樂哲（Roger T.Ames）教授有《主術——中國古代政治藝術之研究》一文。他以分析《淮南子‧主術訓》爲主幹，從歷史哲學入手，以「無爲」、「勢」、「法」、「用眾」、「利民」等核心概念爲線索，廣泛論及《淮南子》全書乃至先秦到漢初儒家、道家和法家的政治思想。安樂哲先生對《淮

〔註 14〕參見〔澳〕柳存仁：《海外道家文化研究簡介》，文載：陳鼓應主編：《道家文化研究》（第十四輯），三聯書店，1998 年，第 3～7 頁。

南子》在中國思想史上的地位給予了很高的評價，而認爲它超越思想流派的紛爭，融合各派思想的精義，而創造出一個新的哲學理論體系。他把《淮南子》中的創造性地調和主義稱爲實用的、成熟的道家學說。

加拿大蒙特羅大學東亞研究所的漢學教授白光華（Charles le Blanc）先生曾以英文、法文出版過研究《淮南子》的不少論著。其中有《淮南子，漢代早期思想的哲學性綜合：感應學說及對第六章的翻譯與分析》，他在翻譯《覽冥訓》的基礎上把《淮南子》置於漢初思想的背景中加以考察，認爲源於早期道家與陰陽五行家的「感應」是《淮南子》的中心概念。亦白光華先生在《我對〈淮南子〉的一些看法》中選擇了其內部的相關材料、同時代的周圍材料以及《淮南子》所引的諸子的材料，闡明其學術淵源，從而解析了《淮南子》理論內涵。

其他，還有《康橋中國史》的作者之一、英國學者魯惟一（Loewe,M.）先生對《淮南子》的文化研究亦有獨到見解。探討漢初「天」與「地」的概念的有〔美〕約翰‧梅傑先生《漢代早期思想中的天與地：〈淮南子〉第三、四、五章》。討論人性概念的有漢諾德‧羅斯先生《淮南子中的人性概念》，他還有《淮南子的文獻源流》等帶有考據色彩的研究成果。戴維斯‧泰尼先生以「陰」、「陽」概念爲線索，對《淮南子》進行了拓展性的跨地域、跨文化研究，他有《淮南子中的陰陽概念與阿拉伯、西方煉丹術中類似範疇的聯繫，以及陰陽概念在〈周易參同契〉中的應用》、《淮南子的二元宇宙起源論及其與中國、歐洲煉丹術背景的聯繫》等論文。政治哲學方面的研究，除了安樂哲先生的論述之外，還有保羅‧戈登先生《淮南子政治哲學中陰柔調和主義》等。席溫先生《國家、宇宙和人體》也討論「天人合一」思想中的政治思想與自然哲學。彼得‧喬治先生「頓」與「漸」：中國思想中的啓蒙》把《淮南子》中的修養理論與中國禪宗的相關思想進行對照。

戴黍先生對西方學者的《淮南子》研究有所分析，提及了他們的一些研究傾向：其一，西方學者大多將《淮南子》認爲西漢道家代表，同時也寬容地對待其融會的傾向，肯定儒家、法家元素對道家思想的豐富作用。其二，西方學者因其良好的哲學傳統和訓練，而偏重從思想體系的形成、概念、學說之間的內在聯繫等方面來分析、研究問題。其三，西方學者對《淮南子》的政治哲學也著力較多。其他戴黍先生還提到西方學者不循陳規舊習的研究視角；選擇、運用材料的能力；多種研究方法的結合等研究傾向，並且給中

國學者提出了有益的啟示〔註15〕。

三、研究的基本思路和研究方法

　　本文試圖以認識論思想爲重要線索闡明《淮南子》的思想傾向，並且考慮在現實中能發揮的認識方式。從西方哲學來看，《淮南子》在宇宙本體論及認識論上沒有特別的建立和創新，而且它還沒有自身獨到的方法論。然而，本文的興趣並不只在於以西方哲學框架加以審視的《淮南子》認識論，而在於從東方思想的眼光來闡明的有關認識的思想。感悟式文化是東方獨特的優秀文化傾向，從古代到當代，在東亞文化圈的民間裏，老、莊的直覺性認識方式等不分析地把握整體事物的東方獨特的傳統思維方式牢牢地紮下了根。筆者認爲東方思想中的有些問題要通過東方人的思考方式解決。因此，以西方哲學中的概念牽強附會地分析中國思想和文化源泉，以西方哲學的尺度來衡量中國古代思想，只靠這種研究法帶著一些掉進陷阱的風險。〔德〕海德格爾、〔法〕阿爾圖塞（Louis Althusser）等一些西方哲學家說過：「哲學是希臘的，或繼承希臘文化體系的西方社會的東西。非西方社會裏不會存在哲學的問題」。〔註16〕筆者在日本研究中國思想文化時，認同這種看法。「哲學」是日本人過去把歐洲的概念翻譯成日語時用漢字創造的，後來進入到中國的外來語。這本來是東方社會裏沒有的概念。因而，筆者一直都認爲東方思想都屬於「思想」而不屬於「哲學」，東方沒有所謂的「哲學」，所謂「思想」不過是被「哲學」分析的對象而已。但是，既然在詞的意思上題目中的「認識論」就是指西方哲學中的認識論，本文應該提到西方哲學所說的「認識論」的範疇與其必須考慮的一些問題。而且中國的學者提到的「認識論」都是西方哲學中的概念。要理解中國的研究情況，必須得從所謂「哲學」方面考慮《淮南子》中有關「認識」的思想。所以筆者總結中國的先前《淮南子》研究時，應該基於哲學中的認識論研究的範疇進行研究。

　　本研究在筆者對有關認識的思想的觀點的基礎上進行，本文分爲四章，依次按照如下線索展開：首先，對《淮南子》其書以及其成立背景提出筆者

〔註15〕　參見戴黍：《國外的〈淮南子〉研究》，載《〈淮南子〉治道思想研究》，中山大學出版社，2005年，第288頁。

〔註16〕　據〔日〕今村仁司：《阿爾圖塞：現代思想的冒險者22》，講談社，1997年，阿爾圖塞在未發表的原稿中，提及哲學與科學的獨自關係，而主張「非西方社會沒有哲學」的觀點。亦，海德格爾也在法國演講時提到這些問題。參見〔日〕木田元：《海德格爾〈時間與存在〉再構築》，岩波現代文庫，2000年。

的見解，作爲正題的前提；其次，闡述在此所說的「認識論」範疇而分爲幾個方面，基於那些分類論述有關《淮南子》認識論研究的趨勢；再次，對《淮南子》與《莊子》、《老子》、儒家的諸思想、墨學、法家、陰陽、黃老學等其他思想的關係以及其影響加以考察；最後，考慮認識論中的一部分「把握事物的本質的方法」這個問題。

論文中的主題是摸索「把握事物的本質的方法」的部分。如已在《淮南子》認識論的研究現狀中提到，本文將關於把握本質的方法的問題分爲三個方面：一是《淮南子》宇宙觀、自然觀方面；二是《淮南子》對「無爲」的解釋；三是直覺性的認識方法。《淮南子》把事物分爲本質與現象兩個方面。道、自然規律等概念都屬於「本質」，而「現象」是事物的本質在各方面的外部表現。從西方哲學的框架來說，認識的對象是一個重要的問題之一。關於認識的對象，即事物的本質方面，本文首先考慮《淮南子》的「道」概念與它對「陰陽」、「氣」理論的容納。然後摸索認識本質的手段和方法。後面兩個方面都屬於認識論中的獲取眞知的途徑和方法問題。首先，本文考慮「無爲」思想的轉變與《淮南子》對「無爲」的解釋，其中包括遵循自然規律的「因」思想與積極有爲的教學思想以及爲了提高主體認識能力的養性、養心的觀點。然後，摸索《淮南子》從道家系思想繼承下來的直覺性認識的特徵。其中提到《淮南子》的言意觀與它在其認識方法上一部分接受的《莊子》「忘」概念。

本文爲了提出《淮南子》中可以看到的認識本質的方法的特徵，把認識論的一些問題通過與先秦、秦漢諸家思想或其他著作的比較而考慮。例如，通過與《老子》的比較考論「無爲」概念的轉變；考慮《荀子》勸學理論給《淮南子》教學思想帶來的影響；考察《莊子》中一些有關認識本質的方法的描述等。通過比較研究弄清《淮南子》對於把握本質的方法的立場。

然後，本文基於前面的研究結果，總結《淮南子》認識論的傾向，同時闡明《淮南子》中的有關認識的思想本身，從而提出其認識思想產生的意義。由於依靠的研究觀點的差別，中國學者與日本學者對《淮南子》研究的趨勢有所不同。因此，本文參考中國與日本雙方的學者對《淮南子》的研究傾向以及他們對認識問題的觀點。並且通過闡述《淮南子》認識論及關於認識的思想，摸索《淮南子》中的認識方法在現實社會中體現的可行性。

總的說來，本選題研究通過理解有關《淮南子》認識論方面的思想以及

相關領域，闡明《淮南子》認識論的特徵及其價值，並追究其認識方法的可行性。而最終的目標就是通過本選題研究給社會帶來一些認識本質的方法方面的提示。

第一章　《淮南子》其書與背景

　　《淮南子》是一部集體創作的著作，由於中國長期的封建文化專制政策的影響，很長時間沒有得到應有的地位。到了現代，許多學者承認這部巨著值得研究而開始進行各方面的研究。如已上述，目前關於《淮南子》的論述不少，但它們的主張並不都是學術界的定說，有一些問題還有考慮的餘地。此章是對於那些有關《淮南子》其書的各方面研究提出獨自見解而論述。通過先行研究的總結以及考察，對有關《淮南子》的一些問題引出最妥當的答案而表示本文的觀點，以免在寫作《淮南子》認識論研究過程中發生瑣碎的矛盾。本文以在此章導出來的見解為後面的思想研究的前提。

　　不管哪個國家的哪個時代，歷史往往被朝廷等國家中樞改成為對他們有利的內容，也有後代人創造的傳說漸漸成為歷史的情況。因此，把史書或地下資料裏的記載都作為史實，這種做法並不是最佳的研究法。要是全部都依靠史書的記載而沒有加以思考，關於此章的劉安的謀反、八公、淮南賓客與《莊子》的關係等問題就不能接近真實。在此章論述中的研究作風也要應用於認識思想方面的研究。

第一節　《淮南子》成書及作者

一、淮南王劉安

　　大眾所知，淮南王劉安招致賓客集體寫作許多著述，《淮南子》也是其中之一。要理解《淮南子》這部著作，首先應該闡明關於淮南王劉安的一些不明之處。關於淮南王其人有學者們討論的幾種話題，如劉安謀反案有沒有冤

情、劉安神仙形象的起源、劉安與《楚辭》的關係等。本文希望通過對這些問題提出筆者的觀點逼近其人物。

1、對淮南王謀反的見解

關於淮南王劉安的研究中，許多學者討論的焦點是他的謀反是否冤枉的問題。一些學者已經通過歷史材料的梳理，從當時的社會背景、劉安的性格、與漢武帝的關係、家庭矛盾等方面進行過分析研究。

總結一些先行研究的說法，淮南獄與劉安之死的原因有五：其一，劉安對文帝的宿怨；其二，武帝深忌劉安的名聲；其三，家庭內的矛盾給朝廷可乘之機；其四，審卿挾嫌報復；其五，思想意識形態的分歧產生了政治上的對立。然而，從另一個觀點來看，這些原因也可以說是劉安被陷害的因素。有些學者認爲劉安的謀反是藩國割據勢力與統一國家之間的最後的一次較量。這實際上是沒有考慮到當時的社會背景的說法。漢朝要加強中央集權統治的情況下淮南國已經沒有謀反的實力，這案件不可算是個較量，朝廷片面地剷除絆腳石的結果。

有的學者列舉幾個《史記》、《漢書》中的記載，試證明劉安多次圖謀叛逆朝廷，篡奪皇權的事實。但，只列舉史書中的描述，不能當成劉安親自企圖造反的證據。筆者認爲不管史書中有關淮南王謀反的記載是否事實，淮南國早晚滅亡。雖然司馬遷的治史態度、史學觀點與務實精神爲史家所稱典範，但是司馬遷也受到時代以及環境的限制，要站在朝廷的立場描寫一些事件。即是說不管司馬遷對歷史的態度如何，他是個朝廷的官吏之一，而且他是與淮南王劉安、淮南獄同時代的人，因此寫不了對當時的漢朝不便利的事情，記載中的有些內容也有司馬遷曲筆的可能性。對於淮南王劉安未曾謀反的觀點，陳化新先生批評的說：「抹殺斑斑可靠的歷史事實，隨意否定司馬遷、班固的『良史』地位和『不虛美、不隱惡』的實錄精神」。〔註1〕但是，本文認爲這「不虛美、不隱惡」的精神也要應用於國家中央、朝廷的歷史。不考慮歷史往往被國家捏造的情況，眞實一直埋沒。有時史家所聽到的朝廷內情是已經被編的虛構。使用史書作爲資料，應該注意其中的記載是否可靠的。

以下依次說明關於淮南王劉安的謀反有沒有冤情這問題的筆者的見解。首先要解釋「劉長之死是劉安復仇造反的根源」這說法。筆者認爲劉長的自

〔註1〕 《論淮南王劉安政治上的失敗》，西南民族學院學報（哲學社會科學版），1994.2。

殺不會作為劉安叛逆的直接原因，而是容易被賓客們煽動走向造反之路的因素。康清蓮女士引用《左傳》說道：「在封建倫理道德中『君討臣，誰敢仇之？君命，天也。若死天命，將誰仇！』劉安是讀書人，他不可能不明『此理』。」〔註2〕而且康女士在同論文中，對《史記》的「時時怨望厲王死，時欲畔逆，未有因也。」這一句主張：「其實，這種分析是在預設了劉安『畔逆』的前提下所做的想當然的推測」。　筆者認為人的感情沒有那麼簡單，劉安懂道理也有可能非怨恨文帝不可。其實淮南王如何怨恨文帝是無可知道。但是無論如何，劉安的怨望與劉安謀反的證據不能聯合起來。

　　關於在吳楚七國之亂時的劉安的行為無法證明。《史記》載：「孝景三年，吳楚七國反，吳使者至淮南，淮南王欲發兵應之」。歷史上，個人的意志是只能推測的，實際上由于相國的設計淮南國沒有回應叛亂的計劃。「淮南王欲發兵應之」這說法也可能是發生淮南獄之後有人編的。反正，不管記載的內容真實不真實，關於吳楚七國之亂的劉安的行為也不會作為劉安有造反之意志的證據。

　　淮南王入朝時的與武安侯田蚡的對話內容「今上無太子……」不合常理。對此康清蓮女士說：「此時武帝年方十八，沒有兒子再正常不過，劉安年已四十，四十歲的叔父要等身體健康的十八歲的侄子死了以後繼位，這不是滑天下之大稽嗎？」〔註3〕金谷治先生、楠木春樹先生等一些日本學者也曾經在著作中提到過這一點。其實田蚡也有許多賓客，而且他對朝廷內的人事情況比較熟悉，也有他對淮南王溜鬚拍馬而唆使造反的可能性。然而，有沒有劉安的思想動搖的情況是從此不能證明。

　　其他，《史記》中還有一些有關淮南王謀反的記載，周文龍先生舉了 11 處的記錄證明淮南王叛逆朝廷的事實。〔註4〕其記載內容，除了在上面提到的以外，還有淮南王把女兒派到長安臥底、淮南王怕泄露謀反的機密，便用計謀趕走了與漢武帝有親戚關係的兒媳婦、雷被事件、伍被事件、劉建的告發、密謀了捕殺內部不贊成叛亂的丞相和大臣的計劃、漢武帝派兵等。這些事件都表示淮南國內有叛逆朝廷的徵兆，然而其中沒有他實際發兵的事實。而且有些記載不自然，讓人感到好像是為了強調劉安叛逆的長期計劃而虛構的故事。即使在淮南國中有造反的動向，其主謀不一定是劉安本人。總之，叛逆

〔註2〕　《淮南王劉安謀反之再分析研究》，江西社會科學，2005.6。
〔註3〕　《淮南王劉安謀反之再分析研究》，江西社會科學，2005.6。
〔註4〕　《淮南王劉安謀反論略》，淮南師範學院學報，2005.2。

都是淮南國形勢緊迫的情況下不得不圖謀的，被環境唆使的謀反。從「好讀書鼓琴，不喜弋獵狗馬馳騁」、「王猶豫，計未決」〔註5〕等記載來看，劉安的性格猶豫不決、瞻前顧後，而且他本來不愛打仗。《漢書‧嚴助傳》中有劉安上書諫諍武帝的記載，其上書內容充滿了忠誠心，可以看出淮南王的和平反戰主義。武帝用兵南越是在建元六年，然而淮南王的傳記中沒有提及劉安上書的這一件事情，卻記錄了劉安當時盡力準備戰爭的情景。對於叛逆者來說，漢朝出兵疲勞國力有利於謀反。如此考慮，很難理解淮南王諫諍武帝的上書內容。這表明淮南王本人沒有造反的意志，既是《史記》中的淮南王的傳記對傳承劉安謀反的事實過於熱心，刪略了對劉安的謀反有矛盾的一些事情。

有些學者提及政治思想上的對立。漢武帝罷黜百家，獨尊儒術，劉安的主張與作爲是向漢武帝思想專制的公開挑戰。其實這種說法不太正確。雖然漢武帝與淮南王的政治思想的立場不同，但是從《淮南子》成書與「獻所作內篇、新出，上愛秘之」的時期來考慮，劉安並不是爲了反抗漢朝的思想專制而主張在《淮南子》中可以看出的一些政治思想。淮南王將內篇獻給武帝時，朝廷內還沒有完全地被公羊學派佔領，恐怕劉安考慮到武帝採取《淮南子》主張的政治思想的可能性。朝廷與淮南國的政治上、思想上、文化上的差別與其對立是被一些集權體制派的勢力利用而已。至於淮南王爲了實現謀反的目的招致賓客等看法便是荒謬絕倫。

總的說來，本文認爲從漢朝的立場來看淮南國有造反的徵兆，但劉安本人有沒有謀反的意志是無法證明。因此我們不能說劉安圖謀了叛逆朝廷，也不能說劉安的謀反有冤情，而只能說淮南國作爲藩國割據勢力被統一國家的中樞剷除了。

2、劉安之文藝活動與其著述

如已上述，《史記》、《漢書》中的淮南王傳記主要記錄關於淮南王劉安的謀反案。但是《漢書‧淮南衡山濟北王傳》中可見描述淮南王安之文才的記載：

> 淮南王安爲人好書，鼓琴，不喜弋獵狗馬馳騁，亦欲以行陰德拊循百姓，流名譽。招致賓客方術之士數千人，作爲內書二十一篇，外書甚眾，又有中篇八卷，言神仙黃白之術，亦二十餘萬言。時武帝方好藝文，以安屬爲諸父，辯博善爲文辭，甚尊重之。每爲報書及

〔註5〕見《史記‧淮南衡山列傳》。

　　賜，常召司相如等視草乃遣。初，安入朝，獻所作內篇，新出，上
愛祕之。使爲離騷傳，旦受詔，日食時上。又獻頌德及長安都國頌。
　　每宴見， 談說得失及方技賦頌，昏莫然後罷。

第一句是從《史記》轉記的，其他的記載都只在《漢書》中可見的，描述劉
安作爲好文之王的唯一的資料。我們從第二句與《漢書‧藝文志》可知淮南
王與其賓客的著述情況。學者們基本上承認在此所說的「內書二十一篇」及
《藝文志》的「淮南內二十一篇」是所謂《淮南子》。由於文本流傳的關係，
目前無法闡明今本《淮南子》與《漢書》所說的《內書》的內容異同。「外
書」可能是指《藝文志》的「淮南外三十三篇」，在高誘的序中可見「外篇
十九篇」，已散佚。楠山春樹先生在著作中從一般古典中的內外篇的內容差
別來推測外篇的內容比較雜多，這是早散佚的原因。他說：「可能有龐大的
資料作爲淮南王食客的著作，其中的比較精華的部分成爲內書，剩下的稱之
爲外書。」〔註6〕這種看法與《淮南子》的寫作時間以及《淮南子》有沒有
貫串的主題等問題有關，在後討論。在《藝文志》中沒有「中篇八篇」。漆
子揚先生在《劉安及賓客著述考略》中說：「可以推斷《中篇》《鴻寶萬畢》
《枕中鴻寶苑秘書》《淮南萬畢書》是不同版本的統一種書。」〔註7〕但是，
還有其他的看法。作爲書名的《中篇》的「中」不是上、中、下的「中」，
而是指「眞髓、精粹」等意思，這種書名可能從六朝時期開始產生的，在漢
代看不到其他的例子。因此，楠山春樹先生主張淮南的《中篇》恐怕是到了
六朝時代利用淮南王之名僞造的，爲了使其書正當化，後人在《漢書》中插
入其一文。〔註8〕這問題難以判斷。不管哪種看法是正確，最重要的是當時
淮南國有許多方術之士，他們的活動給後代神仙思想、道教的影響非常之
大。《漢書‧藝文志》中還有記載《淮南道訓》三篇、《淮南雜子星》十九篇、
《淮南王賦》二十九篇、《淮南群臣賦》四十四篇等著作，都已散失。然而，
這些書名都表示淮南國當時有各種方面的專家。《淮南道訓》三篇可能與《易》
有關，《淮南子》以繆稱篇爲首多次引用《易》，從此可知淮南國有精通《易》
的人物不少。我們從《淮南王賦》及《淮南群臣賦》書名可知，淮南王之下
有不少長於賦的人們。而且上面所舉的《漢書》記載中淮南王與漢武帝的交

〔註6〕〔日〕《中國古典新書‧淮南子》，明德出版社，1971，第20頁。
〔註7〕《劉安及賓客著述考略》，古籍整理研究學刊，2006.1。
〔註8〕〔日〕《中國古典新書‧淮南子》，第21頁。

流的情景表示淮南王本人賦之才能也不尋常。

　　淮南國與賦的關係非常密切。淮南國都壽春是被秦國驅逐的楚國人最後走到的地方，是楚文化或《楚辭》文學繼承的中心。陳廣忠先生在《論〈楚辭〉、劉安與〈淮南子〉》中提及劉安作為先秦《楚辭》的最早研究者而認為先秦《楚辭》命名、定本不始於劉向，而成於劉安之時。〔註9〕《九歌》與《淮南子》有多處語句相近，因此周遠斌先生及义田先生認為《九歌》為劉安與其門客撰寫的。〔註10〕劉安對《離騷》作過傳注。《漢書》的記載「使為離騷傳，且受詔，日食時上」中的《離騷傳》在荀悅、高誘等人的著述中都寫作《離騷傳（賦）》。王逸《楚辭章句》中說：「至於孝武，恢廓道訓，使淮南王安作《離騷經章句》，則大義粲然。」劉安所作的是《離騷傳》還是《離騷傳》，歷來頗有爭議，筆者從日本的小南一郎先生的研究與其他論文等關於這問題的一些論述來推測，在劉安入朝之前淮南已有《楚辭》的訓釋等研究結果，而且其風格兼有以《離騷》為素材的文學作品的性質，所以其作品既可稱「傳」或「章句」，又可稱「賦」。《漢書》中的「且受詔，日食時上」不一定是指淮南王當天從零開始寫作《離騷傳》，不管劉安所作的是注釋還是賦，這些記載都可以說明劉安對屈原作品曾作過精深透徹的研究。而且從《史記‧酷吏傳》、《漢書‧朱買臣傳》的記載可以推測，劉向整理之前的先秦《楚辭》的最早輯本可能在劉安時代的淮南國成立，即劉安作詮釋、整理《楚辭》。總之《楚辭》在淮南是一個學問。劉向整理之後的《楚辭》有可能包括《淮南群臣賦》中的一些淮南文學家們的作品，上述的《九歌》、淮南小山之作《招隱士》等作品也是如此。楠山春樹先生曾推測《淮南群臣賦》的作者中有些人參與《淮南子》的寫作活動。〔註11〕因此，從《淮南子》中可以看出一些對《楚辭》的繼承。本文在另一章提及關於這些《淮南子》與《楚辭》的關係問題。

　　包括淮南的楚文化圈對漢賦的形成發揮的作用非常大，其中淮南王的作用也不少。日本學者谷口洋先生主張了諸家之學的融合形成了漢賦的文體，從《淮南子》中可以探究漢賦的成立過程。〔註12〕戰國末到漢初之間開展的

〔註9〕　《論〈楚辭〉、劉安與〈淮南子〉》，中國文化研究，2000.4。

〔註10〕周遠斌：《〈九歌〉為劉安及其門客所撰考》，雲夢學刊，2006.9；义田：《〈九歌〉作者新考——兼〈九歌〉非屈原作品補證》，古籍整理研究學刊，2007.1。

〔註11〕〔日〕《淮南子（上）》，新釋漢文大系54，明治書院，1979，《解題》，第11頁。

〔註12〕〔日〕《關於〈淮南子〉的文辭——漢初諸學的統一與漢賦的成立》，日本中國學會報47，1995。

《老子》、楚人陸賈的《新語》、《淮南子》也都出於楚文化，按照音韻學研究也可以確認其共同點。這些著作中的一些部分表示在漢初的思想界統合的動向給漢賦形成的影響。被稱爲漢賦完成者的司馬相如的文體形成與《莊子》的藝文化有關。本來無韻的《莊子》在開展的過程中通過與《楚辭》文學的交流走向了韻文化、文藝化之路。《楚辭》及《莊子》都在楚文化中產生的，而且在淮南國對這些著作的關心非常突出。淮南給漢賦等新文學的潮流的形成帶來的影響很大，可以說是淮南王劉安對古代文學的貢獻非常大。淮南等繼承楚文化的藩國雖然都被剷除了，但是《淮南子》留下的東西在漢一代的文學世界中一直都壓制了長安的宮廷。

按照漆子揚先生的統計，劉安及其賓客的著述，以及後人的僞託的作品，其書目共計 49 種。其中漢代典籍著錄的著述文目計有 20 種，而漢以後的與漢代不同的著述文目計有 15 種。除去同書異名 15 種和後人僞託的 11 種，比較可信的著述約 22 種。學術方面的主要有《淮南子》（《內書》、《淮南內》、《鴻烈》、《淮南》、《淮南子鴻烈解》爲同一部書）、《淮南外》、《淮南中篇》、《淮南道訓》、《莊子略要》、《莊子後解》等。文學方面的上述《淮南王賦》及《淮南群臣賦》之外還有《淮南王集》，漆子揚先生推測《招隱士》、《屏風賦》、《琴頌》、《長安都國頌》、《頌德》、《諫伐閩越書》都是《淮南王集》的篇目。〔註13〕這些都表示劉安是很有文才和學識的諸侯王，也是當時最具有影響力的文化集團的領袖。

3、關於淮南王劉安的神仙化

淮南王被加謀反之罪自盡後，世間傳播劉安升仙的故事。其記載早見於東漢王充《論衡》，其他還有東漢應劭《風俗通義》、晉代葛洪《抱朴子》、《神仙傳》、干寶《搜神記》、北魏時代的《水經注》等著作中可以看到。有的學者認爲在西漢出的專記神仙故事的書《列仙傳》爲劉向所作，其中的神仙之傳有缺。如《藝文類聚》卷 78 靈「異部」上「仙道類」引《列仙傳》就有關於劉安升仙的記載。因此，一些前人認爲劉安可能本屬《列仙傳》，於是《道藏精華錄》收入《列仙傳》一校正本，下面補作了《劉安傳》一條。儘管《列仙傳》爲劉向所作與劉安原載《傳》中，均未得到公認，但可以肯定的是，劉安死後不久就被神仙化，其得道成仙的故事在西漢時雖散不定，但至少已口耳相傳。從王充的熱烈批評的態度可以推測這種傳說已經廣泛地普及。從

〔註13〕 《劉安及賓客著述考略》，古籍整理研究學刊，2006.1。

西漢的《列仙傳》開始，劉安被神仙化的過程不斷發展豐富，在晉代葛洪《神仙傳》中劉安已完全從一個政治文化的人物演變成形象豐滿的神仙了。當時的劉安神仙形象有兩個特徵：第一，他已是得道飛升的神仙。第二，他的仙界位置並不高。〔註14〕這兩個特點在後世得到不斷發展，到了元代趙道一的《歷世眞仙體道通鑒》中被列爲「太極眞人」，劉安的神仙形象越來越豐富，其地位也變得越來越高了。

關於上述的情況，丁美霞《劉安神仙形象探源》舉出劉安神仙化的三個原因：其一，劉安生活的時代風尚；其二，地理文化；其三，劉安本身的神仙活動與貢獻。

西漢是一個流行神仙方術的時代，社會上有很多尋訪僊人、覓求仙方仙藥之士，漢武帝也是一個迷戀神仙之事的皇帝。劉安生活在漢初，他的神仙化是受到其時代影響的結果。劉安又是生長在世傳《楚辭》的楚文化中，巫風盛行，好神仙方術的地理文化環境也給世傳的故事帶來了其影響。

一般說，中國與其他有悠久的文明歷史的國家相比，傳下來的神話不多。其思考方式具有現實主義和政治性的漢民族往往把神話轉變爲古帝王的故事。這樣的情況下，在《淮南子》中各處看到神話的片斷，而被稱爲神話的寶庫。這意味著在劉安時代淮南國與神仙活動有密切的關係。有些研究通過與《楚辭》、《山海經》的聯繫闡述《淮南子》中的神話資料。擁有王侯地位的淮南王劉安，本身就熱衷於神仙方術活動，當時儒生和方仙之士多往歸淮南王，他自然會成爲神仙活動的號召者。而且劉安有著很高的文學修養，參加撰寫了許多書籍。在淮南撰寫的關於神仙的著作大部分早已失傳，但是從現存的《淮南子》中可以看出其作者們有關於神仙不死的知識。雖然在淮南活動的方術之士沒有直接參與撰寫《淮南子》，〔註15〕但是《淮南子》給後世的神仙之道、道教帶來的影響很大。丁美霞在同論文中對《淮南子》說道：「正是由於書中以劉安爲首的編撰者們用方士的觀念以及吸取解釋，發揮道、儒思想，把采擷的思想改變爲方仙之道。這樣有術有理的方仙道的形成，爲東漢興起道教作了義理方面的鋪墊，因此它是道教義理的源泉和寶庫。」筆者不太承認「把采擷的思想改變爲方仙之道」這一句，這種解釋是沒有眞正地把握《淮南子》思想性質的一個表現。但是包括劉安的具有學術性的《淮南

〔註14〕丁美霞：《劉安神仙形象探源》，中國道教，2002.5。

〔註15〕參見〔日〕金谷治：《淮南子的思想──老莊的世界》，講談社學術文庫，1992，第 76 頁。

子》作者們對神仙道的義理方面的貢獻應該不少，這一點我們要承認。

無論如何，在淮南王劉安之下聚會的方士們對慘痛的劉安之死的同情使他們作出淮南王得道成仙的故事。其意義在於方士們對自己存在的辯護以及給世間宣傳淮南神仙技術的高度。民眾對淮南王的同情也使淮南王的故事廣泛地流傳的重要因素。由於後代人對淮南王的敬意，其神仙形象也在流傳的過程中越來越發展豐富了。

二、淮南賓客與《淮南子》的作者

撰寫《淮南子》的是淮南王劉安以及其賓客，其中包括較有文才的一些集團，不包括方術之士。這是筆者對《淮南子》作者的見解。許多研究《淮南子》的著作基本上沒有特別地討論關於哪些人參與了《淮南子》的撰著這個問題。但爲了表示筆者對歷史學本身的觀點，在此提示對《淮南子》作者問題的見解。

關於《淮南子》的作者，有比較含混和比較明確的兩種說法。前者是《淮南子》是淮南王劉安及其賓客共同撰著的，這比較含糊的說法。而後者是按照高誘《淮南敘目》的記載，認爲作者是劉安與「蘇飛、李尚、左吳、田由、雷被、毛被、伍被、晉昌等八人，及諸儒大山、小山之徒」。再後來，在此出現的八個名字被統稱爲「八公」，於是《淮南子》的作者就成爲淮南王劉安與八公了。這個說法通行於明清時代，基本上不被質疑。

現當代的學者們一般使用「劉安及其賓客所集體著作的《淮南子》」〔註16〕、「劉安及其賓客立意編纂此書」〔註17〕等說法，但是被招致的淮南賓客不可能都是《淮南子》的作者，從此不能斷定其賓客中的哪些人參與了《淮南子》的撰著。陳靜先生《〈淮南子〉作者考》中有所考論，他否定後者的八公之說而舉出一些證據說明被改變爲神話化的傳說如何在流傳的過程中被重新塑造成爲歷史。〔註18〕

「八公」名稱的出現是與淮南王劉安成仙的故事聯繫在一起的。上述的西漢《列仙傳》除外，就可靠的現存文獻來看，最早記載淮南王成仙故事見於王充《論衡》。王充本人並不相信這樣的傳言而進行了批評，但他生活的東漢初年，在「儒書」中可見淮南王成仙的故事頗爲流行的。東漢末年的應劭

〔註16〕徐復觀：《兩漢思想史》第二卷，華東師範大學出版社，2001.12，第108頁。
〔註17〕任繼愈主編：《中國哲學發展史（秦漢）》，人民出版社，1998年，第246頁。
〔註18〕《〈淮南子〉作者考》，中國哲學史 2003.01。

《風俗通義》卷二也有「淮南王安神仙」的一條，但沒有提到「八公」的稱呼。明確地以「八公」爲主角講述淮南王成仙故事的，是晉代葛洪《神仙傳》。作爲神僊人物的「八公」之稱如何出現？根據洪邁《容齋隨筆》中的記載「壽春有八公山，正劉安延致客之處」，八公本來是地名，淮南王劉安招攬賓客的地方。「八公」究竟是指八個人，或者是以地名概指那些住在八公山的淮南王賓客，這一點並不清楚。反正，「八公」明確地變成八個人的統稱的是在於葛洪《神仙傳》。

高誘是東漢末年人，與應劭《風俗通義》的年代大致相當。高誘列出了八個名字，但是沒有說他們是「八公」，而且在《淮南敍目》裏沒有「八公」的稱謂。到了唐代，司馬貞在《史記索隱》中組合了高誘《淮南敍目》中的八個名字和淮南王劉安成仙故事中的「八公」名稱，又把它誤會成《淮南子·要略》裏的文字，才使「八公」的稱呼與《淮南子》的作者掛上了鈎。它在《淮南列傳》中說：「淮南要略云，安養士數千，高才者八人，蘇非、李尚、左吳、陳由、雷被、毛周、伍被、晉昌，號曰八公也」。其中的蘇非、陳由、毛周三個名字分別是高誘《淮南敍目》中的蘇飛、田由、毛被，陳靜先生主張這說明這些名字具有傳說的性質。或許，八公和八個名字的組合併非始於《史記索隱》，司馬貞可能是有所根據的。無論如何，一些著作組合了「八公」和《淮南敍目》中的八個名字之後，「八公」就是《淮南子》的作者，這種觀點似乎漸漸成爲無需考辨的史實了。現存的《淮南子》序跋，如：《淮南鴻烈解二十一卷明張火式如集評本序跋·顧起元序》；汪明際《淮南子刪評序》；王謨《淮南鴻烈解二十一卷跋》；吳摯父《淮南子評點本跋》；錢塘《淮南天文訓補注序跋·錢塘自序》；錢塘《淮南天文訓補注序跋·陶澍序》等都認爲「八公」就是《淮南子》的作者。這說明在明清時代這樣的認識是讀書人心目中的常識，是被廣泛接受的。

《淮南敍目》中的蘇飛、李尚、左吳、田由、雷被、毛被、伍被、晉昌等八個名字中，左吳、雷被、毛（周）被、伍被四人見載於《史記》、《漢書》。但關於這四個人的記載，卻都與著書無關，而是與淮南王謀反的事件有關，其內容來看，很難斷定就是《淮南子》的作者。有些學者認爲「以才能稱」的伍被等人可能參與《淮南子》的撰著。伍被雖有政治上的策劃能力，但是他不一定是博學，是不是《淮南子》的作者，卻未可輕下斷語。從《淮南子》的完成到高誘寫《淮南敍目》，其間已經有三百多年了。目前，我們無法知道

高誘列舉八人姓名的根據是什麼。但筆者從上述內容來推測，高誘注釋《淮南子》時，在民間裏淩亂地流傳淮南王成仙的故事，其傳說中的被神仙化的人物中可能有包括伍被等一些淮南賓客的人名，高誘從其中抽出來較有歷史性的八個人名作爲淮南賓客中的高才。但是我們不能斷定其八個數字是偶然的，還是高誘意識「八公」或「八公山」等詞的結果。總之，劉安與「蘇飛、李尚、左吳、田由、雷被、毛被、伍被、晉昌等八人……」等說法可以說沒有堅定的根據，至於《淮南子》的作者是劉安與八公這種說法，是荒謬絕倫的。因此，陳靜先生《〈淮南子〉作者考》主張：《淮南子》「的作者是淮南劉安及其賓客。這個似乎含混的說法，其實更準確一些」。〔註19〕

《淮南敘目》中還有「諸儒大山、小山之徒」作爲《淮南子》之作者。如已上述，現存《楚辭》中的《招隱士》是淮南小山之作。從此，其序與王逸之注認爲大山、小山像《詩經》的大雅、小雅的差別一樣，是指辭賦的類別。後來有些學者們推測大山、小山不是個人的名稱，而是作賦的集團。筆者推測的是大山、小山也本來是與八公山同樣招攬賓客的地方，後來變成賓客們的集團。八公山有方術之士，大山、小山約有文學之士，後者中的一些人參與了《淮南子》、《淮南群臣賦》等撰著。

楠山春樹先生曾提及淮南賓客的名字中的「被」字與《楚辭》有關。文獻上出現的與淮南王有關的人物較少，其中竟有雷被、伍被、毛（周）被等三個名字使用「被」字。《漢書》卷六十四下有記載「宣帝時……徵能爲楚辭九江被公，召見誦讀」，這一句是文獻上初次出現「楚辭」這個詞的比較貴重的資料。「九江被公」究竟是指什麼。楠山春樹先生的臆測是「被公」指的是學楚辭或模仿楚辭作賦的集團的稱呼。〔註20〕在淮南國統治下的九江郡在戰國時代是楚國的中心，在西漢時期代代相傳屈原賦而傳給長安的是九江附近的詩人，宣帝時的「九江被公」以前承擔其任務的可能是淮南門下的文人。雷被、伍被等人名可能不是本名，而是因爲他們所在的集團的名稱是「被」而得名。

《淮南子》的作者不能說是劉安與「八公」，也不能明確地說是高誘舉出的八個人和諸儒大山、小山之徒，但是《淮南子》的作者是淮南劉安及其賓客，這種說法也太含糊。筆者認爲參與了《淮南子》的撰著的是淮南王劉安

〔註19〕《〈淮南子〉作者考》，中國哲學史 2003.01。
〔註20〕〔日〕《中國古典新書・淮南子》，明德出版社，1971，第 31 頁。

與賓客中具有諸家知識的博學高才以及「大山」、「小山」、「被」等作賦的集團中的一些文人。《淮南子》的內容來看，他們雖有方術方面的知識，但是其中可能沒有包含著方術之士。這是目前筆者對哪些人參與《淮南子》的撰著這問題下的結論。

三、《淮南子》的寫作及編輯、成書時間

關於《淮南子》始作於何時及何時成書，史書中沒有明確的記載，因此學者們大都只能以揣想之詞言之，目前還沒有定論。

近年來對《淮南子》寫作時間有幾種看法。徐復觀先生說：「劉安招致賓客，大事著作，正在他二十七歲到四十歲之間的這段年齡裏面。」〔註21〕這正是七國平定的西元前154年到劉安入朝的前139年之間。而牟鍾鑒先生把《淮南子》寫作時間縮短到了這一時期的後半段。他說：「從客觀條件看，自平息七國叛亂到建元二年這十多年間，政治上較爲平靜，《淮南子》的寫作時間大約就在這一時期的後半段，完成於劉安入朝前夕。」〔註22〕「這一時期」共有16個年頭，「後半段」自然指後八年，即西元前146年至前139年之間。吳光先生認爲《淮南子》的成書時代在景帝、武帝之間。他在《黃老道學通論》中說道：「從一般情況看，劉安要招致眾多人員編出幾十萬言的書，不是一年就可完成的。因此，《淮南子》很可能是景帝時寫成，到武帝時才獻上。」此說實本於張岱年先生的《中國哲學史料學》所言：「這書可能是景帝時寫成，到武帝時獻上。」熊禮彙先生根據上述的一些說法以及史書中的記載，引出獨自的結論，他說：「本文考定：《淮南子》的寫作用了將近一年的時間，始於武帝建元元年（西元前140年）冬十月之後，成書於建元二年冬十月之前。」〔註23〕雖然各位學者對《淮南子》始作於何時的問題的答案不同，但是他們都認爲成書時期是《漢書》所言「內篇新出」的建元二年。

日本學者金谷治先生主張《漢書》「初安入朝獻所作內篇新出上愛秘之」的《內篇》與所謂《內書二十一篇》說不定是同一本著作。即使它們是指同書，當時獻上的是不是與今本一樣被編成二十一篇的有系統的著作，這一點不確定。他說：「從今本的內容可以看出，《淮南子》是由食客之手各篇逐漸成立，經過多年的時間堆積起來的。認爲把『內篇新出』馬上與今日的二十

〔註21〕 《兩漢思想史》第二卷，華東師範大學出版社，2001.12，第110頁。
〔註22〕 《〈呂氏春秋〉與〈淮南子〉研究》，齊魯書社，1987，第161頁。
〔註23〕 《〈淮南子〉寫作時間考》，武漢大學學報，哲學社會科學版，1998.5。

一篇的成立連接在一起，不太適當。今本應看作一直到淮南王之卒年（前121年）逐次書寫，最後由《要略》所統一的，要妥當些。」〔註24〕楠山春樹先生承接金谷先生的看法，而認爲把劉安獻上《內篇》時的入朝看作武安侯攛掇淮南王叛逆時的入朝是不妥當，即劉安獻上《內篇》不一定在建元二年。因爲班固並非考慮時間前後，只不過是轉記《史記》記載後匯總插入劉安作爲好文之王的一面而已。楠山先生說：「即使承認胡適說（《淮南子》在建元元年至二年成立），成立之後（到劉安之死的）18年間置之不理是不可能的事情，還是應看作武帝即位之後也繼續書寫。但是不能認爲編纂事業及於淮南王劉安之死後。」〔註25〕對於《淮南子》成書時期的問題，金谷治先生與楠山春樹先生下的結論比較含糊，即是《淮南子》在西元前122年以前成立。

池田知久先生在《〈淮南子〉的成立——由〈史記〉與〈漢書〉的研討》中否定楠山春樹先生對劉安入朝時期的觀點。池田先生認爲獻上《內篇》的入朝是武帝「每爲報書及賜，常召司馬相如等視草乃遣。」〔註26〕以前的事情。《史記·司馬相如傳》中有「相如爲郎數歲，會唐蒙使略通夜郎西僰中，發巴蜀吏卒千人，群又多爲發轉漕萬餘人，用興法誅其渠帥，巴蜀民大驚恐。」一文，按照同書《西南夷傳》的記載，這案件在建元六年發生，從「相如爲郎數歲」推測，相如爲郎是武帝即位後不久的事。池田知久先生從司馬相如爲郎的時期引出劉安獻上《內篇》的入朝無非是建元二年武安侯田蚡教唆劉安造反時的入朝的結論。而且池田先生通過考慮淮南王劉安撰著《淮南子》的目的引出其編纂時間。他主張劉安認爲《淮南子》之思想或其理想含有年輕的武帝採用的可能性，武帝即位的同時，劉安想起《淮南子》的編纂，他以過去寫作的積纍爲基礎，附加一些內容，在兩年的時間內倉猝地完成這部著作。〔註27〕

筆者認爲我們實際上不能確定《淮南子》的寫作時間，只能推測編纂的時間及《漢書》所說的《內篇》的成立時期。關於與今本相同二十一篇的著作成立的時期，能下的斷語更含糊些。筆者承認的是熊禮彙先生和池田知久

〔註24〕〔日〕《秦漢思想史研究》，平樂寺書店，1960，第五章《淮南子》之研究，第458頁。

〔註25〕〔日〕《中國古典新書·淮南子》，明德出版社，1971，第33頁。

〔註26〕見《漢書·淮南衡山濟北傳》。

〔註27〕〔日〕《〈淮南子〉的成立——由〈史記〉與〈漢書〉的研討》，岐阜大學教育學部研究報告，人文科學，第28卷，1980。

先生等一些學者對《淮南子》寫作目的的見解,「劉安主編《淮南子》的目的是要爲新即位的帝王提供一套以黃老道學爲理論基礎的治身治國之術。」〔註28〕因此,淮南王開始編輯其書的時期可能是武帝即位之後,建元二年入朝時獻上的《內篇》也許是與今本《淮南子》相近的比較系統的著作。但是關於所謂《淮南子》即《內書》二十一篇的成立時期,也有劉安入朝以後(至西元前122年以前)繼續編纂的可能性,在此不能下斷語。這都是指淮南王編輯《淮南子》的時間。從《淮南子》其書的內容推測,最早開始寫作《淮南子》一部分的時期是追溯到武帝即位以前。關於寫作時間筆者承認金谷治先生的見解,《淮南子》是各篇逐漸成立,經過多年的時間堆積起來的。熊禮彙先生舉出一些根據主張「眞正動筆寫,似乎僅用了11個月」〔註29〕,但是這種看法不合理。他抽出《淮南子》的一部分內容解釋《淮南子》卷二、卷六、卷二十以至卷二十一的寫作不會始於建元元年冬十月之前。但那些內容只是說明其一部分的寫作時間,而不是指《淮南子》其著作或其中的一篇成立的時間,不能說是證據。筆者認爲把熊先生考慮的寫作時間適用於編輯其書的時間,比較合理。

總之,《淮南子》是以招致賓客以來經過多年的時間積纍的稿子爲基礎,武帝即位後開始編纂,到了第二年的建元二年淮南王入朝時獻上有系統的著作。但是我們不能確定所謂《淮南子》二十一篇的成書時間,也不能斷定《淮南子》的寫作時間是從幾年到幾年。

第二節　時代背景與地理文化給《淮南子》的影響

一、時間性的影響——關於政治及學術方面的時代背景

作爲對秦朝的嚴格法治主義的反動,在漢初盛行了黃老之術,其政策適合楚漢戰亂後疲憊的民眾和當時荒廢的經濟情況。以這種情況爲前提,金谷治先生提出呂太后的專制與現實性快樂性的思潮,說明與漢初黃老思想流行的聯繫。〔註30〕西漢建國後,激烈、殘酷的政治階級內部的鬥爭一直沒有停止。不僅韓信、彭越、黥布等人被剪除,爲宰相的蕭何也多次遭到劉邦的猜

〔註28〕《〈淮南子〉寫作時間考》,武漢大學學報,哲學社會科學版,1998.5。
〔註29〕同上。
〔註30〕〔日〕《秦漢思想史研究》,平樂寺書店,1960,第二章《漢初的道家思潮》,第113頁。

忌與打擊。這樣的現實使臣下以黃老之學來避禍保身。蕭何窮闢處買田是一種免禍的措施。張良的行動中可以看出道家性處世態度與神仙家的態度，其真意在保身。特別在呂后的專制下，人們不得不走向避禍保身的路。惠帝即位後，即權力實際掌握於呂后之手後，甚至儒家的陸賈也裝病家居，不敢與呂氏勢力直接鬥爭。而且他的著作《新語》諸篇中可以看出尊重「無爲」等儒家與黃老之學折衷的態度。真正意義上黃老政治始自曹參，他相齊時實行的具體措施是「勿擾獄市」，就是政府對集市交易採取不干涉政策，即實行市場開放。曹參治齊九年而安集百姓，而遭到左遷的曹參採取黃老之學的真正目的就是避禍保身。蕭何去世後，曹參繼任爲漢帝國的丞相，而曹參之後任漢相陳平，也是一位黃老信徒。曹參與陳平都有偏愛飲酒的傾向，所謂「無爲而治」是其表面上的結果，其實他們的日飲要看作一種免禍保身。金谷治先生說他們的行爲是應用《老子》中的「古之善爲士者，微妙玄通，深不可識」（十五章）這韜晦術的一種表現。〔註31〕而且在漢初，不管在朝廷內外，流行了一種快樂主義思潮。〔註32〕其趨勢聯繫著黃老道家中的「無爲清靜」政策，產生了以飲酒來避禍保身的名臣。無論如何，在大臣要考慮保身之策的朝廷中不會產生積極的政策，他們的行動也不得不保持消極性及現實性。在這樣的環境中生成道家、黃老之術的政治思潮便是自然的趨勢。這也許對《淮南子》中的道家思想有一定的影響。

　　然而，關於漢初流行的道家，即漢初黃老思想與《淮南子》的道家思想的關係，徐復觀先生說到：「從事《淮南子》這一集體著作中的道家，他們所抱的道家思想，與『黃老』這一系的道家思想，實係分門別戶，另成一派。」〔註33〕當時流行的戰國中期以後的道家，就是漢初的「黃老」這一系，是「將僞託的黃帝，附會到老子上面去，而黃老並稱，即是把權謀術數乃至許多方技迷信，摻進道家思想中去，這是原始道家思想的變形。」〔註34〕反之，《淮南子》不太重視黃帝，而且從其內容來看，方術之士沒有參與撰寫《淮南子》的活動。再加，不僅《淮南子》爲老莊並稱之始，且在書中多次引用《莊子》，發揮《莊子》思想之宏。劉安有《莊子略要》及《莊子後解》兩書，目前雖

〔註31〕同書，第 131 頁。
〔註32〕在漢初成立的《莊子·盜跖篇》中可以看到當時的現實快樂思潮。其思想與其後成立的《列子·楊朱篇》的極端享樂主義有差別。參見〔日〕金谷治：同書，第二章《漢初的道家思潮》。
〔註33〕《兩漢思想史》，華東師範大學出版社，2001.12，第 114 頁。
〔註34〕同上。

然不可得見，但是從此不難看出劉安及其賓客在思想上與《莊子》有比較密切的關係。這些特點使《淮南子》成爲西漢思想中的突出地位。包括劉安的淮南學者尊重《莊子》這思想傾向與淮南的地理文化有關，關於這一點在下一章考論。

　　漢初「清靜無爲」、「休養生息」的主導思想促使社會經濟的恢復以及自由學術氛圍的形成。而且帝國的大統一催促思想的大融合。這是從《呂氏春秋》到董仲舒的時代潮流中生成的一種趨勢。漢初的道家、黃老之學對百家之學的兼收並蓄就是政治情勢以及時代潮流帶來的結果。由於「與民休息」政策奏效，文帝、景帝時期，社會財富的積纍達到了較高的水平，到漢武帝劉徹即位時，社會經濟已經呈現出繁榮景象。然而，經濟繁榮、人民的安定飽暖逐漸激發了軍功地主、商賈富豪的貪欲，發生了「爭於奢侈」的趨勢。從政治上看，西漢前期各諸侯王都擁兵自立，佔有的封地也多，其勢力相當大。在文帝時期，賈誼、晁錯等率先指出分封的弊端，敏銳地將諸侯視爲中央集權的威脅，主張「眾建諸侯而少其力。」淮南屬王劉長死後，淮南國被分爲衡山、盧江與領土縮小的淮南，後來劉安的淮南國也被朝廷劃除，都是中央朝廷的「強幹弱枝」政策造成的。武帝即位後，更是加大了削弱諸侯的力度，基本上取得了對諸侯的全面控制權。同時，武帝改變了早前幾代統治者的「清靜無爲」，強調積極政策，擴大統治範圍，先後數次發動大規模的對外戰爭。當時政局中的中央與地方的明爭暗鬥給劉安帶來危機感，其憂慮也反映在《淮南子》中。

　　從學術方面來看，漢武帝即位後，特別在竇太后死後，改變了黃老之學佔據絕對優勢的局面。黃老之學的清靜保守不符合漢武帝的要求，因此他選擇了儒生董仲舒的主導思想，主張「罷黜百家，獨尊儒術」，後來設太學，置五經博士，表彰六經。《淮南子》成書的時代，儒家思想雖在朝廷還沒有得勢，但儒生也佔有一席之地。作爲焚書以後的反彈作用，儒家在社會上已經有強大的勢力。《淮南子》中的儒家思想是還沒受到五經博士制度的拘束，也沒有受到陰陽五行的摻雜的經學思想。〔註35〕假如寫作的時間有幾十年的差別，《淮南子》中出現的思想，尤其是其中的儒家思想也就完全不會如此。

　　從文學的角度來看，屈原的遭遇及《離騷》的文體給漢初文人釀成新興

〔註35〕參見《兩漢思想史》，華東師範大學出版社，2001.12，第 115 頁。

的漢賦的文學風潮，自劉安起，許多淮南文人也都沉浸在此風潮之中，有了
不少的作品。《淮南子》中許多地方用韻，也用奇字異文，這是流行漢賦的時
代傾向產生的特點。這也與地理環境有密切的關係。

　　總而言之，《淮南子》雖受到漢初在朝廷盛行的黃老道家的影響，卻又與
黃老之學保持了距離，而且它隨著時代潮流，也吸納包括儒家在內的各家學
說而嘗試融合，卻又不取朝廷採用的儒家獨尊模式。雖然時代給《淮南子》
帶來的影響非常大，但是朝廷與地方的情況也有所不同，中央朝廷的情況以
外，我們還要考慮到淮南的地理文化。

二、空間性的影響——以楚文化爲中心的地理環境給《淮南子》的影響

　　淮南屬於南楚（衡山、九江、豫章、長沙），其國都壽春是在楚考烈王二
十二年（前 241 年）受到秦國的壓迫，從郢遷都的大城市，其文化屬於楚文
化圈裏。淮南王劉安善於《楚辭》，而且他招致賓客撰寫的《淮南子》中有楚
語。有些學者舉出神話系統、思想的共同點，說明《淮南子》對《楚辭》的
繼承關係。〔註36〕這些都表示淮南國與楚文化有密切的關係。

　　楚文化是楚國的物質文化與精神文化的總合。其誕生和成長於江漢地
區，後期發展到淮水流域。楚人的先祖祝融部落本來就是擅長刀耕火種的原
始農業部族，農業生產的不斷進步和發展使楚人由貧到富，楚國在春秋戰國
時期強大起來，成了「春秋五霸」和「戰國七雄」之一。其發展的過程中，
楚人懂得了農業必須順應自然，依農時而作，依時令而行，即他們對農業生
產的規律有了一定程度的認識。以楚文化爲背景的《老子》、《莊子》崇尚「因
任自然」的思想，這是楚國的農業文化培育的結果。楚人通過實踐活動而形
成的精神文化中還有豐富的、系統的辯證法思想。楚人從治國、興國的經驗
中悟出柔軟轉化爲剛強的辯證道理。這種思想體現在老莊哲學思想中，是受
到了楚國由柔變強的獨特發展道路的影響。〔註37〕作爲老莊思想的搖籃的《淮
南子》中也可以看到其影響。

　　楚文化是在夏、夷文化的交流、融合中形成的。周初，楚人與周人有了
較多的交往，楚人降服了蠻夷，並帶領他們一起逐漸認同了華夏文化。楚人

〔註36〕陳廣忠：《論〈楚辭〉、劉安與〈淮南子〉》，中國文化研究，2000.4。
〔註37〕參見張智彥：《楚文化與老莊思想》，社會科學輯刊，1990.2；呂藝：《道家與
　　　　楚文化》，文史知識，1988.11。

對蠻夷文化是注意去吸收的，而不是完全排拒，這得到蠻夷的擁護。因此，自傲的中原諸夏在春秋時期還往往把楚人當蠻夷，而楚周圍的蠻夷則把楚人當華夏。楚人在文化上的這種開朗的態度給予了楚文化以多方面的影響。其影響便是包括《老子》、《莊子》和屈原的著作等楚學的深刻的哲理、豐富的想像力等，可以說《淮南子》對諸子思想折衷的態度也是其中之一。

從江漢平原的考古資料來看，在新石器時期當地已經栽培水稻了。以楚爲代表的南方文化與稻的種植分不開。人們有了足夠的食物，才能創造出精美的文化。楚人生活於水鄉，水的流動、明澈和變化，給楚人情操的陶冶帶來的影響也不少。《老子》以水來比喻道，《莊子》活潑奔放、浪漫乃至於怪誕和虛無等奇特的想像力都是在北方文化中看不到的。「道」、「氣」等老莊思想中的主要概念都是與河流、湖泊很多的地理環境和對生成雲氣等自然現象的神秘感有密切的關係。不僅是這種楚人生活的地理環境，楚人生活的習俗也是楚文化的組成部分。其習俗中最值得注意的是崇巫。楚人的生活具有濃厚的神秘氣息，他們的崇巫比諸國更盛。《老子》、《莊子》等思想在這樣的文化環境中成長，難免不在某些方面帶上一些神秘的色彩。《莊子》的風格近於《楚辭》，多神話、富想像、善誇張，爲浪漫主義的先驅。神仙方術思想濃厚的《淮南子》中也可以看到這些特點。楚國的崇巫與神話傳說的發達就是這些創作特點形成的文化背景。

楚人的審美情趣與老莊思想也有密切的關係。他們的審美觀反映在楚國使用的器物風格、紋飾、楚國的文字及日常生活等方面。他們具有對大自然美的一往深情，並從生活的各個方面去表現和謳歌它。作爲楚文化結晶的老莊思想也表現了自然美、曲線美、陰柔美的頌揚，以及人與自然爲一體的浪漫色彩，而主張從總體上把握世界，達到了一種自然美的境界。從楚人的掌握事物的方式來看，楚文化給《老子》、《莊子》乃至於《淮南子》認識論的形成帶來的影響不少。

楚文化中，從晚周至秦漢間形成的精神文化稱之爲楚學。其內容以道家和黃老思想爲主，它也可以說是南方道家。關於楚學與漢初黃老之學的關係，丁原明先生舉出兩個方面：「一是漢初黃老之學由楚學傳播而來，二是漢初黃老之學是對楚學的進一步發展。」〔註38〕丁先生認爲漢初黃老之學是齊學與楚學、先秦時期的北派道家與南派道家交彙融合的產物。日本學者谷中信一

〔註38〕《楚學與漢初黃老之學》，文史哲，1992.4。

先生提及《淮南子‧兵略》與齊文化中產生的兵法思想的關係。〔註39〕而且他主張整個《淮南子》也受到齊文化的影響，如齊國稷下之學者田騈的齊物思想對《齊俗訓》的影響，以及在《覽冥訓》、《本經訓》中反映的稷下之學者鄒衍的陰陽思想等。《淮南子》是由漢初黃老之學的影響較大的著作之一，與楚學的關係相當密切。關於漢初黃老之學對南方道家、楚學的繼承與發展，丁原明先生提及了道論、治國安民的辦法、治術三個方面。首先，從道論上看，漢初黃老之學從南方道家接受的主要是關於規律的思想。《淮南子》與《論六家要旨》對南方道家的規律思想做出深刻理論反思。《淮南子》的尊重客觀規律的思想是取南方黃老道家。其次，從治國安民的辦法上看，漢初黃老之學主要是接受了南方道家「清靜」、「無欲」、「無事」等思想。如《淮南子》就把「無事」、「無欲」作爲它的「無爲」內容之一，而認爲統治者做到了「靜」、「儉」，就會減少對社會的騷擾，因而也就能使天下返於清靜。再次，從「治術」上看，它接受了南方黃老道家所主張的文武並用、刑德兼用的思想。黃老之學接受楚學的同時，其發展過程中吸取了齊學中的「精氣」說、具有法家色彩的「無爲」等觀點，又吸收了儒家思想，並表現出儒、道結合的傾向。漢初的陸賈、賈誼、《論六家要旨》、《淮南子》都受到其影響。漢初黃老思想的這種傾向可以說是繼承楚國對異文化的開朗態度的結果。

　　總之，包括物質方面、精神方面的楚文化給《淮南子》認識論帶來的思想傾向不少。《淮南子》中可以看到的尊重客觀規律、順應自然的態度；關於「道」、「氣」的觀點；「無爲」的新概念；諸子百家思想折衷的趨勢都是楚文化的繼承過程中生成出來的。如果離開了楚文化的深厚土壤，《淮南子》的思想或漢初的黃老之學的思想傾向就失去了其根據。

第三節　《淮南子》其書及內容

一、《淮南子》的流傳與主要版本

　　《淮南子》這部著作的名稱，其他還有《內篇》、《內書》、《淮南》、《鴻烈》、《淮南鴻烈》、《劉安子》等。有些學者主張《漢書》所說的《內篇》不一定是與所謂二十一篇的版本相同，但是不管如何，反正《漢書》所指的著

〔註39〕〔日〕《關於對〈淮南子〉成立的齊文化影響──以兵略訓爲中心》，日本女子大學紀要，文學部 40，1990。

作的確是所謂《淮南子》的內容。《淮南》之名是西漢武帝時劉向整理藏書所定，《鴻烈》即「大明」的意思，其典實出自《要略》「此鴻烈之泰族也」。東漢高誘的《敘目》：「號曰鴻烈。鴻大也。烈明也。以爲大明道之言也。」許慎注：「鴻，大也。烈，功也。凡二十篇，總謂之鴻烈。」鴻烈乃此書之名。歷史上把「淮南」與「鴻烈」相連作書名，最早見於《舊唐書・經籍志》：「淮南商詁二十一卷　劉安撰。淮南子注解二十一卷　高誘撰。淮南鴻烈音二卷　高誘撰」。牟鍾鑒先生說：「東漢以後，有人將『淮南』與『鴻烈』合而稱之爲《淮南鴻烈》」〔註40〕，這個說法沒有證據，不合乎事實。他又誤解「《隋書經籍志》始稱《淮南子》」〔註41〕，其實《淮南子》之名最早見於晉人葛洪《西京雜記》卷三：「淮南王安著《鴻烈》二十一篇。鴻，大也。烈，明也。言大明禮教。號爲《淮南子》，一曰《劉安子》」。

　　東漢時，許慎、高誘、馬融、延篤等學者爲《淮南》書作注。高誘在《淮南敘目》中說他是從盧植學習《淮南》的，而盧植是馬融的學生，說明高注師承馬融。不過，馬注後來失傳了，延篤注僅有一條保存於《文選》卷五三《養生論》李善注中。長期以來並存的是許注本與高注本，許慎注一般稱之爲《淮南間詁》；高誘注稱之爲《鴻烈解》。約從北宋開始兩家注本逐漸混淆，至《四庫全書總目》中僅存高注一家。北宋蘇頌的《校淮南子題敘》以及勞格《讀書雜識》、陶方琦《淮南許注異同詁》等清末的研究告訴我們，今傳《淮南子》注本，實爲合許、高兩家而成。日本的島田翰《古文舊書考》卷四（1905年）也詳細地考證《淮南子》的注本。他沒有看中國清末研究的資料，只是依靠獨自的校勘導出今本是許注八篇和高注十三篇的兩本合併而成書的結論。一般認爲，《繆稱訓》、《齊俗訓》、《道應訓》、《詮言訓》、《兵略訓》、《人間訓》、《泰族訓》、《要略》八篇爲許注，其餘十三篇爲高注。

　　《淮南子》流傳下來的版本很多，大致可劃分爲二十八卷本與二十一卷本。二十八卷本是將高誘注中《原道訓》、《俶眞訓》、《天文訓》、《地形訓》、《時則訓》、《主術訓》、《氾論訓》七篇各個分成上下部分爲十四卷，再加以其他十四卷而成的。二十八卷本主要有：正統道藏本、萬曆葉近山刻本、萬曆劉氏安正堂刻本、明王元賓刻本、道藏輯要本、弘治王溥校刻本（劉績補注本）、弘治黃焯重刻王溥本、嘉靖王鑾范慶刻本、嘉靖吳仲刻本、萬曆朱東

〔註40〕牟鍾鑒：《呂氏春秋與淮南子研究》，齊魯書社，1987年，162頁。
〔註41〕同上。

光刻中都四子本、明劉蓮臺小字本等。其中，道藏本是較古老的版本，不易得到。清朝考證學者引用的道藏本實際上是指道藏輯要本。另外，較有名的是弘治王溥校刻本，即劉績補注本，但各個學者對此本的評價不相同。于大成先生指摘日本島田翰先生與倉田武四郎先生皆誤執明劉蓮臺小字本為茅一桂本。〔註 42〕二十一卷本的主要有：北宋小字本（四部叢刊本）、萬曆溫博茅一桂本、萬曆汪一鸞刻本、萬曆張象賢本、萬曆茅坤批評本（日本翻刻本）、明刊白文本、明張（火式）如集評本、廣漢魏叢書本、汪氏述古山莊本、明閔齊伋朱墨套印本、明吳勉學刻本、明刊花口九行本、文淵閣四庫全書本、莊逵吉刻本、浙江書局二十二子本、崇文書局子書百家本、掃葉山房百字全書本、唐氏怡蘭堂鈔本等。其中最古的是北宋小字本，而在日本江戶時代最普及的則是萬曆茅坤批評本。近年來通行的莊逵吉刻本，在過去考證學者之間聲名不佳，但後來以莊逵吉刻本為底本的校本逐漸出現。

　　現行的主要校本為劉文典（叔雅）的《淮南鴻烈集解》，中華書局已將其收入《新編諸子集成》第一輯中再版刊行。此書以莊逵吉校本作為底本。另，張雙棣《淮南子校譯》（北京大學出版社，1997）、何寧《淮南子集譯》（中華書局，1998）為近年面世的較好的校本。其他對《淮南子》進行校勘的文獻還有吳承仕《淮南舊注校理》、劉家立《淮南內篇集證》二十一卷、王念孫《淮南子雜誌》二十二卷、俞樾《淮南子平議》四卷、陶方琦《淮南參正》二十四卷、陶鴻慶《讀淮南子箚記》二卷、楊樹達《淮南子證聞》、于省吾《淮南子新證》四卷、王叔岷《淮南子斠證》、（日）久保愛《淮南子注考》十二卷、（日）崗本保孝《淮南子疏證》等。〔註 43〕如已上述的臺灣學者于大成先生在《六十年來之淮南子學》中詳細地介紹了《淮南子》的校本，在此不再重複。

二、關於各篇的思想傾向及其淵源

　　為了闡明整個《淮南子》思想的立場，在各篇中出現的主要思想的分析不可缺少。日本學者向井哲夫先生在他的著作中分析了《淮南子》每篇的思想立場。他認為各篇是基於一個中心思想而成立的，其大部分是諸子百家中的思想。向井先生所立的假說是，漢代以後，作為學派的諸子集團還存在，《淮

〔註 42〕參見于大成：《淮南論文三種》，臺北，文史哲出版社，1975.7，《淮南王書考》。
〔註 43〕參見〔日〕楠山春樹：《淮南子（上）》，新釋漢文大系 54，明治書院，1979，第 18 頁～23 頁。

南子》的各篇思想是他們所產生。〔註 44〕但是，每一篇都有一個中心思想，這種看法沒有根據，而且以一家思想勉強地解釋一篇中的思想是沒有大的意義。戰國末期到漢代，是各個學派的思想融合、變質的時代。對於《淮南子》中的諸子百家的思想特質，我們應該從融合、變質的部分來追求其趨勢。在下面籠統地總結各篇的思想與淵源。

《原道訓》大致分爲道的本體論、「因循」論、「無爲」「柔弱」「不先」等諸論以及「自得」論。這也就是道、道（天）與人的關係、人與人的關係、以及人本身的問題這分類。《原道訓》的道論忠實地敷衍了《老子》的道體論。而《原道訓》的「因循」與自律性、修養性的《莊子》齊物論篇的「因循」爲別派，它受到的是以《呂氏春秋・貴因篇》爲中心的諸篇的影響。而且傳播黃老思想的馬王堆出土老子乙本卷前古佚書四篇與《淮南子・原道訓》重複了多次，《原道訓》的作者無疑參考了卷前古佚書四篇中的《道原》。〔註 45〕《道原》及《原道訓》的政治的、現實的性質是吸收諸家的「循天」思想而成立，然而它們爲了產生「法」的道論歸納爲純粹道論。也就是，接近政治思想開展之前的黃老之學的原論。《原道訓》中已經有老、莊的融合、統一的趨勢，但是實際上其黃老思想原論的性質使《莊子》術語的使用僅限於內容表面上。然而，《莊子》術語的使用給《淮南子》對原《莊子》思想的接受奠定了基礎。從這一點來看，《淮南子》思想與漢初黃老思想不能說同一個思想系統。

《俶眞訓》與《莊子》同文較多，這一篇確實基於莊子系道家思想。其中的宇宙生成論在「始」（時間）與「有、無」（存在）的問題中追求根源，具有哲學色彩。《俶眞訓》道論中可以看出《老子》的作爲根本原理的「道」與《莊子》的普遍存在於萬物的「道」折衷的立場。

《天文訓》與《地形訓》主要根據鄒衍的陰陽五行理論。《天文訓》、《地形訓》中有很多與《呂氏春秋・有始覽》的共同之處。但是其內容及知識比《有始覽》豐富，這是指《天文訓》、《地形訓》的作者不是依據《有始覽》本身而立足於《有始覽》依據的關於陰陽五行思想的文獻。《天文訓》論述了體系的天文知識，可以說是古代天文學的精華。《地形訓》是先秦以來蓄積的地理知識的集大成，其中看到鄒衍的世界觀與崑崙中心世界觀融合的迹象。〔註 46〕

〔註 44〕 〔日〕向井哲夫：《〈淮南子〉與諸子百家思想》，朋友書店，2002。
〔註 45〕 〔日〕有馬卓也：《〈淮南子〉原道訓的位置——圍繞「因循」思想》，日本中國學會報 39，1987。
〔註 46〕 〔日〕田中柚美子：《鄒衍的世界觀和淮南子墜形訓》，東方宗教 41，1973.4。

　　《時則訓》的內容是四時的法則，就是時令、月令。寫作的目的是「使君人者知所以從事」。其時令思想與當時成立的《禮記‧月令》同樣，也許依據《呂氏春秋‧十二紀》而整理的。這一篇中的思想大部分屬於陰陽五行思想。

　　《覽冥訓》中有陰陽五行家、道家思想等因素。從咒術性的、神話的傾向來推測，在這篇當中陰陽五行思想發揮了骨幹作用。其中主要有較早的關於天與萬物變化現象的「感應」思想以及帝道論。

　　《精神訓》是從《莊子》的引用非常之多。它採納古代醫學思想、陰陽思想，開展了莊子後學派的「精神」思想。其中有天人同體論及眞人、至人論等。

　　《本經訓》在前半部分從道家的退步史觀的角度來批評當時的文明以及仁義禮樂，提出道家的無為政治理想「至人之治」。然而，從《本經訓》依靠的《呂氏春秋》、《管子》等先行文獻的內容來考慮，陰陽五行家思想也發揮了重要作用。這一篇也與《覽冥訓》同樣主要提出帝道論。

　　《主術訓》中可以看到申不害、愼到後學的影響。其中的用人論、民本思想基於齊學的愼到系法家思想，與韓非子的法家思想爲別派。《主術訓》有法家的刑名說與儒家的仁義說作爲君主統治論，然而，爲其基調的是「無爲」的政治論。

　　《繆稱訓》中看到「道德之論」與「仁義之分」統一的理論。其中的聖人論是儒家色彩比較濃厚。有些著作引用《繆稱訓》中的一部分作爲《子思子》的文章。因此，有些學者提出此篇與中庸說的聯繫。

　　《齊俗訓》主要立足於田駢系道家思想。從《莊子‧天下篇》以及《史記》、《呂氏春秋》等可以看到田駢思想的資料來推測，《齊俗訓》沿襲了政治性較強的齊學，特別是田駢的思想，而它在思想上沒有依據《莊子》齊物思想。這篇中也可以看到農家之言。

　　《道應訓》屬於老子派道家思想。以傳說、故事例證《老子》的正當性。其中可以看到由政治、軍事的要求產生的「以小知大」與道家的「明」概念的聯繫。

　　《氾論訓》主張不變的「常」、「道」的絕對性，而開展了得「道」的聖人之禮法因時而變的「應時耦化」說。在《荀子》、《莊子‧齊物論》、《呂氏春秋‧察今》等著作中看到原來的類似思想，《氾論訓》綜合了先秦諸子的各

論，且容納有政治性的縱橫家之言爲核心，確立了作爲統治術的「應時耦化」說。〔註47〕

《詮言訓》專門論述「無爲之治」。這一篇大致分爲道論、內治（自得）論、無爲（因循）論、外治（統治）論，其大部分都有與政治論的聯繫。其中看到「大樂」、「大禮」等接近儒家的無爲論，但是內治論中的否定知覺、人爲的觀點就是照舊的道家思想。

《兵略訓》有與《孫子・地形》相同的部分，但是這篇在思想上主要以荀子派儒家及道家思想整理先行的兵家思想。其中有兵權謀、兵形勢等類型。

《說山訓》、《說林訓》兩篇都與辯論修辭學有一定的關係，而且它們重視比喻及論理性。有的學者認爲這兩篇中可以看出鄧析系名家「兩可之說」的影響。〔註48〕

《人間訓》中到處出現縱橫家的術語。有些故事也受到道家的影響，然而從其思想與特質來看，《人間訓》也許是主要精通縱橫家之言的學者們撰著。關於如何認識利害禍福，這一篇開展了「以小知大」、「遇時」、「仁義」等各說。

《脩務訓》強調的爲了利人犧牲自己的實踐觀是墨家思想的特點。學問論中可以看到《荀子・勸學》的文字，但是在對學問否定論的批評中表現的是墨家思想因素。而且這一篇的思想中還有與《呂氏春秋》墨家系文章的主張同樣的認識方法論。從此推測，儒家思想只不過是《脩務訓》中的一部分因素而已，此篇的中心思想由墨家之學組成。向井哲夫先生認爲，這一篇主要是作爲集團的後期墨家所撰著。〔註49〕

《泰族訓》以儒家思想總結全書，本篇中的儒家思想是以《易傳》爲中心的大綜合，這是由立五經博士而來的派系化以前的儒家思想。儒生使全書中的老莊思想在儒道兩家的邊際思想上脫胎換骨，都總結到儒家思想方面。如「法天」、「神化」、「因」、「無爲」等儒道兩家互相毗連的邊際思想都歸結於儒家的概念之上。〔註50〕

《要略》屬於統一派道家思想。本篇是由著作的意圖、二十篇各篇的內

〔註47〕〔日〕有馬卓也：《關於「應時耦化」說的成立——以《淮南子》氾論訓爲中心》，東方學75，1988.1。

〔註48〕〔日〕向井哲夫：《〈淮南子〉與諸子百家思想》，朋友書店，2002。

〔註49〕〔日〕《〈淮南子〉與墨家思想》，日本中國學會報31，1979。

〔註50〕徐復觀《兩漢思想史》第二卷，華東師範大學出版社，2001.12，第164頁。

容和目的的解釋、排列與結構、本書詳細地說明「道」與「事」的理由、中國思想的歷史、關於本書的絕對性價值等六個部分組成。關於《要略》的思想在下一篇文章考論。

三、對《要略》的見解

　　研究《淮南子》思想的觀點大致可以分爲兩種，一個是不承認各篇之間的有機結合，把本書看作百科全書的立場。另一個是承認書中的有機聯繫，綜合地把握整體結構的立場。根據《要略》的思想理解《淮南子》，這也是後者的一部分。在筆者看來，目前其中以「無爲」的政治思想爲核心而把握整個《淮南子》的研究最普遍。其他還可以設想以《泰族訓》爲中心的，或以《天文訓》、《地形訓》、《時則訓》中的陰陽思想爲中心的綜合性研究。然而，不管從哪些角度把握《淮南子》，對《要略》的看法都應該關係到對整個結構與思想的解釋。

　　《要略》的中心思想的確是屬於道家，其作者以道家思想總結全書。但是關於《要略》道家思想的派別很少學者討論。《要略》有周初至戰國末的思想通史，其中舉出的八個思想有「太公之謀」、「儒家之學」、「節財、薄葬、閒服」、「管子之書」、「晏子之諫」、「縱橫修短」、「刑名之書」、「商鞅之法」。其中的太公、管子、晏嬰都是對齊國的發展有貢獻的，而且縱橫家思想特別在齊國開展。就是說，列舉的思想中一半是與齊國有關係。〔註 51〕筆者認爲這不是偶然的，而是指《要略》的作者在一定的程度上受到齊學的影響。《要略》提出的「道」與「事」這種命題已在《管子》、《呂氏春秋》等先行典籍中可以看到。特別在《管子》提出的概念較近於《要略》。從此可知，「道」與「事」的概念不是《要略》的獨創，而只是在戰國至秦漢的齊學中已有的共同認識的開展而已。另外，日本學者金谷治先生提及過《莊子·齊物論》思想與《要略》的聯繫。〔註 52〕《齊物論》提出貫穿著萬物變化的規律主張各種現象的平等性，《要略》的統一諸學的立場也受到《莊子·齊物篇》思想的影響。《要略》說：

　　　　誠通乎二十篇之論，睹凡得要，以通九野，徑十門，外天地，捭山
　　　　川，其於逍遙一世之間，宰匠萬物之形，亦優遊矣。若然者，挾日

〔註 51〕　參見〔日〕谷中信一：《關於對〈淮南子〉成立的齊文化影響——以兵略訓爲中心》，日本女子大學紀要文學部 40，1990。

〔註 52〕　〔日〕《秦漢思想史研究》，平樂寺書店，1960，第 547 頁。

> 月而不桃，潤萬物而不耗。曼兮洮兮，足以覽矣，藐兮浩兮，曠曠
> 兮，可以遊矣。

有的學者認爲在這一文中表現出《要略》的神仙家立場，它使「道」變得空洞的統一概念。〔註53〕總而言之，關於「道」等屬於本質、規律的方面《要略》根據南方道家系統，而關於符合現實社會的「事」概念，特別是在「道」與「事」的關係上它基於實踐性較強的齊學。受到齊學、楚學之影響的《要略》作者把南方道家思想與北方系諸思想結合起來嘗試有了貫穿著整個《淮南子》的條理。這種以先秦道家的概念統一諸思想的立場便是漢初道家的趨勢，這從司馬談《六家要旨》關於「道家」的解釋中也可以看出：

> 道家使人精神專一，動合無形，瞻足萬物，其爲術也，因陰陽之大
> 順，采儒墨之善，撮名法之要，與時遷移，應物變化，立俗施事，
> 無所不宜，指約而易操，事少而功多。

在筆者看來，司馬談《六家要旨》中的「道家」比《要略》的解釋更近於《淮南子》二十篇的實際。目前不能闡述司馬談有沒有看到《淮南子》，但即使他看到本書，筆者認爲《六家要旨》對道家的解釋也不只靠本書。倘如承認司馬談對「道家」的界說，這就表明當時的道家有統一諸學的趨勢。從這一點來看，《淮南子》沒有超越漢初道家的境界。但是，它與《莊子》思想的關係上也不能說《淮南子》思想等於是以黃老政治學爲中心的所謂漢初道家思想。

研究《淮南子》的大部分學者在研究著作中表示對《要略》的看法作爲前提，其觀點往往影響到對《淮南子》整體結構及思想的理解。日本學者金谷治先生按照《要略》的觀點理解整個《淮南子》，他在著作中仔細地說明《淮南子》中的「老莊思想」統一諸學的立場。他認爲雖然《要略》的論理不完全，但具有一貫性。〔註54〕（日）楠山春樹先生認爲《要略》是在二十篇成立之後，嘗試將二十篇的文章有條有理地總結。但是要總結這包含著各種內容的《淮南子》作爲有統一性的著作，非得牽強附會不可。他提示地說，參考《要略》用來概觀本書內容比較方便，但是利用《要略》時必須得愼重考慮實際。〔註55〕另外，（日）池田知久先生通過《要略》的分析闡明《淮南子》的寫作目的與其構成，他重視《要略》內容，對本篇的見解相當詳細。他提

〔註53〕〔日〕澤田多喜男：《關於〈淮南子〉的道家傾向與儒家傾向》，東海大學紀要文學部 24，1975。

〔註54〕〔日〕《秦漢思想史研究》，平樂寺書店，1960，第 463 頁。

〔註55〕〔日〕《中國古典新書‧淮南子》，明德出版社，1971，第 41 頁。

及了《要略》與二十篇的關係舉出二十篇的五個特點，第一，在本書中不存在統一的具體內容；第二，本書沒有經過實踐性證驗；第三，本書在存在論、價值論上減弱了「道」的意義；第四，按《淮南子》對事物的關心來說，它對事物的分析很膚淺；第五，它在政治思想上不能規定唯一絕對的帝王之許可權。他總結地說：「《要略》在形式上回答時代迫使解決的政治問題，然而本書內容實際上發揮了制止作用。」〔註56〕他通過分析《要略》如此評價本書二十篇的缺乏實踐性的內容。雖然他研究了《要略》的性質，但是對於《淮南子》二十篇的理解方面，他沒有根據《要略》的主張。假如從《淮南子》二十篇之間有機關係的研究來看，他的觀點可以說屬於「不承認《要略》」的立場。（日）有馬卓也先生把《要略》看作解釋《淮南子》的一個側面。他指出《要略》的作者沒有完全地把握二十篇的內容，所以只能提出「道」與「事」這適合任何方面的抽象概念。有馬先生說道：《要略》「不過是提示擁有多種結構的《淮南子》的一個方向而已，其他的看法當然會存在。」〔註57〕並且他主張《六家要旨》中的「無為」、「因」等解釋漢初道家的中心概念更具體地符合《淮南子》的實際內容。

　　金春峰先生把《要略》的思想看作《莊子》的反覆闡述的消極思想，而對《淮南子》說道：「哪裏談得上歷史眼光和政治抱負呢？」〔註58〕從此可知，他承認《要略》的觀點作為判斷此書的材料。牟鍾鑒先生雖然提到二十篇之間的彼此重複、不相一致乃至相互矛盾處，但是他承認《要略》「力圖將各篇有機統一起來，有助於我們瞭解各篇主旨及其相互關係。」〔註59〕反之，徐復觀先生說:「研究此書的人，若專倚賴《要略》作探索的導引，依然會墮入迷魂陣中，不易確切地把握到什麼。」〔註60〕他否定全盤依靠《要略》的研究方法，而從老莊思想分野及儒道兩家思想分野的角度來探索全書的結構。徐復觀先生比較重視《泰族訓》中的儒家派對老莊的總結。他說：「從《要略》不能把握到全書的精神、脈絡。由儒家寫了《泰族訓》的全書總結，再由道家寫《要略》的全書敘目，推想，這是劉安當時調和於二者之間的妥協的辦法。」〔註61〕

〔註56〕　〔日〕《關於淮南子要略篇》，東洋學論集，池田末利博士古稀紀念，1980.9。
〔註57〕　〔日〕《淮南子的政治思想》，汲古書院，1998，第342頁。
〔註58〕　《漢代思想史》，中國社會科學出版社，1987.4，第218頁。
〔註59〕　《呂氏春秋與淮南子研究》，齊魯書社，1987，第164頁。
〔註60〕　《兩漢思想史》第二卷，華東師範大學出版社，2001.12，第117頁。
〔註61〕　《兩漢思想史》第二卷，第176、177頁。

　　總而言之，許多學者重視《要略》這一篇，但是至於其內容的評價，較多的學者認為《要略》是解釋《淮南子》二十篇的觀點的一側面而已。二十篇的內容與互相之間的聯繫不像《要略》所自詡的那樣圓滿無礙。不用說，編輯本書以前《淮南子》的作者們不會有《要略》牽強附會的各篇之間聯繫那樣的全書系統化計劃。《要略》是二十篇成立後，把眼前的那種內容雜多的文章歸結為道家概念之中。筆者推測《要略》作者的主要目的，一個是在《淮南子》與當時流行的其他著作的較量中佔優勢地位。書籍不能選擇讀者，《要略》應該謀求與道家原來的「不言之教」的協調，而讓讀者明白本書的道理。它在書籍觀方面有新的突破，從來以人物為主的學術界中萌芽了以書籍為基礎的學術傾向。〔註62〕《要略》的價值也在這方面上。寫作《要略》的另一個目的是，在儒家擡頭的時代趨勢中《要略》不應該使讀者感到書中儒家的優勢。由儒家總結全書後寫成的《要略》也許是道家意識淮南儒家派勢力而創造出的苦肉計。但是《要略》作者沒有完整地把握《淮南子》各篇作者的本意，而且關於《泰族訓》儒家派對老莊思想的總結沒有任何解釋。再說，其中提出的「道」與「事」這抽象概念也使它缺乏具體性。從後人對《淮南子》的評價來看，後者的目的不能說成就。雖然二十篇中可以看到有些政治思想方面的系統，但是本研究不承認《要略》的主張作為《淮南子》思想系統化的證據，特別在認識論思想方面不能看到《要略》所說明的各篇之間的有機聯繫。因此，本文不能以從書中引用的某一句作為《淮南子》認識論思想本身，各篇中有關「認識」的描述只是《淮南子》一部分作者的觀點而已。就這一點，提到過《淮南子》認識論的大部分學者，立場含糊不清。

四、關於《淮南子》學派歸屬問題

　　從本研究對《要略》的看法可知，本文把《淮南子》這部著作所屬的學派不能只從《要略》的立場決定，而應該從全書的傾向來判斷。筆者認為論定《淮南子》思想的固定界說實際上價值不大。學者們對《淮南子》思想的理解的差別不過是每個研究者的觀點、研究角度以及其方向的差異而已。目前，關於其學派有多種說法。這表示《淮南子》的內容豐富、複雜，涉及的方面非常多。雜家、老莊道家、陰陽道家、神仙道家、黃老道家、新道家等說法都是學者們對《淮南子》的觀點所表現的不同學說。

〔註62〕　〔日〕內山直樹：《〈淮南子〉要略篇與書籍》，二松 14，2000。

　　從《漢書・藝文志》開始的雜家說是從儒家的立場提出的觀點。雜家包含著可以補充儒學的諸說。《漢志》從這一點承認雜家的價值。在與《漢志》的藍本劉歆《七略》同時代的揚雄《法言》中，也有對《淮南子》的評價，他說：「或曰，淮南、太史公者其多知與，曷其雜也。曰，雜乎雜。人病以多知爲雜。惟聖人爲不雜。」（問神篇），又說：「太史公，聖人將有取焉。淮南鮮取焉爾。必也儒乎。乍出乍入，淮南也。」（君子篇）他從儒家的觀點批評《淮南子》對諸說不爲始終如一的立場。在此說的「雜」指的是缺乏一貫性或思想上的純粹性。不管對雜家的評價高低，他們都以儒學爲基礎。雜家說是儒家盛旺的時代潮流造成的一個觀點。筆者認爲雜家之說並不是不恰當。所謂「雜家」是從司馬談的「道家」轉變到《漢書》以後的「道家」的過程中，作爲司馬談「道家」的分支產生的概念。因爲《漢書》「道家」這個詞指的內容變成以老、莊那樣的思想，所以包括黃老之學的漢初道家已經不能在其書中叫做「道家」了。假如把「道家」這個詞的意義作爲從戰國中期已有的純粹「道家」，《淮南子》就不能說是「道家」之著作。從這一點來看，雜家說也有道理。但是，後來不少學者討論其說法合適不合適。

　　與雜家說爲相對的是道家之說。「道家」所指的範疇非常廣泛，其廣義包含著先秦道家、司馬談《論六家要指》所指的漢初道家、黃老之學、所謂老莊思想等。如此，作爲屬概念的「道家」所指的內容包括各種道家系統。要考慮《淮南子》學派歸屬問題，首先我們應該給各種道家的範圍下定義。

　　「黃老」是在產生「道家」、「老莊」等詞之前已經普及的道家系諸思想的總稱。它有廣義及狹義。狹義的黃老在戰國末期已經成立，在《史記・樂毅列傳》所描述的從河上丈人到曹參的系統是指狹義的黃老之術。《史記》各列傳中，評價申不害、韓非、慎到、田駢、接子、環淵等人說「本黃老」、「學黃老」，在此所說的黃老可以說是道家系政治思想或純粹道家與後來的「法家」的整合，也就是廣義的黃老。廣義的黃老是司馬遷爲了整理諸思想而使用的擴大範圍的黃老。現存《老子》與戰國後期的各種關於老子的描述比起來，缺乏純粹的道家性質。再說，現存《老子》的許多部分有戰國末期到漢初的黃老思想的表現，從此可知，其編纂時期可能是戰國末到漢初。因此，可以說《老子》思想已經包括黃老思想。假如要表示作爲純粹道家的老子，本文把它叫做現存《老子》以前的原始老子思想。

　　「老莊」這概念始於《淮南子》，它在魏晉南北朝時代以後作爲指整個道

家系諸思想的概念普及。這概念與《史記》中的「老莊申韓」有密切的關係。司馬遷不能擺脫當時流行的黃老之學的束縛，把「本黃老」的申不害、韓非看作與老子、莊子同一個系統。然而，值得注意的是在此產生了「莊子繼承老子」這系統。這可能是沿襲《淮南子》之「老莊」概念的結果。老子與莊子本來各爲別派，《莊子》中的一部分早於《老子》，從老子到莊子這方向不符合實際。但是，在淮南產生的「引莊解老」、「老莊」概念，後來給思想分類帶來了相當大的影響。「老莊」思想是以老子爲鼻祖，以莊子爲後繼者的思想史上的一個學派，它不包括具有政治性的黃老之學。由此可知，在先秦沒有所謂老莊思想。要講先秦的老子與莊子思想，本文使用老、莊思想或《老子》、《莊子》思想等辭彙表示，而不把它叫做「老莊」思想。

「道家」這個詞從司馬談《論六家要指》開始。但是，《漢書·藝文志》的《諸子略》以後的「道家」與司馬談所說的「道家」概念不同，它包括對「黃老」的批評和懷疑的態度，這是指從司馬遷、劉向、劉歆到班固的歷史學者不相信「黃老」中的「黃帝」系統。反之，司馬談《論六家要指》中的「道家」是包括刑名等政治思想。他對道家的界說受到了一定的黃老之術的影響。但是其中沒有提及鼻祖或思想發生的過程，我們不能斷定其內容中有沒有包括莊子思想系統。《漢書》所說的是現代常用的所謂「道家」，而司馬談的是指「漢初道家」的一部分。所謂「道家」也可以分爲廣義與狹義。狹義的「道家」是指純粹的思想趨勢。例如，「黃老之學是道家與法家的整合。」在此所說的「道家」是狹義的純粹「道家」的思想傾向。廣義的「道家」是與（狹義）「道家」有關的諸思想的總稱，其中包括黃老之學、老莊思想、各個時代的（狹義）道家系諸思想。其中的「漢初道家」包括漢初黃老思想、司馬談《論六家要指》的「道家」與本文所說的老莊思想等，也包括《淮南子》中的有關「道家」的思想。這也是廣義「道家」的一部分。

如已上述，關於《淮南子》一書的思想學派的傾向，主要有道雜兩種說法。經過章學誠、梁啓超等學者的學說，道家之說後來成爲公論。由於學者的研究角度的不同，道家之說中出現了多種說法，以金春峰、徐復觀等先生爲代表的老莊道家；侯外廬先生把《淮南子》看作「陰陽五行家與老莊思想的混血種」〔註63〕而指出的陰陽道家說；以胡適、呂凱爲代表的神仙道家說；以馮友蘭、车鍾鑒、丁原明、熊鐵基等學者主張的黃老道家說；其中熊鐵基

〔註63〕 《中國思想通史》，人民出版社，1957。

先生進一步提出的新道家之說等。這些道家的各種側面的確是構成《淮南子》的主要部分。在「道家」與《莊子》的關係上,《淮南子》給思想史帶來的影響很大。筆者承認《淮南子》是老莊思想的搖籃。然而,這也是《淮南子》思想的一個側面而已。在《淮南子》中老莊思想是萌芽狀態,以老莊思想爲《淮南子》的中心思想,這種說法不太全面。筆者認爲陰陽思想等其他思想占的比率也相當大。《淮南子》中雖然有濃厚的儒家、法家的色彩,但是《要略》卻批評儒、法、墨等從「太公之謀」到「商鞅之法」的政治思想的時代性限制。其批評的對象中沒有包含的不僅是道家思想而是陰陽五行思想。並且,陰陽五行思想倒被「循天」思想吸取而成爲貫穿著整個《淮南子》的主要思想。從這一點來看,筆者認爲把《淮南子》視作陰陽五行與老莊的混血種是比較妥當的說法。

許多學者認爲《淮南子》是黃老道家的著作。熊鐵基先生的新道家說也是如此,他說:「我們認爲秦漢之際的道家,應該被稱爲『新道家』,《呂氏春秋》和《淮南子》這兩部書是『新道家』的代表作。」﹝註64﹞他說的「新道家」實際上是「黃老之學」,而且他把司馬談所說的「道家」、「道德家」看作「黃老之學」。從政治思想的角度來考慮,《淮南子》可以說是以現實中的政治實踐爲主要目的的著作。其內容與司馬談所說的「道家」也非常接近。因此,要是把秦漢之際的「道家」叫做「新道家」,這新道家說也在理論上沒什麼不合理的。然而,從詞的界說方面來看,把歷史上第一次出現的「道家」,即司馬談所說的「道家」叫做「新道家」是不太合適。而且,筆者認爲黃老之學與司馬談的「道家」所指的內容不是完全相同。如此考慮,熊鐵基先生的「新道家」這概念所指的內容缺乏具體性。在《淮南子》中雖然包含著「黃老之學」帶來的思想,但是它在與《莊子》的關係上不能說是所謂「黃老」之書。如此考慮,也不能說《淮南子》是「新道家」之書。

漢初黃老之學採納諸家思想的優點,其中當時盛行的儒家的影響也不少。《淮南子》中也可以看到儒家思想與道家的融合。但是,從後來的「儒家獨尊」、「罷黜百家」的時代來看,《淮南子》中出現的「儒家」不徹底,其他學派的主張也缺乏思想純粹性。而且,《漢書》時代,在辭彙的意義上「道家」已經不是司馬談所說的「道家」那樣含有其他諸思想因素的「道家」。所以《漢書》把「道家」的範圍集中到老、莊那樣的思想,開始用「雜家」這個詞而

﹝註64﹞　《從〈呂氏春秋〉到〈淮南子〉──論秦漢之際的新道家》,文史哲,1981.3。

把《淮南子》放在其框框裏。筆者承認雜家說作為時代之潮流創造的一個觀點。而同時認為道雜之爭的主要問題的所在是辭彙的意義與範疇。道家之說的「道家」所指的範疇關係到其說的正確性。如果具體地說,《淮南子》是以老莊思想為中心的書,或者黃老之學的書等等,就會發生一些偏向。但是《淮南子》實際上是帶有漢初「道家」的性質。從政治思想的角度來看,在《淮南子》中的「道家」包括漢初「黃老之學」的一部分性質,這可以說與司馬談《論六家要指》的「道家」非常近。然而,司馬談的「道家」沒有其思想系統的解釋,這「道家」不能看作與《淮南子》中的「道家」思想相同的學派。從整體來看,《淮南子》受到地理環境與賓客的影響,其中具有神仙性較濃的楚學、南方道家的性質,而且包括劉安的淮南學者們與《莊子》思想的關係非常密切。這事實聯繫到「老莊思想」的開始。在這一點,《淮南子》思想與原來的「黃老」有了區別。有的學者把「黃老」的範疇擴大,《莊子》思想放在其圈子裏。如此籠統地考慮,《淮南子》也可以說是「黃老」之書。但是,本文不太承認這種說法。「黃老」是指廣義「道家」中的一部分政治思想,不包括原有的《莊子》思想。再說,狹義「道家」作為懷疑或批判「黃老」的概念,它產生以來一直發揮著降低「黃老」中的黃帝要素的作用。〔註65〕因此,雖然它包含著漢初「黃老之學」,但是具有狹義「道家」性質與「老莊思想」的《淮南子》不能屬於「黃老」。

如已上述,筆者認為關於《淮南子》的學派歸屬問題,明確孰是孰非,實際上沒有大的意義。更重要的是把每個詞的意義與範疇弄清楚,而尋求表現《淮南子》內在思想傾向的最合適的說法。尤其戰國末期到漢初的「思想融合」現象對《淮南子》的影響非常之大,這使其思想歸屬問題變得更複雜了。目前,筆者認為陰陽道家之說是較好地掌握要害的說法。《淮南子》的核心是以帶有神仙性的「老莊」與陰陽五行說為主,融合儒、法、墨等諸政治思想的淮南獨特的「道家」思想。這可以說是與中央相隔的楚文化圈中發生的時代產物,而它給後代思想帶來了很多影響。

〔註65〕參見〔日〕池田知久:《老莊思想》,放送大學教育振興會,2000,第97頁。

第二章　《淮南子》認識論的特徵與其研究趨勢

　　認識論屬於西方哲學，它的問題應當通過哲學的分類來考慮。它是圍繞著主觀與客觀的關係問題展開，而處理認識的物質性來源、認識的發展等問題的學問。一般在研究認識論當中要解決的問題分別是：思維和存在的對立和統一問題、認識對象的特點及界說問題、主體認識能力的大小及其限度問題、知識的普遍必然性和真理性問題、獲取知識的途徑和方法問題等。

　　《淮南子》認識論實際上缺乏系統的哲學論證，難以形成完整的思想體系。但是，它在各篇中對主客觀的關係、認識來源與其產生、主觀作用與客觀規律的關係、感性認識與理性認識、認識的相對性與其標準、認識的途徑問題等一系列問題提出了一些看法。《淮南子》因認識對象的不同，其認識論思想的立場也有所差異。如：對於形而上的「道」的體認，《淮南子》受到老、莊的「虛」、「靜」的影響，提出「因其自然」、「無為」的精神境界；對於形而下的「器」、「事」或「萬物」的認識上，它贊同墨、荀的經驗主義。而它在是非的驗證上，採取法家的「參伍之術」。在為學的理論上發揮了儒家派的勸學思想，提倡不斷積纍知識和技能。《淮南子》重視客觀實際情況，同時承認客觀規律與真理的存在，而使人們發揮認識主體的理性能動作用，從而要求從外在的多樣的現象進而把握其內在的本質。從認識具體物象的手段方面來看，《淮南子》的積極思想有所創見。然而，它特別在萬物中內在的形而上「實在」的認識上，受到諸家思想的影響，書中有一些矛盾。此章為了以筆者對《淮南子》認識論的理解作為在後面考慮本文主題「把握本質的方法」

的前提，首先通過借用先行研究的語言，以哲學認識論的分類來闡述《淮南子》中的有關認識的思想，然後考慮學者們對《淮南子》認識論的研究趨勢。

第一節　主體的認識能力

　　關於人的認識能力，提及《淮南子》認識論的大部分研究者提出其中的可知論與樸素的反映論。《淮南子》「認為世界可知，天地人皆有規律可尋。人的感官和心，合而用之可以掌握事物的發展趨勢。」〔註1〕這是《淮南子》認識論中值得注意的特點之一。它的世界可知論是從樸素的反映論的立場出發。《原道訓》說：「所謂天者，純粹樸素，質直皓白，未始有與雜糅者也。所謂人者，偶𥈞智故，曲巧偽詐，所以俛仰於世人，而與俗交者也。」《淮南子》通過對「天」與「人」的比較，對認識的「主體」和認識的「對象」作了初步區別。客觀外物的「天」，它無意志、無目的，是認識的對象。而反映客觀外物的「人」，能「曲巧偽詐」，具有認識客觀事物的主觀意識，是認識的主體。這可以說是《淮南子》已把主觀和客觀區別開來。但是，它認為主觀意識是主體與客觀對象相接觸才能產生的，所以說它並沒有把認識的主體與認識的對象隔絕開來、絕對對立起來。這是明確的反映論。

　　《淮南子》對人的認識能力有充分的信心。金春峰先生說明：《淮南子》認為「人只要善於學習，就能『蘇援世事，分白黑利害，籌策得失，以觀禍福，設儀立度，可以為法則，窮道本末，究事之情，立是廢非，明示後人。』（《修務》）就是說，人的認識完全可以窮究宇宙和事物的規律，預見事物發展的趨勢。」〔註2〕而且《淮南子》對本質與現象的關係十分瞭解，《繆稱訓》說：「欲知天道，察其數；欲知地道，物其樹；欲知人道，從其欲。」考察現象、實際情況即可瞭解客觀對象的本質與變化規律。張豈之先生指出：《淮南子》認為「把握事物的本質主要依靠心（即思維）的作用。〔註3〕」《人間訓》說：「發一端，散無竟，周八極，總一管，謂之心。見本而知末，觀指而睹歸，執一而應萬，握要而治詳，謂之術。」「心」是可散可收的，既能由現象進入本質，又能從本質返回現象。「術」可以說是其作用。

〔註1〕牟鍾鑒：《呂氏春秋與淮南子研究》，齊魯書社，1987，第195頁。
〔註2〕金春峰：《漢代思想史》，中國社會科學出版社，1987.4，第228頁。
〔註3〕張豈之：《精編中國思想史》，水牛出版社，1992年，第256頁。

　　牟鍾鑒先生引用「見所始則知所終」,「聖人見其所生,則知其所歸矣」(《繆稱》)而主張:《淮南子》「還認爲人要掌握事物的變化規律,必須發揮所有認識器官的作用。」〔註4〕《繆稱訓》說:「視而形之,莫明於目;聽而精之,莫聰於耳;重而閉之,莫固於口;含而藏之,莫深於心。目見其形,耳聽其聲,口言其誠,而心致之精,則萬物之化,咸有極矣。」人依賴於感覺器官、認識器官,特別是心的功能,可以對客觀事物的變化有所預見。它認爲不同的認識器官具有不同的認識作用,人借助於不同的認識器官,能認識事物的現象與屬性。但是,如已上述,人雖然有認識器官,人的認識卻是客觀作用於主觀的結果。人的認識能力要在認識外界事物時,才能發揮其作用。「聲者不詞,無以自樂;盲者不觀,無以接物。」(《說林》)「遺腹子不思其父,無貌於心也;不夢見像,無形於目也。」(同)「三月嬰兒,生而徙國,則不能知其故俗。」(《齊俗》)《淮南子》「通過引用日常事例證明主觀與客觀的互相作用是認識產生的必要條件,沒有主觀認識能力的認識和沒有客觀對象的認識都是不可能產生的。」〔註5〕《原道訓》說:「人生而靜,天之性也;感而後動,性之害也;物至而神應,知之動也;知與物接,而好憎生焉。」外界事物作用於人的感覺器官引起感官對外物的反映從而產生了感覺認識。「物」是主體的認識客體,「知」是主體認識客體的意識活動。它肯定了「人的主觀意識只有主體與客體相接觸,才能產生。」〔註6〕總之,「《淮南子》把主觀因素和客觀條件看成是認識產生不可缺少的兩大要素。」〔註7〕《淮南子》中出現的十分明確的這種反映論及可知論與荀子的說法十分接近,這說明《淮南子》在世界可知論以及主、客觀關係的問題上,採取了與荀子相同的立場。

　　人類的主體認識能力、世界可知論影響到人們對文明生活的意識。「鉛之與丹,異類殊色,而可以爲丹者,得其數也。」(《人間》)人只要掌握了事物的性質,就可以變無奈何爲有所爲。「夫物無不可奈何,有人無奈何。」世界不僅可知,而且所有客觀事物都可以爲人力所改造,只是個人的能力有限度。牟鍾鑒先生說:「這種理論增強人們征服自然的信心,鼓勵人們去不斷開拓新的生產領域。」〔註8〕

〔註4〕牟鍾鑒:《呂氏春秋與淮南子研究》,齊魯書社,1987,第195頁。
〔註5〕袁春華:《〈淮南子〉認識論思想初探》,復旦學報,1985.1。
〔註6〕丁原明:《〈淮南子〉認識論探析》,哲學與文化,1995.6。
〔註7〕袁春華:《〈淮南子〉認識論思想初探》,復旦學報,1985.1。
〔註8〕《呂氏春秋與淮南子研究》,齊魯書社,1987,第196頁。

　　總而言之,《淮南子》中可以看出相當積極的可知論,它的可知論是從樸素的反映論出發,而認爲要把握客體的變化規律,必須依賴感覺器官以及心的作用。它十分重視接觸客體和親身實踐,而且它還認爲只要掌握對象的本質和規律,所有的客觀事物皆可以改造。

　　但是,這種積極的可知論是《淮南子》對「認識」的觀點的一部分而已。如已上述,《淮南子》的認識論缺乏形成體系的要素,它在一定的程度上包含著唯心主義和形而上學的局限性。有一些學者指出《淮南子》中可以看出絕對的懷疑論、不可知論的相對主義以及神秘主義等。他們認爲《淮南子》不懂得相對與絕對的辯證對待關係。《淮南子》注意到了人們在觀察認識客觀事物過程中,限於主觀與客觀條件,從不同的角度、需要出發,從而產生不同的認識。這意味著人的認識都是相對的。然而《淮南子》並不否認絕對認識的可能性。《齊俗訓》說:「至是之是無非,至非之非無是,此眞是非也。若夫是於此而非於彼,非於此而是於彼者,此之謂一是一非也。此一是非,隅曲也;夫一是非,宇宙也。」在此所說的「宇宙」是絕對的是非,「隅曲」是相對的是非,《淮南子》發現人類認識的相對性以及眞理與謬誤的區別。但是它把相對與絕對二者絕對對立起來,割裂了它們二者的辯證關係。《齊俗訓》接著說:「今吾欲擇是而居之,擇非而去之,不知世之所謂是非者,不知孰是孰非。」《淮南子》在是非問題的立論上走向了相對主義和不可知論,認爲「天下是非無所定」(《齊俗》)。

　　《淮南子》從老子、莊子思想的影響非常大,老莊思想這概念可以說是從《淮南子》開始。其思想的基點是「道」與「無爲」。它認爲人的本質與「道」是同一的,所以人的本性也是「清靜恬愉」。它又認爲這種本性是通過「體道」,即直覺證悟而達到的。人一旦進入這種精神境界,就會「恬然無思,澹然無慮」(《原道》)、「治其內不識其外」(《精神》)、「肢體相遺」、「坐忘」一切。如此,《淮南子》否定耳目感官的認識作用,而主張「墮肢體,黜聰明」。關於這種《淮南子》對認識的態度,金春峰先生說:「從主體方面堵塞了認識的可能與條件〔註9〕。」它以主觀否認了客觀,以內在的直覺證悟排斥了外在的感覺器官。然而它認爲「體道」即可「不謀而當」、「不爲而成」。丁原明先生指出這就是先驗論的傾向。《淮南子》認爲世上有不學而知、不教而能的人。他們先知先覺,「不待學問而合於道」(《修務》)從主體的認

〔註9〕　《漢代思想史》,中國社會科學出版社,1987.4,第 227 頁。

識能力問題來考慮，這種觀點是所謂人類認識能力的有限性與無限性的矛盾所導致的結果。

從哲學認識論的角度來分析，《淮南子》中受到老、莊影響的大部分認識論思想被認為帶有相對主義、不可知論、先驗論因素，而基本上所有的學者保持著批評的態度分析這種因素。反之，在書中的反映論、可知論、經驗論以及辯證因素和理性主義方面，《淮南子》被評為推進了先秦哲學思維的發展，使人類認識能力有了新的提高。然而，筆者認為這種結論具有片面性，只不過是關於隨便選出的有關認識思想一部分的分析以及對於西方哲學的牽強附會所導致的觀點而已。再說，受到老、莊道家思想影響的認識思想也應該被給予更高的評價。具體主張在下面論述。

第二節　主體的認識對象

認識論所有的問題皆與主體和客體的關係分不開。《淮南子》認識論缺乏哲學體系，由於設置的認識客體、對象不同，其認識的方式、依靠的先行思想也是各種各樣。考慮有關《淮南子》認識思想的問題時，設想客觀對象的性質是非常重要的一個過程。

《淮南子》中可以看出對於本質與現象的考察，認識的對象大致可以分為這兩個方面。「物固有似然 而似不然者。」（《說山》）而且事物的現象與其本質、實際情況是經常不符合的。「或類之，而非；或不類之，而是；或若然，而不然者；或不若然，而然者。」（《人間》）因此就給人們認識事物增加了困難。《說山訓》說：「推與不推，若非而是，若是而非，孰能通其微。」亦《氾論訓》說：「夫物之相類者，世主之所亂惑也」所以說，《淮南子》提醒人們看事物不能只看外表，更不能被表面現象所遮蔽，而應反覆觀察和仔細用腦思考，以弄清事情的真相和求得正確認識。即《人間訓》所說：「物類相似若然，而不可從外論者，眾而難識矣。是故不可不察也。」仔細觀察事物的外部現象，才能把握內部的本質規律。張豈之先生指出：《淮南子》「強調要出由『昭昭』（現象）而入於『冥冥』（本質）」。〔註10〕就是說，從外在的、多樣的現象進一步認識內在的、穩定的本質，才能真正認識事物。

在萬物中內在的「實在」，即客觀事物發展變化的內在規律都屬於「本

〔註10〕《精編中國思想史》，水牛出版社，1992年，第255頁。

質」,《淮南子》的重要認識對象。作爲宇宙萬物的本體的形而上的「道」是其中的代表。在《淮南子》中,其他還有「德」、「理」、「勢」、「時」等用語都具有本質規律的意義。「德」是事物固有的本質,「道者,物之所導也;德者,性之所扶也」(《繆稱》);「理」是具體事物的特殊規律,「循理而舉事」;「勢」是自然界變化發展的客觀趨勢,「圜者常轉,寂者主浮,自然之勢也」;「時」是客觀事物變化發展的時機和條件,「隨時而舉事」。

現象則是事物或其變化的外表,由感覺器官的反映可以認識的客觀萬物都屬於現象。「形而上者謂之道,形而下者謂之器」(《易‧繫辭傳上》)形而下的「器」也作爲萬物現象。在歷史觀方面《淮南子》提出的「事」也是變化的現象,它是每個時代的事物,包括典章制度、治國方略、倫理規範和風俗習慣,與歷史總規律的「道」相對的概念。《莊子》所說的「迹」與「所以迹」的關係也是與現象與本質的關係相同。「循迹者,非能生迹者也。」,「聖人終身言治,所用者非其言也,用所以言也。」(《說山》)「迹」和「言」指現象與書本上的知識,「生迹者」和「所以言」是指支配現象的規律以及「言」所表達的根本精神。這些都是《淮南子》對現象與本質的表現。

關於認識的方式,《淮南子》重視主客觀直接接觸下產生的感性認識,這種直接經驗、感覺認識的思想接近於荀子、墨家的經驗論。這實際上是認識事物的表面現象的方法。然而,它注意到了感覺經驗往往會造成錯覺。事物的本質被一些現象掩蓋著,所以個人的主觀認識能力有限的。《原道訓》說:「離朱之明,察箴末於百步之外,不能見淵中之魚;師曠之聰,合八風之調,而不能聽十里之外。故任一人之能,不足以治三畝之宅也。」人們限於感官認識能力而不能認識一切事物。因此《淮南子》認爲,認識必須有感性認識上陞到理性認識,深刻觀察萬物的實情,獲得本質的認識。關於把握本質的方式,《淮南子》張揚「知」和「心」的理性能動作用。《人間訓》強調:「曉自然以爲知,知存亡機樞,禍福門戶,舉而用之。」「知」指人的理性認識能力,「機樞」、「門戶」是指事物內部的必然聯繫。關於「心」的作用,丁原明先生說:「《淮南子》從『原心返性』的修養論出發,突出了『心』對精神和形體的控制和主導作用。」〔註11〕《原道訓》指出,「夫心者,五藏之主也,所以制使四支,流行血氣,馳騁於是非之境,而出入於百事之門戶者也。」由於「心」的控制和主導作用,人們能去掉主觀成見或偏見,得以正確地反

〔註11〕 丁原明:《〈淮南子〉認識論探析》,哲學與文化,1995.6。

映事物。它又主張人的心應該像鏡子和平靜的水。這個說法是對老子的「靜觀」、《管子‧心術》等篇的「靜固之道」和宋尹學派的「虛壹而靜」的繼承，包含著排除心機和情欲的干擾的意思。《說林訓》也說：「水靜則平，平則清，清則見物之形，弗能匿也。故可以爲正。」然而，金春峰先生主張這個說法在認識主體方面強調人的感性直觀能力，使《淮南子》的認識受到極大的局限。關於《淮南子》直覺論的來源，袁春華先生分析地說：「對理性認識究竟從何而來這一根本問題，《淮南子》感到十分罔然。它不知道感性認識和理性認識的辯證關係，不懂得理性認識來源於感性認識。……使理性認識變成心靈對外物直覺的產物。」〔註 12〕《淮南子》企圖超越感性認識和理性認識，追求「通於太和而持自然之應者」（《覽冥》）的絕對認識。「通於太和」就是指認識本質。但是這種直覺認識的境界只有眞人才能達到。「有眞人，然後有眞知」（《俶眞》）這也是《淮南子》認識論的一部分被評爲神秘主義或不可知論之所以。這種直覺論與《淮南子》中的老、莊思想以及它的自然觀的神秘因素有聯繫。臺灣學者李增先生說道：「對於形而上的『道』的體認，《淮南子》遵循老、莊的『虛靜之敬』而倡言『恬愉清靜』。對於形而下的『器』的認識上，《淮南子》贊同墨辯、荀子的經驗論。」〔註 13〕這種圍繞著認識對象的討論也與認識的途徑和方法問題有關。

　　中國古代的大部分思想都與政治有一定的聯繫，而《淮南子》的中心思想也帶有這種現實主義。對《淮南子》來說，認識的主要目的就是要「統天下，理萬物，應變化，通殊類。」（《要略》）它指出人們只有認識天地萬物的本質及其變化發展的規律，才能「權事而立制，度形而施宜」。它將「道」視作治理天下的根本保證和人類一切行動的客觀依據。上述的「勢」、「理」、「時」等概念也是指治理天下者應該依靠的客觀規律的各個側面。作爲永恆不變的總規律、萬物本根的「道」與不停地變動轉移的制度、規範以及風俗等「事」，這種本質與現象關係的描述是十分受到政治性較強的法家以及黃老思想的影響。從哲學的角度來劃分的本質與現象只是認識對象的一種分類而已。而從《淮南子》中的道家系思想的角度來分析，主體認識的對象，除了形而上「道」與形而下「事」的分類之外，還有自然與人爲的分類。《莊子‧秋水》所說：「牛馬四足是謂天；落馬首、穿牛鼻是謂人。」其中的「天」與「人」是指

〔註 12〕 袁春華：《〈淮南子〉認識論思想初探》，復旦學報，1985.1。
〔註 13〕 李增：《淮南子之知識理論：淮南子對先秦儒道法知識理論之平評》，國立編譯館館刊，1985.6。

自然狀態與人爲文化。其中，儒家系思想強調的是人爲，即仁、義、禮、智等倫理道德和創造文化文明的社會科學。這「人爲」屬於「人道」，《淮南子》接受了儒家倫理之道（人道）與天道、地道之劃分，而受到黃老政治思想的影響多增加了帝王之道（君道）。從整體來看，《淮南子》容受道、儒、墨、法、名、陰陽等諸家之言，以總體性的「道」貫之。因此，它的認識對象、主要目標就是「道」。其範圍無限，是宇宙。《齊俗訓》說：「往古來今謂之宙，四方上下謂之宇，道在其間，而莫知其所。故其見不遠者，不可與語大；其智不閎者，不可與論至。」包納宇宙萬物的「道」包括天道、地道、人道、君道這四種範疇。

對於《淮南子》知識對象的各個範疇，李增先生的論述比較仔細。在天道方面，《天文訓》說到天道運化萬物的過程以及天人感應關係。《時則訓》則提到四時變化與政治措施的關係。而《覽冥訓》提及神鬼與天人感應的現象。《道應訓》、《繆稱訓》說到天道禍福。在地道方面，《天文訓》、《地形訓》探討萬物之理的法則。《淮南子》對這些問題的重視得之於陰陽家之助。在人道方面，《淮南子》涉及的方面比較多，它包含著生命學、社會學、人文科學、歷史學、法律學、藝術、軍事論、教育理論等各個方面。在帝道方面，《主術訓》說到君人南面之術，李增先生說：「可說本篇爲作者之旨意所在。」〔註14〕

總而言之，《淮南子》是一部政治性著作，它認識的目標主要是作爲萬物本根的「道」，而其目的則是治理天下、「權事而立制，度形而施宜」（《要略》）。總體性的「道」包含著上述的天道、地道、人道、帝道等各種層面。每個範疇都包括主體所要認識的各個學問等具體對象。從哲學的角度來劃分，那些認識的對象都可以分爲本質與現象的兩種方面。《淮南子》的主旨在於政治，而且它認爲把握本質才能「統天下，理萬物，應變化，通殊類。」（《要略》）所以它特別重視事物的內部規律和本質。

第三節 認識的來源

《淮南子》在客觀事物的認識，特別在形而下的客觀對象的認識上，堅持樸素的反映論。它在反映論的基礎上，對認識的來源問題作了探討。丁原明先生說：《淮南子》「認爲認識或知識，一是來自『見』、『聞』、『爲』；二是

〔註14〕李增：《淮南子之知識理論：淮南子對先秦儒道法知識理論之平評》，國立編譯館館刊，1985.6。

來自『學』、『問』、『教』。」〔註15〕前者是指主體的感覺器官反映下產生的感性認識，也可以說是直接經驗；而後者則是指間接經驗。

人們依賴於耳、目、身、心等感覺器官與認識器官，才能認識客觀事物。《淮南子》重視這感官認識和直接經驗。「視而形之，莫明於目；聽而精之，莫聰於耳；重而閉之，莫固於口；含而藏之，莫深於心。目見其形，耳聽其聲，口言其誠，而心致之精，則萬物之化咸有極矣。」（《繆稱》）而且，它在一定的程度上認識到實踐的重要意義。「夫物常見則識之，嘗爲則能之。」（《泰族》）這裡的「見」是指親自察看事物，「爲」是親自做某件事情。就是說，人如果想獲得某種認識或技能，就必須親自與客觀事物相接觸。這實際上是承認了認識來源於客觀。《淮南子》強調人如果不與客觀外界事物相接觸，就不能認識事物的具體眞實情況。《說林訓》說：「遺腹子不思其父，無貌於心也；不夢見像，無形於目也。」《脩務訓》又說：「今使人生於闊陋之國，長於窮櫚漏室之下，長無兄弟，少無父母，目未嘗見禮節，耳未嘗聞先古，獨守專室而不出門，使其性雖不愚，然其知者必寡矣。」這種看法承認了認識的起點是感覺經驗，並從經驗論的角度強化了它的反映論。

這種經驗主義否認知識的先驗性。袁春華先生指出：「關於認識來源於客觀外界的觀點是對先秦老子所謂『不出門，天下知』的先驗論的直接否定。」〔註16〕然而《淮南子》中也有接近先驗論的描述。它認爲世上有「不可教以道，不可喻以德，嚴父弗能正，賢師不能化」（《修務》）這種人。它在形而上的對象的認識上主張了「不待學問而合於道」（《修務》）的先驗論。從哲學認識論的角度來分析，這種想法明確地帶有先驗論因素。但是筆者認爲「不行而知，不見而名，不爲而成」等境界是某種人達到的一種狀態，而不是對於認識過程的描述。老、莊道家與《淮南子》一部分的具有先驗論的表現只是沒有特別地提到其過程問題而已。通過抽出對認識完成者的描述，考慮認識的來源問題不妥當。

《淮南子》又認爲人們通過耳目見聞獲得經驗認識，也是反覆體驗、反覆積纍經驗的過程。《脩務訓》以盲者彈琴爲例而說，盲者「目不能別晝夜，分白黑」，但卻有高超的彈琴技藝，這是「服習積貫之所致也」，即反覆練習，反覆積纍經驗的結果。它又以「鼓舞者」、「木熙者」爲例說，跳舞者有著柔

〔註15〕《〈淮南子〉認識論探析》，哲學與文化，1995.6。
〔註16〕《〈淮南子〉認識論思想初探》，復旦學報，1985.1。

軟身段,雜技者身手輕捷矯健,也是由於他們經常練習的結果,是「淹浸漬漸摩使然也」。換言之,人經過長期訓練積纍慢慢純熟才得達到出神入化的程度。這說明,《淮南子》認爲認識便是持久的實踐經驗積纍的過程。並且它還承認人們在反覆實踐的過程中能取得關於實踐對象的知識。然而,關於認識與實踐的關係,袁春華先生指出:《淮南子》「並不懂得實踐是認識的基礎,只是從生活的具體事例中不自覺地感受到實踐對於認識的某些作用而已。」〔註17〕

　　《淮南子》主張對沒有親眼看到和親耳聽到的事情,就要向別人請教以求瞭解,獲得知識。《泰族訓》說:「曩不知而今知之,非知益多也,問學之所加也。」這說明,它認爲除了直接經驗以外,人們的認識還可以通過「學」、「問」、「教」得到,也就是說認識可來源於間接經驗。《主術訓》指出,不僅是一般人,「智者」、「勇者」也要靠「學」、「問」增長知識。「文王智而好問,故聖;武王勇而好問,故勝。」智者成聖、勇者取勝也是靠虛心向他人學習得來的。這就在知識來源問題上,肯定了間接經驗也是獲得知識的一條途徑,並且這都是把認識或知識的獲取指向外在方面,歸結於個體後天努力的結果。從而,它否認了那種認爲認識或知識是頭腦固有的先驗說。

　　認識來源於直接經驗、間接經驗的立場都承認知識從外界的客觀事物得來。因此,《淮南子》對人們提倡虛心好學,不斷積纍知識與技能。《淮南子》受到《荀子》勸學思想等影響,開展了關於「學」的理論。而且,關於學習內容的理解它比儒者廣泛得多。儒家之謂學,不出仁義六經,而《淮南子》所說的學問,不僅包括孟荀的禮樂仁義、修身養性,還包括各種技能。而且它以學到其中的規律爲最重要。《泰族訓》說:「人欲知高下而不能,教之用管準則說;欲知輕重而無以,予之以權衡則喜;欲知遠近而不能,教之以金目則快射。又況知應無方而不窮哉,……」支配自然、社會、人生的基本規律就是「道」,它屬於本質,據於其「道」就可以「應無方而不窮」。如此,《淮南子》也從學會某種技能的角度,提出了把握本質的重要性。再說,《淮南子》從社會文明進步的角度,強調人們應當傳播其知識和技能。《脩務訓》說:「蒼頡作書,容成造曆,胡曹爲衣,后稷耕稼,儀狄作酒,奚仲爲車,此六人者,皆有神明之道,聖智之迹,故人作一事而遺後世,非能一人而獨兼有之。……當世之人,無一人之才,而知其六賢之道者何?教順施續,而知能流通。由

〔註17〕同上。

此觀之，學不可已，明矣。」今日，人們能掌握六人的全部創造與技能、知識是「教順施續，而知能流通」的結果。它也從人性的發展上，認為後天學習十分必要。《脩務訓》又主張：「世俗廢衰，而非學者多。『人性各有所修短，若魚之躍，若鵠之駮，此自然者，不可損益。』吾以為不然。」這是對人性不可損益論的批判，也反映了當時儒道兩家思潮之間的鬥爭。《莊子》主張自然之性不可損益，而受其影響的《原道訓》所說：「達於道者不以人易天」。關於「學」的理想，亦《俶眞訓》說：「是故聖人之學也，欲以返性於初，而遊心於虛也。達人之學也，欲以通性於遼廓，而覺於寂漠也。若夫俗世之學也則不然，內愁五藏，外勞耳目……」這種貶低感覺認識、後天學習的「俗世之學」而提倡的「聖人」、「達人」的不學之學遭到了《脩務訓》、《泰族訓》等篇的駁斥。《脩務訓》說：「故其形之為馬，馬不可化；其可駕御，教之所為也。馬，聾蟲也，而可以通氣志，猶待教而成，又況人乎。」這說明，它認為人決不能放棄教訓性，就是要《莊子》所否定的「落馬首、穿牛鼻」，「以人易天」。從認識的來源是外界客觀事物的觀點出發，《淮南子》認為由於後天學習，人性或自然之性都能改變，以能給人們的文明社會帶來進步。

關於具體事物的知識或某種技能，《淮南子》認為外部的客觀世界是認識的來源，主體與客體直接相接觸，才能認識外界事物。再說，在主體沒有直接接觸過的認識對象上，它承認經過向他人學習得來的間接經驗。從此出發，《淮南子》發展了勸學理論，主張後天學習的重要性。另一方面，《淮南子》一部分思想強調在主體內部尋求眞理，要求人們的「心」像「鏡水」。大部分學者認為它的形而上學因素在認識來源問題上引起其先驗論。但是，這種「虛心」是主觀埋沒在客觀裏的直覺、絕對認識的一種境界，閉塞感覺器官的要求則是為了排除外界知識與成見的干擾而強調的把握本質的具體手段，而沒有包含著先驗主義。

第四節 認識的眞理性問題

《淮南子》認識論對認識或知識的是非以及判斷是非的標準問題進行了觀察。它意識到了是非的相對性與絕對性。關於是非的相對性方面，《淮南子》注意到人們在認識客觀事物的過程中，限於主觀和客觀條件，從不同的時間，不同的角度、需要出發，從而產生不同的認識。《氾論訓》說：「夫弦歌鼓舞

以為樂,盤旋揖讓以修禮,厚葬久喪以送死,孔子之所立也,而墨子非之。兼愛尚賢,右鬼非命,墨子之所立也,而楊子非之。全性保真,不以物累形,楊子之所立也,而孟子非之。趨舍人異,各有曉心。」因此,它認為「天下是非無所定」(《齊俗》)人們的認識都是相對的,而不能把是非看絕對化了。這種觀察包含有樸素辯證法的成分。亦《齊俗訓》說:「事之情一也,所從觀者異也。從城上視牛如羊,視羊如豕,所居高也。窺面於盤水則員,於杯則隋,面形不變其故,有所員、有所隋者,所自窺之異也。」但是,客觀事物並不因人的認識相對性而改變其固有的本來面目。人們把握事物的本來面目才能追求事物的真是與真非。《淮南子》並不是把所有的是非都看作是相對的,它也承認真是與真非、絕對是非的存在以及絕對認識的可能性。絕對認識就是對客觀事物實質的全面的認識。它稱之為「至是之是」,說:「至是之是無非,至非之非無是,此真是非也。若夫是於此而非於彼,非於此而是於彼者,此之謂一是一非也。此一是非,隅曲也;夫一是非,宇宙也。」(《齊俗》)它看到人類認識的相對性及真理與謬誤的區別,接近了有絕對真理存在的觀點。關於這一點,有些學者給予比較高的評價。但同時,他們指出《淮南子》還沒有意識到相對與絕對的辯證統一關係這一點。學者們認為,沒有「隅曲」的相對是非,就沒有「宇宙」的絕對是非,但是《淮南子》不瞭解相對認識與絕對認識是不可分割的統一整體。它割裂了二者的關係,從而走向了絕對的懷疑論和不可知論的相對主義。牟鍾鑒先生認為,齊天下萬物的是非觀倒向《齊物論》,這說明作者的唯物主義真理觀還不夠堅固,但是它受到的《齊物論》齊是非的觀點的影響不是主流。並且他對於《齊俗訓》的同一個部分,如此評價:「《淮南子》把《齊物論》中的相對論因素同真理的客觀性聯繫起來,基本上克服了《齊物論》的相對主義,這是它在認識史上的一個貢獻。」〔註18〕

認識的真理性是主觀符合客觀才能產生的。《淮南子》對主觀與客觀不相符合的情況進行了觀察,並通過對主、客觀矛盾的揭示,看到了認識的複雜性,從而要求人們以辯證的觀點對待認識。丁原明先生把《淮南子》中有關主、客觀的矛盾性的描述,歸納為四種情形。〔註19〕第一個是,客觀事物不斷地發展變化。禍福、私公、邪正等這些對立面,互相依存,互相轉化,真

〔註18〕 《呂氏春秋與淮南子研究》,齊魯書社,1987,第 200 頁。
〔註19〕 丁原明:《〈淮南子〉認識論探析》,哲學與文化,1995.6。

假糾纏在一起，使人難以分辨。《淮南子》認爲事物的互相轉化是由事物內部矛盾引起的本質性變化，只有理性認識才能把握它。第二個情形是，處於萌芽狀態的事物。它往往被人們所忽視。「是故人皆輕小害，易微事，以多悔。」（《人間》）事物剛開始的階段，往往處於不顯著變化的狀態，顯出好似靜止的面貌。倘若人們不留意這種情況，就難以客觀地反映事物，乃至讓小害發展成大害，後悔不止。第三個是，事物的現象與其本質經常不一致。這一點已經提及過，不再重複。第四個是，受到地點、時間、身體狀態等其他條件的限制，也可造成主、客觀不符。例如，人的感覺器官不正常或其主觀精神有問題的情況下去觀察事物，容易產生不正確的認識。《氾論訓》說：「夫醉者俯入城門，以爲七尺之閨也；超江、淮，以爲尋常之溝也；酒濁其神也。怯者夜見立表，以爲鬼也；見寢石，以爲虎也；懼掩其氣也。」《淮南子》提醒人們以辯證的眼光認識客觀事物，求得主觀與客觀實際相符合。《人間訓》說：「若使人之懷於內者，與所見於外者，若合符節，則天下無亡國敗家矣。」

　　《淮南子》認爲，把握本質、獲得眞理是最可寶貴的。《說山訓》說：「得萬人之兵，不如聞一言之當；得隋侯之珠，不若得事之所由；得呂氏之璧，不若得事之所適。」它在肯定眞理的客觀性的前提下，認爲是非之定不應該受到社會地位的影響。故《主術訓》說：「使言之而是，雖在褐夫芻蕘，猶不可棄也；使言之而非也，雖在卿相人君，揄策於廟堂之上，未必可用。是非之所在，不可以貴賤尊卑論也。」它在這種名實關係問題上，強調要以實驗名，以行論言。人們要以眞實的情況、實際的行爲爲根據做出判斷，循其實則不惑於名，入其裏則不迷其表。這說明，《淮南子》對是非的標準問題上，提出以客觀實際作爲驗證正確與否的標準。而它對以主觀意識爲標準的是非觀持批評的態度，反對人們在認識事物過程中主觀好惡強加於客觀事物。《齊俗訓》說：「天下是非無所定，世各是其所是而非其所非，所謂是與非各異，皆自是而非人。由此觀之，事有合於己者，而未始有是也；有忤於心者，而未始有非也。故求是者，非求道理也，求合於己者也；去非者，非批邪施也，去忤於心者也。忤於我，未必不合於人也；合於我，未必不非於俗也。」人們常常不自覺地用主觀標準去判斷是非，《淮南子》認爲這是導致「天下是非無所定」局面的主要原因。如果人們以自己認定的是非作爲衡量是與非的標準，那主觀意識就可以檢驗主觀意識，只能走向主觀主義，從而抹殺認識的客觀性要求。這種憑個人好惡或利害的判斷不能得到眞是眞非，因而它認爲

符合客觀實際才是正確的認識。《脩務訓》說：「楚人有烹猴而召其鄰人，以爲狗羹也而甘之，後聞其猴也，據地而吐之，盡寫其食。此未始知味者也。邯鄲師有出新曲者，託之李奇，諸人皆爭學之。後知其非也，而皆棄其曲。此未始知音者也。鄙人有得玉璞者，喜其狀，以爲寶而藏之。以示人，人以爲石也，因而棄之。此未始知玉者也。故有符於中，則貴是而同今古；無以聽其說，則所從來者遠而貴之耳。」所謂「有符於中」就是心中有檢驗正確與否的標準，其標準實際上來自客觀實際。就是說，關於客觀事物的知識給人們帶來判斷是非的標準，「知味」、「知音」、「知玉」就能以肉、曲、玉等客觀事物作爲驗證的標準，獲得正確的判斷能力。人們要以客觀實際情況作爲檢驗認識的標準，這種主張包含著按照事物的本來面目認識事物的要求，因而是有合理成分的。基於這種觀點《氾論訓》又說：「故不用之法，聖王不行；不驗之言，聖王不聽。」法度或言論的好壞，要看它在客觀實際中產生的效果如何。凡是通過實際驗證，證明是正確的，就採納之，否則就捨棄之。對於《淮南子》的這種主張，丁原明先生給予較高的評價而說：「無疑是對中國古代認識經驗的綜合，並反映了漢初人們的認知特點和思維水平。」〔註 20〕另一方面，袁春華先生指出：「對客觀實際的究竟通過什麼途徑判明認識是與非的問題，《淮南子》沒有也不可能作出進一步的說明。」〔註 21〕

第五節　認識的途徑和方法

　　認識論所有的問題都有互相聯繫，對主體的認識能力、認識的對象以及知識的來源問題的觀點都給認識的途徑和其方式帶來影響。如已上述，《淮南子》提出的認識方法由於認識對象的不同，產生差別。它在形而下的客觀事物的認識上，重視由感覺器官與認識器官的直接經驗。它又主張人們要反覆體驗、反覆積累經驗，發展了儒家的勸學理論，從而承認向他人學習得來的知識也是認識的來源之一。這說明，《淮南子》認爲這種間接經驗也是認識的一個途徑。它觀察了主、客觀不符合的情形，而提醒人們在是非難以判斷的情況下，應該以客觀實際情況作爲判斷是非的標準。這種認識方法帶有辯證因素和理性主義。它還強調人只要去掉自己的主觀成見或心機，就能正確地反映客觀事物的變化狀態。而且它在排除心機和情

〔註 20〕丁原明：《〈淮南子〉認識論探析》，哲學與文化，1995.6。
〔註 21〕袁春華：《〈淮南子〉認識論思想初探》，復旦學報，1985.1。

欲的干擾的方法上，肯定了「心」的控制和主導作用。基於對這種理性能動作用的肯定，《淮南子》認為人們可以根據自己的認識推知客觀事物的實際情況和其發展變化。「唯聖人能見微以知明」（《氾論》）「以小明大」、「以近論遠」（《說山》）等由對部分的認識推知事物的整體，這種方法也屬於能動的理性認識。

關於理性認識的性質和作用，《人間訓》說：「凡人之舉事，莫不先以其知規慮揣度，而後敢以定謀，其或利或害，此愚智之所以異也。曉自然以為智，知存亡之樞機，禍福之門戶，舉而用之，陷溺於難者，不可勝計也。」第一個「知」指人的理性認識能力。它指出有計劃的行動和盲目的行動其結果是截然相反，其行動的計劃性是理性認識的指導作用所引起的。「樞機」、「門戶」是指事物內部之必然聯繫，也就是本質和規律。它認為，人們通過使用理性認識能力、即「知」，才可以把握事物變化的規律。但是「禍與福同門，利與害為鄰，非神聖人，莫之能分。」（《人間》）因此，那種智者在辦事中還是陷入危難境地，這樣的情況還數不勝數。這說明，從獲得事物的本質的方法來看，《淮南子》認為理性認識還不夠完全。而它企圖超越感性認識與理性認識追求直覺性的絕對認識。

《覽冥訓》說：「故耳目之察，不足以分物理；心意之論，不足以定是非。故以智為治者，難以持國，唯通於太和，而持自然之應者，為能有之。」耳目獲得的感覺經驗不能分清事物的本質和規律，主觀的「心意」也不能判斷是非。「通於太和」就是返回到原始混沌狀態。「昏若純醉而甘臥以遊其中，而不知其所由至也。」（《覽冥》）這「太和」屬於形而上的範圍。《淮南子》在形而上的對象的認識上，受到老、莊道家的影響，提出了超感性、理性的直覺性認識。神秘直觀的「體道」是其中的代表。其認識的手段上，它吸收了老子的「靜觀」、宋尹學派的「虛壹而靜」等思想，提出「以虛應實」的認識論。《精神訓》說：「是故聖人以無應有，必究其理；以虛受實，必窮其節；恬愉虛靜，以終其命。」它認為人的天性是純樸清靜的，但是人們通過與客觀外界相接觸，會產生物欲和私情，阻礙了正確的認識。因此，提醒人們要養心養神，其目的就是「返性於初」。《精神訓》又說：「使耳目精明玄達而無誘慕，氣志虛靜恬愉而省嗜欲，五藏定寧充盈而不泄，精神內守形骸而不外越，則望於往世之前，而視於來事之後。」有些學者從哲學認識論的角度批評，《淮南子》的這種帶有神秘色彩的認識思想否定人的智慧而要求人們返回

混沌狀態、即「太和」，這卻是對認識的一種摧殘和倒退。〔註22〕還有一些學者指出，《淮南子》受到老莊思想的消極影響，過分強調「清心寡欲」，傾心於「死生爲一物，萬物爲一方」（《精神》）的神秘的精神境界，用眞人的修養方法取代客觀的認識活動，這使它的認識論思想帶上了唯心主義神秘論的色彩。〔註23〕

筆者在前面提及過以西方哲學衡量中國思想的弊病。許多學者使《淮南子》中的絕對認識屬於懷疑主義或不可知論。因爲，帶有神秘色彩的直覺性認識是「眞人」才能實現的。然而，筆者認爲《淮南子》提出的絕對認識的境界實際上是在世上存在的現實的精神狀態，而在上述的學者們的批評中可以看到哲學認識論分析的極限。換言之，解決這些問題的線索只在東方思想、文化本身之中。

第六節　《淮南子》認識論的研究趨勢與啓示

《淮南子》在認識論方面雖然沒有特別地進行專題討論，但如已上述，在各篇中散見對於認識論各個方面的論述。《淮南子》受到時代的思想潮流的影響，形成了獨自的世界觀與自然觀。研究者承認它的關於世界的起源與其發展過程的觀點是人類認識史的一種貢獻。從整體來看，《淮南子》的唯物主義因素往往被評爲思想史上的發展。在認識論方面，學者們認爲它的辯證因素與理性主義是其價值所在。特別在形而下的具體物象的認識上，《淮南子》對主體認識能力的問題提出了可知論，對主體與客體的關係上，強調由感性認識、直接經驗的反映論。它認爲認識來源於客觀事物，主體通過與客觀具體事物直接接觸才能產生認識，又承認向他人學習得來的間接經驗也是認識的來源之一。《淮南子》注意到了認識的相對性以及現象與本質的關係，而把客觀實際作爲檢驗是非的標準。

關於認識的方法問題，《淮南子》受到老、莊等早期道家的影響，要求人們的「心」保持「虛」、「靜」狀態，但其「養心」的目的與老、莊不同，卻是爲了發揮主體理性思維能力的能動作用。到了這認識的過程方面，其認識對象的性質有點模糊了。但是，大部分學者對這些帶有積極、能動性的認識論思想給予較高的評價。據筆者看來，《淮南子》認識論的研究有把樸素的唯

〔註22〕丁原明：《〈淮南子〉認識論探析》，哲學與文化，1995.6。
〔註23〕袁春華：《〈淮南子〉認識論思想初探》，復旦學報，1985.1。

物主義看作是其主流的**趨勢**，同時學者們往往提到《淮南子》帶有唯心主義與形而上學的局限性。然而從另一個角度來看，這意味著《淮南子》從早期道家繼承下來的一些形而上學的觀點也受到經驗主義、理性主義等影響，在其認識方法與得到的境界方面，失去了本來的面貌。

　　認識論的問題應該通過西方哲學的標準來分析、驗證。然而，筆者認為只以西方哲學為尺度衡量中國古代思想，這種研究方法包含著掉進陷阱的可能性。從古代一直到現代，在東亞文化圈裏，特別在傳統文化的繼承過程中，作為本源的「道」概念、在萬物中循環的「實在」以及沒有分析的把握其整體的東方獨特的傳統認識方式牢牢地紮下了根。這些思想是特別在東方世界中發展的優秀文化傾向。如果有人只靠唯物史觀等西方哲學的基準來使用否定性的詞總結這些思想，這就可以說是蔑視東方文化本身的行為。如：袁春華先生說的「…使認識不可避免地陷於絕對靜觀的境地。」〔註24〕以及丁原明先生提到老莊對《淮南子》的影響而說的「…陷入相對主義」、「…會使認識論陷入懷疑論和不可知論怪圈。」〔註25〕等說法，都是以西方哲學中的概念牽強附會地分析中國思想和文化源泉的結果。這種哲學的觀點只是思想分析的一個立場而已，而不是對其思想本來面貌的把握。要正確地把握中國思想，也應該通過思想本身的體會加強理解。我們還必須反思《淮南子》中的這些被哲學的立場否定的一些概念，而應該由於「思想」固有的內涵評價其思想的真正價值。

　　「認識論」是為了從哲學的角度來分析「思想」的一個基準，而本文所說的「有關認識的思想」是指其思想本身。此章根據認識論哲學的分類闡述《淮南子》中的各個思想，就是為了把它的認識論特徵作為研究「有關認識的思想」本身的前提。本文在主題部分應該保持「重視思想固有的內涵的研究態度」進行考察關於「把握本質的方法」的思想。本文考慮主題之前，為了闡述《淮南子》思想中的各個認識論因素的來源，在下一章考慮諸家思想與時代思潮給《淮南子》認識論帶來的各個影響。

〔註24〕　《〈淮南子〉認識論思想初探》，復旦學報，1985.1。
〔註25〕　《〈淮南子〉認識論探析》，哲學與文化，1995.6。

第三章　《淮南子》以前的認識論
與其影響

　　《淮南子》包含著諸家思想的各個因素，雖然也有學者提出它的認識論思想有創見性的觀點，但是諸家思想的兼併與融合併不是從《淮南子》開始，而是在戰國末期到漢初的思想、文化統一的思潮中發展的時代趨勢。《淮南子》在其潮流中受到時代與地方的影響，形成了獨自的面貌。其認識論也繼承諸思想融合的思潮，吸取各個思想的認識論因素。寫作此章的目的是考慮上述的《淮南子》認識論的各個側面的起源與流傳的情況。本文通過理解《淮南子》以前的認識論的歷史潮流與《淮南子》的關係，給認識方法的研究提供一些前提與基礎。

第一節　早期道家給《淮南子》帶來的影響

一、關於《老子》成書

　　現存《老子》成書最早戰國末期，它的編纂是從戰國末期到西漢初期之間。日本學者池田知久先生說：「《老子》是在《莊子》的一部分成書之後，也在《莊子》整體的編纂之前，比較短的時間內編纂的。」〔註1〕除了《莊子》之外，最早提及老子之名的有《荀子》與《呂氏春秋》。《荀子》中散見受到道家系諸思想的影響的概念。但是，其中沒有從《老子》的引用。《呂氏春秋》中雖有老子之名或其思想，但它並沒有明確說出書中與現存《老子》相同或

〔註1〕〔日〕《老莊思想》，放送大學教育振興會，2000年，第59頁。

類似的文章是從《老子》的引用。這說明，在《呂氏春秋》時代還沒編輯以「老子」爲書名的文本。然而當時道家系思想家已經撰寫了不少道家系文章，以後不久那些文章被編成《老子》一書。所以，書中政治性較濃厚的思想可能受到戰國末期到漢初的黃老之學的影響。一般認爲「黃老」包括「老子」，但是也可以說是《老子》思想的範疇包含著黃老思想。

　　《莊子》與《老子》的關係比較複雜。《莊子》的一部分在《老子》編纂之前已經寫成，給《老子》提供了一些材料。有些部分與《莊子》同時寫作，不能推測前後影響關係，還有一些文章受到了編纂之後的《老子》的影響。在漢初寫成的《莊子·天下》中有引用《老子》的部分，從其內容來看，除了現存《老子》與馬王堆帛書《老子》之外，當時還存在其他系統的文本。從此可以推測，淮南學者看到的《老子》文本中可能也有與目前我們所看到的不同的文本。

二、淮南學者與《莊子》成書的關係

　　現存《莊子》不能肯定是在一些故事中出現的所謂莊周的著作，也不能說是某一個人在一個時期撰寫的。不用說，劉向以莊周自著爲內篇，以莊子後學所記莊子事迹言論爲外篇、雜篇等說法當然不妥當。它是從戰國中期到漢初之間的道家系文章的積纍。〔註 2〕《荀子·解蔽》有：「莊子蔽天，而不知人」這是關於《莊子》的最早的記載。這說明《荀子》成立的時期可能已經有「莊子」這名稱的著作。然而，在現存《莊子》中的確有從《呂氏春秋》引用的部分，大部分學者承認這個說法。就是說，現存《莊子》包含著漢代以後某人撰寫的部分，它的成書不能追溯到先秦。

　　高山寺本《莊子殘卷天下篇》的末尾是郭象《莊子注》的跋文，其中有記載：「或似山海經，或似夢書，或出淮南，或辯刑名。」《經典釋文》所說：「漢書藝文志，莊子五十二篇，即司馬彪、孟氏所注是也。言多跪誕，或似山海經，或類占夢書。」這可能依據郭象注的跋文。要注意的是在《經典釋文》中沒有的「出淮南」這三個字。「出」與「類」、「似」不同，「出淮南」不是指與《淮南子》類似的，而是指淮南王或淮南學者寫作的文章。換言之，郭象編注《莊子》時，他不僅除掉了與《山海經》類似的、占夢之類的以及

〔註 2〕關於《莊子》的成書時期，筆者承認〔日〕池田知久先生之說。（《老莊思想》，放送大學教育振興會，2000 年，2 文本編纂的歷史——《莊子》，第 35 頁）。

辯論刑名的內容，還刪去了《莊子》五十二篇中「出淮南」的部分，也就是說，在司馬本以前的《莊子》中有淮南王或淮南賓客撰寫的部分。

　　江世榮先生、張恒壽先生等學者提出《莊子》一定經過劉安和其門客的注解、編纂和整理，破除了劉向編定《莊子》，《莊子注》從晉開始的傳統觀念。司馬彪所依據的是流行於西漢的五十二篇本，它原分爲「內篇七，外篇二十八，雜篇十四，解說三。」（《經典釋文》）把「言」、「說」、「傳」和「經」分爲內外是漢初流行的編輯特徵，然而先秦到漢初只有「篇」分內外是少見的。《漢書·淮南衡山濟北王傳》說：「作爲《內書》二十一篇，《外書》甚眾，又有《中篇》八卷」、「初，安入朝，獻所作《內篇》」從此不難看出，淮南王本人或淮南門客把其著作分《內書》、《外書》。這說明，在漢武帝之前，把其著作分爲內外篇的僅有包括劉安的淮南學者。因此，有些學者認爲淮南王注解《莊子》時，按照這編書體例把它分爲內外篇。

　　任繼愈先生曾經指出《莊子》內七篇的篇名具有漢初神學方術的特色。並且孫以楷先生說：「如果我們考慮到劉安門下有一批神仙方術之士，那麼由他們給予《莊子》內七篇篇名以神學方術色彩，就不難理解了。」〔註3〕他提及四個方面加以論證。其一，內七篇的篇名由三個字組成，這在先秦著作中不多見。其二，《應帝王》篇名與其內容恰好相反，「應帝王」這篇名，意在表明帝王當「順物自然」無爲而治，具有漢初黃老學的特點。其三，《人間世》與《淮南子·人間訓》，五十二篇本《莊子·略要》與《淮南子·要略》，均篇名相似。其四，內七篇的篇名如《德充符》、《大宗師》、《養生主》，帶有神學方術色彩。筆者認爲，這些論證不能作爲淮南方術之士參與《莊子》的編纂活動的證據，但是我們可以承認在漢初淮南賓客對現存《莊子》的成書有一定的影響。

　　《文選》李善注中有「淮南王莊子略要曰……」和「淮南子莊子後解曰……」等記載。有些學者提出，在西漢流行的五十二篇本《莊子》中的《解說》三篇包括淮南王《莊子略要》和《莊子後解》。還有一些學者認爲《莊子·天下》爲淮南王所撰的《解說》三篇之一。孫以楷先生指出「道術」及「太一」等詞的多次使用不會早於《呂氏春秋》，亦「六經」的並稱不會早於陸賈、賈誼，從此認爲多次使用那些詞的《天下》篇只能出自漢文、景、武時期的黃老學者之手，他就是劉安。並且孫以楷先生主張劉安是中國學術史上整理、

〔註3〕　《劉安與〈莊子〉》，安徽大學學報（哲學社會科學版），1990.1。

編纂、解說《莊子》的第一人，《天下》篇是劉安爲《莊子》所寫的《解說》三篇之一。筆者承認漢初的某人撰述《莊子・天下》的觀點，也有作者是淮南學者的可能性，但是我們不能判定他是劉安本人。日本學者楠山春樹先生通過《莊子略要》、《莊子後解》的佚文與現存《莊子》、《淮南子》原文的比較研究，提出了《略要》、《後解》都是在後世寫成的假託淮南王之名的著作的結論。楠山先生認爲某人撰述的《莊子略要》、《莊子後解》混進《莊子》卷末，它們由司馬彪等編注者被採用作爲《莊子》的解說。而且楠山先生從時代對《莊子》之書的關心的程度來推測，《略要》、《後解》是魏晉時期的著作。〔註4〕倘若以《莊子略要》、《莊子後解》爲證據，我們就不能斷定淮南學者參與《莊子》的編輯或著作活動。但是，從上述的一些方面來看，也不能說淮南王和其門客同《莊子》完全無關。

　　楠山春樹先生又主張，與現存《莊子》內容大致相同的文本在漢文帝時期以前已經完成，《淮南子》吸收了其內容。〔註5〕在整個《淮南子》中與《莊子》相關的記述有一百以上。《莊子》的詞句在《淮南子》中「故」、「故曰」等詞的後面出現的比較多，而且從兩者的文字異同或其內容來看，我們可以推斷先行的是《莊子》。這說明，至少《莊子》中與《淮南子》相關的部分早於《淮南子》，可以說是《淮南子》引用了《莊子》。《俶眞訓》與《精神訓》就是淮南門下莊子學的成果，其中最多見的是《大宗師》篇的詞句，尤其是「眞人」。這兩篇之外，《淮南子》中的道家系論述也基本上沒有使用「眞人」這個詞，只有《詮言訓》開頭的一個。在《莊子》中出現「眞人」的部分，除了《大宗師》篇之外，還有五個部分，並且其中三個內容相同的文章在《俶眞訓》或《精神訓》中可以看到。從此可知，淮南學者對莊子學的關心在於闡述「眞人」。

　　總而言之，在淮南王的時代已經有包含著現存《莊子》大部分內容的文本。雖然我們目前對於《莊子略要》、《莊子後解》及《莊子・天下》與淮南學者的關係問題，以及淮南王或其食客有沒有參與《莊子》編纂活動的問題不能做出完全的回答，但是可以承認的是司馬彪本以前的五十二篇《莊子》中有淮南學者撰寫的部分。無論如何，可以說淮南學者對《莊子》成書有一定的貢獻。

〔註4〕〔日〕《〈淮南王莊子略要、莊子後解〉考》，フィロソフィア 38，1960.4。
〔註5〕〔日〕《从淮南子看莊子的成立》，フィロソフィア 41，1961.7。

三、《老子》、《莊子》認識論與《淮南子》

在《淮南子》中可以看出以《老子》為經典的學術傾向，特別在《道應訓》由歷史故事檢驗《老子》的正當性。如已上述，《老子》一書包括黃老之學的因素，它具有政治性比較濃厚的思想。從《莊子》成書的情況可知，淮南王與其賓客也非常重視《莊子》思想。《淮南子》通過吸收《莊子》消極避世和個人養生的傾向以及方術之士的神仙思想等，轉變了漢初黃老的思想方向。崇奉《老子》與《莊子》的人們各為別派，第一次注意到它們的類似之點的恐怕是漢初淮南的道家學者。考慮到《莊子》中漢代以後撰寫的部分成立的情況，可以推測淮南學者撰述了根據《老子》思想的一批道家系文章，後來那些文章進入到《莊子》其書之中。《淮南子》中有「引莊解老」的趨勢，這是淮南老學的研究趨勢，可以說是從漢初流行的黃老治國思想到「道家」、即「老莊」的轉變，也就是所謂「道家」誕生的先驅。不管其成書的具體情況如何，無疑是《老子》、《莊子》思想在《淮南子》中占的比率相當高。這說明，老、莊對《淮南子》認識論方面的影響也不少。

包括老、莊的道家系統的思想提出的問題幾乎都是從萬物中普遍存在的矛盾性出發。在道家思想家看來，任何事物都處於矛盾對立的狀態，其對立的雙方完全是同門同根，但它們交互轉化無窮無盡。他們意識到這種萬物存在的相對性、有限性的同時，關注了宇宙存在的絕對性和無限性方面的問題。關於絕對、完全、無限的本源，《老子》稱之為「道」，它是通過貶落萬物才顯現出來的，又與事物充滿矛盾對立的狀態相反，是「玄同」、「渾沌」、「混而為一」的。從哲學的角度來說，道家系思想家通過建立本體論的形式嘗試他們對世界整體性的把握。

《老子》之「道」在宇宙本體論問題上基本是客觀的。而《莊子》中的一部分借鑒《老子》之「道」的客觀性，並以之描述宇宙問題，進而解決人生問題。《莊子》之「道」的特色在於人生問題上的主觀性。尤其在《逍遙遊》通篇描述的精神境界就是「道」的主觀性側面。這實際上是滅卻主客觀，或主客合一的一種心靈狀態。

《淮南子》中的直覺思維、純粹直觀等認識方式來自《老子》認識論。其認識論特徵在於「道」這概念的提出和認識，它在其整個認識論中具有前提和基礎的作用。作為世界本體、本源的「道」還有作用於萬物的規律性的含義。「道」與具體客觀事物不同，「視之不見」、「聽之不聞」、「搏之不得」（《老

子》第十四章）。因此不能通過感覺器官去認識它。《老子》第一章說：「無名，天地之始；有名，萬物之母。故常無，欲觀其妙；常有，欲觀其徼。」「其妙」是「道」的幽深奧妙，它屬於本質，必須通過「觀」這領悟、領會等直覺思維方式把握它。《老子》的理想雖然在於「體道」、「法道」，但是它對於萬物之知也並非全然揚棄。「有」就是世界萬物，也是「道」之作用的外部表現、現象。《老子》承認對於「有」、「萬物」的知識有其價值在，所以它要「觀」以得之。這不是所有人都能隨便做到的具有分割性的感覺認識，而是達到一種境界才能實現的，把握整體的直覺性認識。老、莊提出，直覺性認識所要達到的目標就是「明」。「知常曰明」（《老子》第十六章）、「莫若以明」（《莊子・齊物論》）這是指體認到作爲宇宙本體的「道」的絕對性。《莊子》進一步追求與「道」同體，也就是說，「道」成爲人的本質自身。它還認爲「道」是世界萬物的本質、規律，所以說，道「在屎溺」（《知北遊》）。從這種觀點出發，《莊子》重視認識主體與對象的關係，中國思想史上最早提出「萬物一體」的思想。「天地與我並生，而萬物與我爲一。」（《齊物論》），「自其同者視之，萬物皆一也」（《德充符》）人與萬物本來是一體，有共同的本性。從此它認爲，通過認識主體與對象的互相溝通，可以實現直觀的把握。

　　關於直覺、直觀認識的途徑問題，老、莊提出了心靈的虛寂狀態最容易引發直覺思維，而開展了具有特色的修養論。《老子》注意到直觀對認識主體的要求。第十六章說：「致虛極，守靜篤」，它要求擺脫各種煩惱的困擾，清除雜念，保持心境平和、寧靜。這是默思冥想、即「玄覽」（第十章）的方法。深入靜觀的這種較高的主體修養是通過思維的訓練獲得的。《老子》認爲，人們接觸外界事物多了，反而會造成認識上的混亂。十二章說：「五色令人目盲，五音令人耳聾，五味令人口爽。」爲了避免這種感性認識的干擾，它要求「絕聖棄智」（第十九章）、「塞其兌，閉其門」（第五十二章），即除掉感覺器官與理性思維。從此可知，道家的直覺主義認識論在其途徑與方法問題上具有反經驗、反理性的性質。《莊子》也十分重視自然虛靜的修養，而提出其認識修養的方法。它認爲「知與恬交相養」促使直覺性認識實現。《外篇・繕性》說：「古人治道者，以恬養知，知生而無以知爲也，謂之以知養恬。知與恬交相養，而和理出其性。」以恬靜養其眞知，以眞知養其恬靜，而眞知與恬靜彼此交互養成，中和之道與自然之理就自然呈現。「心齋」（《人間世》）、「坐忘」（《大宗師》）也是精神修養的方法。這是要求排除一切思慮與欲望，忘掉自

己，造成一種心理渾沌狀態。亦《大宗師》提出了得道的程序。聖人經過「外天下」、「外物」、「外生」的修養階段，實現「朝徹」、「見獨」等直覺地體驗到「道」的階段。其唯一絕對的東西是「無古今」超越時間，「不死不生」的。「能無古今」、「能入於不死不生」是與絕對唯一的「道」契合的精神狀態的描述。這不是不現實的神秘主義傾向。要注意的是，使人們拋開天下世界、肉體、生命的這種要求。這實際上是指人們要「忘」掉一切客觀外界事物，消掉主、客觀之分。「墮肢體，黜聰明，離形去知」這「坐忘」的過程也是如此。總而言之，老、莊提出的認識修養主要有兩種方法，一個是「關閉」感覺器官與理性思維的作用，以免認識主體受到各種信息的干擾而產生雜念。另一個是「忘」掉萬物的知識，也可以說「忘」掉主觀與客觀的對立。「魚相忘乎江湖，人相忘乎道術。」（《大宗師》）這是客觀埋沒了主觀的精神境界。「外」、「墮」、「黜」、「絕」、「棄」等動詞所指的作用都是與「忘」相同，不拘泥任何外界現象的方法。人們實際上不能與外界完全地隔絕，而且長大的過程中不得不增長知識，因此「忘」的方式比「關閉」的方式更現實。

　　人的通常的認識方式都是分割性的。人們愈是企圖對客觀事物加以準確、細緻的界定，愈要將事物分割為各種不同的類屬、層面。如此採用語義分析的方式，無法達到對於絕對、無限的整體性本體的把握。對它的說明不能是定義性的，而只能是描寫性的。人們只能從某個側面，通過它引起的某些外部狀態的描寫，讓人去體現它。從「覆天載地」開始的《淮南子・原道》開頭也是對「道」各個側面的描寫。為了避免墮入偏狹性或有限性，道家對「道」的描寫從多視點、多角度進行的。這表示「道」的多義性與不確定性。相對於「有」，道被表述為「虛」、「無」；相對於「分」，它可以被表述為「全」、「一」；相對於「有為」，被表述為「自然」、「任自然」，都是完整、無限的絕對性本體的不同角度的描寫。倘若以西方哲學的概念強詞奪理地定義，提起「道」的虛無方面，可以判為唯心主義傾向；提起「道」的整體性方面、即「一」，「一」即「氣」，或「道」就是自然界，又可以判為唯物主義傾向。這都是道家提出的認識視角的多樣性。

　　老、莊等道家從「道」的角度來觀察世界，這是認識主體的高度發展的結果。因此，《老子》、《莊子》所包含的直覺性認識論不能說是所謂神秘主義的。再說，將《老子》認識論看作唯心主義先驗論，這種觀點也是不妥當的。《老子》明確指出：「前識者，道之華，而愚之始也。」（第三十八章）在事

物出現之前就能感覺到的，先於經驗的見識就是前識。它是「道」的虛華，也是愚昧的開始。它顯然反對先驗論。反之，孔子的「生而知之者上也」（《論語・季氏》）、「唯上知與下愚不移」（《論語・陽貨》）等思想卻屬於先驗論。關於《莊子》認識論，給予相對主義、懷疑主義、不可知論等評價的研究者也不少。但是以這種觀點爲定論也是錯誤的。它主張的主要是認識的視角，「齊萬物」是應該有前提的。《莊子・德符充》說：「自其異者視之，肝膽楚越也。自其同者視之，萬物皆一也。」就是說「自其同者視之」是「萬物皆一」這認識、思維的基礎和前提。《淮南子・俶眞訓》也重複了這段話。《莊子》沒有完全否定分析事物的認知、思維，而承認從分析的角度來認識的事物是情態萬千。《莊子》認識論中的相對性，或對是非的懷疑都是爲了引起眞知的基礎和過程。它並非是相對主義、不可知論。

　　《淮南子》受到先秦諸思想的影響，其認識論中有反映論，辯證法等傾向。同時，它對老、莊等道家思想也表現出不少的認同性，而提出「恬然無思，澹然無慮」（《原道訓》）、「治內者不識其外」（《精神訓》）等直覺性認識的過程或境界。「體道」、「無是無非」等沒有分割的認識或思維都是其狀態的描述。大部分研究者認爲《淮南子》保留的與《老子》、《莊子》同樣的認識論思想包含著相對主義、不可知論、先驗論因素。這種看法不懂得它對認識過程與方法的觀點。「天下是非無所定」、「不知孰是孰非」（《齊俗訓》）都是認識的出發點，而不是結果。《覽冥訓》說：「故耳目之察，不足以分物理；心意之論，不足以定是非。故以智爲治者，難以持國，唯通於太和，而持自然之應者，爲能有之。」從西方哲學的角度來說，「同於太和」即回返到原始渾沌狀態就是對認識的一種倒退，但是從東方人的觀念形態來看，它實際上具有現實性的高度境界。《淮南子》設想了認識事物本質的可能性，這思想完全不是不可知論。有些人提起「不待學問而合於道」（《脩務訓》）等說法，提出《淮南子》有先驗論因素的結論。但是「學問」是指一種認識的途徑或方法，而這種話不是指認識活動本身的否定。這說明的是，人們不能只通過分割性知識的獲得達到認識整體性本體的境界。

　　從《淮南子》整體來看，與老、莊不同之點也不少。它繼承漢初黃老之學的潮流，其政治性側面比老、莊道家更強。其「體道」的目的在於「法天順情」（《精神訓》）的南面之術，「得道之宗，應物無窮」（《主術訓》）它主張統治者要利用自然之性以推行政治之策。《淮南子》受到《荀子》等「人爲」、

「勸學」等思想，承認了人事、文化文明的價值。「道」與「萬物」是一體，不能分割的。老、莊道家已有這種觀點，但它們只傾向於「虛無」、「無爲」或「自然」。《淮南子》認爲不能只追求「道」而遺棄對世界萬物的認識，於是進一步提出了「道」與「事」同時並重的態度。

第二節　儒家的認識論思想與《淮南子》

一、孔子的教育思想與知行論

　　先秦儒家的知識對象主要是以倫理爲主的人文科學與以政治爲主的社會學方面。孔門的教學目的就是培養「治人」、「食祿」的士大夫。子夏說：「仕而優則學，學而優則仕」（《論語・子張》）孔子決不培養從事生產勞動的「小人」。他重視君子之學而忽視了「稼」、「圃」即農業等生產活動和其技術。他認爲自然知識、生產知識都是「小人」之事。孔子把人分爲四等，《論語・季氏》說：「生而知之者，上也。學而知之者，次也。困而學之，又其次也。困而不學，民斯爲下也」而且他明確地區別對待各種類型的人，《論語・雍也》說：「中人以上可以語上也；中人以下不可以語上也。」亦《論語・陽貨》說：「唯上知與下愚不移。」從此可知，孔子承認「不移」即不能改變的「上知」或「生而知之」等先天性知識的存在。有些學者指出這是指與「學而知之」的間接經驗對應的直接經驗，而不是天生就知道的先驗天命論。「生而知之者」的知識是天才自己的創造和發現，而不是從別人學來的。從知識的來源問題來說，孔子思想明確地具有先驗論因素。然而，孔子主要是爲了「學而知之者」從事教育事業的。他以自己視爲「非生而知之者，好古敏以求之者」（《論語・述而》），而把意識放在後天學習方面。孔子雖然說：「有教無類」（《論語・衛靈公》），但是實際上沒有打破階級的界限，他教育的對象基本上都有「士」以上的身份，而不是全民。而且教育的內容也限於政治與倫理，不包括百工科技方面的知識。孔子認爲眞知來源於先王的言行，天命是永恒的眞理。《論語・述而》說：「述而不作，信而好古。」《中庸》又說：「仲尼祖述堯舜，憲章文武。」儒家由「先王之道」、「周公之禮」等傳統限定後天性知識的對象。

　　孔子在學習方面，提倡了「敏而好學，不恥下問」（《論語・公冶長》）的學習態度。《論語・述而》說：「三人行，必有我師焉。擇其善者而從之，其不善者而改之。」他強調虛心向別人學習的態度。並且孔子否認了主觀的偏

見與自我中心論，說：「子絕四，毋意，毋必，毋固，毋我。」（《論語‧子罕》），又說：「知之爲知之，不知爲不知，是知也。」（《論語‧爲政》）儒家提出人們要在社會實踐中探索知識，即「格物致知」。從認識的途徑問題來看，這屬於直接經驗的範圍，而向他人學習得來的認識或向《詩》、《書》、《禮》、《樂》等書本文獻學習得來的知識屬於間接經驗。孔子並重直接、間接兩者的認識途徑。再說，他在學習的方法上，提到了「學」與「習」的關係。《論語‧學而》說：「學而時習之，不亦說乎。」學過的東西，要經常溫習、練習而熟習。孔子還提倡「學」與「思」結合，「學而不思則罔，思而不學則殆。」（《論語‧爲政》）人們應該把間接經驗與理性思維結合起來，推知新的結果。因此，他提出「舉一反三」（《論語‧述而》）、「溫故而知新」（《論語‧爲政》）等觀點。

孔子認爲，知識等於是天賦與勤學的乘積，天賦在天，勤學在人。儒家的教育目標在於他設想的「天人合一」的最高境界、「中庸」。這是基於人的道德性自覺，修養仁德，得到符合於天德的境地。其思想雖然具有先天主義因素，但是孔子在長期的教學活動中，總結出許多有效的學習方法，而留下了不少格言。這可以說是孔子認識思想的價值所在。

二、孟子的知識論

孟子所重視的認識對象與學習目標也是道德觀念。他認爲仁、義、禮、智等道德是人心中固有的，《孟子‧盡心上》說：「萬物皆備於我矣」又說：「人之所不學而能者，其良能也；所不慮而知者，其良知也。」孟子的這種思想被評爲主觀唯心主義或知行分離的先驗論。人有「良能」、「良知」，說明人性生來是善的。「人性之善也，猶水之就下也。人無有不善，水無有不下。」（《孟子‧告子上》）他認爲人的心、性受到積習與環境的影響而失去善，變得與禽獸無異了。《孟子‧離婁下》說：「人之異於禽獸者幾希，庶民去之，君子存之。」這裡的「之」是指人的善心、善性。

孟子在「存其心，養其性」即保持善心、發展善性的方法上，提出了「清心寡欲」、「反身求誠」。《孟子‧盡心下》說：「養心莫善於寡欲」養心的最好辦法就是減少物欲。亦《孟子‧離婁上》說：「誠身有道，不明乎善，不誠其身矣。是故誠者，天之道也，思誠者，人之道也。」這是說，要「誠身」即「反身而誠」，人們必須明白人的本性是善的。「誠」也是天性，「思誠」就是專心地追求其天性、善的本性。這說明，孟子重視認識主體的能動作用。追求「誠」的目的便是把人們放棄而不顧慮的仁、義等道德觀念尋找回來。所

以《孟子·告子上》說：「學問之道無他，求其放心而已矣。」《孟子·公孫丑上》也說：「仁者如射，射者正己而後發。發而不中，不怨勝己者，反求諸己而已矣。」這「反求諸己」與「反身」、「思誠」同樣，是指人的主觀能動作用。

孟子區別了感覺與理性，而著重於理性思維。《孟子·告子上》說：「從其大體爲大人，從其小體爲小人」這「小體」是指人的感覺器官、「耳目之官」，「大體」則是「心之官」、認識主體的理性作用。他認爲，人應該「立乎其大者」即確立理性思維能力，以免感覺器官「蔽於物」而走入迷途。

孟子在「學」的理論上提出了基準的重要性。《孟子·告子上》說：「羿之教人射，必志於彀，學者亦必志於彀。大匠誨人，必以規矩，學者亦必以規矩。」學聖人之道者，要像「彀」與「規矩」那樣的標準，就是「仁」、「人心」。

孟子把心、性與天命聯繫起來，發展傳統的天命思想。在認識的來源問題上，他的思想具有「良知良能」、「善性」等先驗先知主義因素。「學」的目的也是返回到其先天性道德觀念。而在其途徑問題上，承認了認識主觀的能動作用，提倡了努力追求人的本性及道德。

三、《淮南子》從儒家的容納與發展

《淮南子》接受儒家對於人爲的文化價值的肯定，而承認文明、科技對於社會生活的貢獻。人類有「知」、「辨」與組織能力，所以能構成知識，創造文化、文明與人倫社會。這種能力是高於禽獸且能控制它的原因。《淮南子》進一步地認爲，人類除了能創造文化之外，並能把個人所得到的經驗與知識彼此之間互相傳遞。人們可以接受前人所遺留的經驗知識，並能根據它加以改良，並且可以互相切磋琢磨，而後再傳給後人。而且人們能把個人所具有的專長特技通過分工合作的方式互相搭配協調一致，組織爲一總體一致的力量，共同創造文明。所以《淮南子》否定「知不能相通，才力不能相一」（《脩務訓》）儒家所注意的知識比較偏於政治與倫理道德方面。《淮南子》默認儒家的仁義道德的價值，另一方面卻不限於此，更贊許關於農圃之學等科技方面的知識。關於蒼頡等六子之賢創造的技能，《脩務訓》說：「人作一事而遺後世，非能一人而獨兼有之。」這是說，個人的認識能力有限，不能遍知萬物。但是後一代的人們都懂得六賢的知識與技能，這是通過「教順施續」流傳下來，傳播開來的知識。所以它主張人類要應用各個方面的專長互相補充，

以構成整體文化。這種觀點提高了孔子冷落的農圃百工之學的地位。這可以說，在認識的對象與目的上，比儒家推進了一步。

第三節　墨子認識論的影響

墨子從名實問題出發，提出了「實先名後」、「以名舉實」的世界可知論。他確立了認識主體是人，客體是「物」。而且墨子肯定「物」皆有「名」，「名」是虛的，但是它應該指其實物的本質。因此墨子深刻地探討了關於「名」的種類以及「物」的差異性等問題。

墨子在認識的來源問題上，主張認識事物應該做到「名實相耦」、「言行合一」。雖然墨子也有崇拜上古的傾向，從而把古來的傳統作爲知識的來源，但是墨子哲學思想的主流還強調客觀事物是認識的對象與其來源。人們認識事物總是要從客觀的實物開始，然後給它起個名稱。《墨子·經說下》說：「有之實也，而後謂之。無之實也，則無謂也。」亦《墨子·經說上》說：「所以謂，名也。所謂，實也。名實耦，合也。」客觀事物是「所謂」，給事物起個名稱是「所以謂」。人們把「所謂」與「所以謂」統一起來，才能正確地把握客體。墨子的這種名實論往往被評爲全面的唯物主義認識論。

墨子所提出的認識的開端是「五路」，即眼見、耳聞、鼻嗅、舌味、身觸的五種感覺器官的功能。人有認知的才能，所以《墨子·經上》說：「知，材也。」這種感性認識來源於與客觀事物的接觸。「知，接也。」（同上）墨子還發現主體在感覺器官與客體的交接中的媒介的作用。同時墨子又指出，概念等不能靠感覺器官來感知的，就要靠智慧和領悟。墨子在認識的途徑問題上，提出了「聞」、「說」、「親」等方式。「親」是對認識對象的親歷、親見、親聞，它屬於直接經驗。「聞」、「說」則是向他人學習得來的間接經驗。《墨子》中還有關於理性思維方面的考察，《墨子·經上》說：「慮，求也。」墨子並不認爲知識僅由感覺能獲取，而是在認識的過程中尚需通過「心」的覺察、思慮。所以說：「循所聞而得其意，心之察也。」、「執所言而意得見，心之辯也。」（同上）墨子提出了要在思維階段中克服的「疑」的四種情況。《墨子·經下》中有：「疑，說在逢、循、遇、過。」「逢」是指在事物的變化還沒完全出現的情況下需要的預知與思慮。「循」是事物的變化已經顯現，對其未來發展所做的思慮。「遇」是指對事物發展過程中的有關人的思慮。「過」是對已經過去的事情再思慮一番的。《墨子·經說上》說：「以其知過物而能

貌之，若見。」而在下一個認識階段用的是「以其知論物，而其知之也著，若明」這裡的「論物」就是對認識對象的鑑別、評論。這些使認識從感性認識、知性認識，上陞到理性認識的階段。

《淮南子》特別在經驗論方面，吸收了墨子的認識論。《淮南子》也重視在各種感覺器官與客觀事物的接觸下產生的直接的感性認識以及向別人學習得來的間接的經驗知識，從而繼承了墨子的經驗主義因素與可知論。它也認為這種感覺經驗與聞見的間接知識都要經過由「心」的鑑別。《淮南子》受到墨子及荀子的影響，從而承認了「心」的理性思維功能。

墨子重視理性思考的同時，提出了「言必立儀」、「三表」、「察類明故」等對知識、言論的檢驗方法。「三表」是指「本」、「原」、「用」，即立論要有所本，要有證明，要看應用的效果。《墨子·非命上》說：「於何本之，上本之古者聖王之事。」這說明，墨子重視歷史經驗，從而認為知識、經驗通過與先王之道核對，才會證實、證偽。他接著說：「於何原之，下原察百姓耳目之實。」言論是否正確，要看人民群眾是不是接受它。第三表：「於何用之，廢以為刑政，觀其中國家百姓人民之利。」這是說，從實際效果來看言論與行動的結局。前兩個「本之」與「原之」沒有超越間接與直接的經驗主義範疇。到了第三表「用之」，各位學者承認這是中國古代哲學中關於眞理標準的精粹觀點。從此出發，《墨子》肯定了認識來源於實踐。他提出的「言必立儀」的要求也是為了樹立起檢驗知識是否正確的實踐標準。墨子認為認識的檢驗還是要回到客觀事物那裡，而提出了偏重理性分析的「察類明故」法。墨子把「類」的概念與「故」結合起來。戰爭可以分為兩類，有不同的原故。掠奪戰爭，其故在於貪欲，叫做「攻」；正義戰爭，其故在救民，叫做「誅」。墨子不反對「誅」，而說：「子未察吾言之類，未明其故者也。彼非所謂攻，謂誅也。」這是說，把握事物的原故，分清同類、異類，就有了認識事物的秩序。

雖然《墨子》在理想主義的歷史觀以及天、鬼、人一致的宇宙觀等領域，具有唯心主義的傾向，受到學者們的批評。但是墨子在形而下的認識方面的創新和發展已經是很可貴的。墨子的經驗主義與可知論、「心」的思維能力的重視，都由《淮南子》認識論吸取。與下面講的《荀子》同樣，《墨子》思想對《淮南子》認識論思想的積極性方面的貢獻相當大。

第四節 《荀子》認識論對《淮南子》的影響

《荀子》思想廣泛吸取各家學說的精華，作爲先秦百家之學的總結。荀況雖然尊崇孔子，但是他的認識論思想受到當時的社會形勢與其他思想的影響，比孔、孟更重視外在的認識對象。《淮南子》認識論也重視客觀外界事物，並且承認認識主體的能動作用。《淮南子》中的這種認識的積極性方面的思想，大部分繼承了《荀子》認識論思想。與其他先秦諸思想比起來，《荀子》認識論比較有系統，而且提及到許多方面的問題。

荀況認爲客觀事物是可知的，「可以知，物之理也」，人是能知的，「凡以知，人之性也」（《荀子·解蔽》）。他的世界可知論影響到《淮南子》對主、客觀關係問題的見解。亦《荀子》在認識的過程問題上，提出了「天官」的感覺能力與「心」的思維能力。「人之性」就是那些各種自然器官的功能。荀況認爲認識客觀事物必須通過感覺器官，而反對脫離感性經驗的內省體驗。他還認爲思維器官支配著感覺器官，如果思維器官停止活動，感覺器官也就失去了辨別客觀對象的能力。因此《荀子·解蔽》說：「心不使焉，黑白在前而不見，雷鼓在側而不聞。」又說：「心者形之君也。而神明之主也。」《淮南子》也承認「心」的理性與能動性在認識活動中的重要性。在客觀外界事物的認識上，《淮南子》在相當大的程度上吸取了《荀子》對於感覺經驗與理性思維的見解。

荀子主張人的知識都是從外界得來的，人的能力全靠外物。君子也與常人一樣。《荀子·勸學》說：「君子生非異也，善假於物也。」這種見解從根本上否定了孔、孟的「生而知之」、「良知良能」等先驗主義思想。荀子的這種否定先知而勸學的思想給《淮南子》認識論帶來的影響也不小。

荀況強調，要正確認識事物，一定要「解蔽」。《荀子·解蔽》說：「凡萬物異，則莫不相蔽。此心術之公患也。」又說：「蔽於一曲而暗大理。」認識的過程中，人不應該看到對象的一方面而忽視另一方面。他把這種觀點應用在各家學說的評價方面。「莊子蔽於天而不知人」（《荀子·解蔽》）也是其中之一。荀子是一個以人爲本的人本主義者。《淮南子》的天與人、自然與人事都著重的觀點不能說與《荀子》的這種思想無關。「解蔽」的目的是懂得事物內在的規律性，即把握事物的本質。荀子在其方法上，從修養論的角度提出「虛壹而靜」等「心」的狀態。《荀子·解蔽》說：「人何以知道。曰心。心何以知，曰虛壹而靜。」這是說，作爲規律性的「道」不能用感覺器官來把

握，必須依靠「心」的思維來把握。而「心」只有「虛壹而靜」才能把握它。荀子的「虛壹而靜」對道家「虛」、「靜」的思想有所吸收，但是其目的與道家不相同。荀子講的「人心譬如槃水」(《荀子・解蔽》)是爲了排除干擾，發揮思維的能動性的一種方式，而不是指道家所說的絕對的虛無、靜觀。不夠系統的《淮南子》認識論受到雙方的影響，包含著作爲方法的「虛」、「靜」與道家絕對靜觀的境地這兩種傾向。

荀況還強調人的意識「誠」、「獨愼」對實踐的作用。《荀子・不苟》說：「君子養心莫善於誠」，「聖人爲知矣，不誠則不能化萬民。」他所說的「誠」不是生俱得的善良的「天性」，而是指把從客觀世界得來的認識，誠心付諸實行。荀子認爲「行」比「知」更重要，他把「行」看作是認識的來源，同時又把「行」作爲認識的目的。《荀子・儒效》說：「不聞不若聞之，聞之不若見之，見之不若知之，知之不若行之，學至於行之而止矣。」《淮南子》對「知」與「行」的探討雖然在禍福、利害等狹窄的範圍內進行，但它對認識的主體性和能動性的肯定，可能在比較大的程度上受到《荀子》認識論的積極性影響。

總之，《荀子》有關認識的思想對《淮南子》的貢獻相當大。荀子重視客觀外界事物的認識，而提出了感覺與思維的能動作用。他提出的經驗認識論、世界可知論、「心」的思維功能以及「虛壹而靜」等養心的方式都給《淮南子》認識論帶來了不少影響。特別在認識的積極性與能動性方面《淮南子》基本上繼承了《荀子》認識論思想。從此可知，學者們對《淮南子》認識論從哲學角度的讚揚，大部分依靠《荀子》哲學的唯物主義與合理因素。

第五節　法家認識論思想與《淮南子》之接受

法家理論的重心在於法治，其目的在於富國強兵、君主集權。法家思想較卓著的有商鞅、申不害、愼到等，而集大成者爲韓非，而李斯則實踐其理論。法家治國完全以法爲準則，學術知識也以法爲其內容與對象。《韓非子・五蠹》說：「明主之國，無書簡之文，以法爲教；無先王之語，以吏爲師；無私劍之捍，以斬首爲勇，是境內之民，其言談者必軌於法，動作者歸之於功，爲勇者盡之於軍。」這是說，他推行了以法教人、以法用人的政策。法家重視法、勢、術等治術的功能。他們的法是爲富國強兵、君主集權的手段，即

「勢」的工具。法家的成員在時勢人事的變化顯著的時代，要設立「因時而備變」的政策、法律、治術而適應其時代趨勢。《韓非子‧五蠹》說：「事異則備變。上古競於道德，中世逐於智謀，當今爭於氣力。」他們重視時間上的「現在」、當時狀況的「現有」，也注重「實際」、「實踐」、「實用」與「實證」等。法家思想的這種「現」、「實」主義的態度，以實證主義與功利主義的精神爲基礎。從此出發，法家認爲形而上的本體、「道」是不切實際的恍惚之言而排斥它。法家的學術不繼承先王的歷史經驗，其認識對象與領域只窄狹於法、勢、術的政治學、法律學方面。他們不僅排斥人文、藝術等方面的學問，也不重視物理、天文、地理等對萬物現象的研究。

《淮南子》關心的主要問題也是政治，它基本上接受了法家的「因時而變化」這現實主義的觀點。但同時《淮南子》又承認道家提出的永恒不變的「實在」，即「道」。它從現象與本質而論，萬物的現象雖然不停地變化轉移，但萬物的本根，即「道」卻永恒不變。《淮南子》認爲一個法制的建立總不能「因時而備變」，並且考慮到「道」的恒常性一面而設定了不變之法。《淮南子》強調統治者要通於「太一」，《主術訓》說：「太一之精，通於天道，天道玄默，無容無則，大不可極，深不可測，尚與人化，知不能得。」「太一」是萬物的本根，所以《淮南子》承認形而上學、宇宙論、本體論的價值，從而認爲認識的範圍不應該僅囿於法制、人事等一隅之旨，而應該與「太一」同樣「大不可極，深不可測」。《淮南子》重視法家所排斥的「道」與道家不注重的形而下的「事」這兩個方面，這就是其思想的價值所在。

《韓非子》在《解老》、《喻老》等篇中關於認識論思想的描述比較多，其作者們通過對《老子》作了新解釋的方式，主張自己的觀點。《淮南子》對《老子》的解釋也是繼承漢初流行的這種潮流的結果。《韓非子》在認識論方面提出了樸素的唯物主義，它對認識器官的看法與《荀子》的觀點一致。《韓非子‧解老》說：「聰明睿智，天也；動靜思慮，人也。人也者，乘於天明以視，寄於天聰以聽，託於天智以思慮。」「天明」、「天聰」、「天智」相當於《荀子》的「天官」，這是說，感覺器官與思維器官是否靈敏，得之於「天」，即自然，人借助於「天官」的功能視、聽、思慮。但是認識與思維的方法是否周到，則在於「人」，即人爲。從此可知，《韓非子》承認人有天生的感覺認識能力與思維能力，但卻要努力去得知。它在其使用方法上接受了《老子》之「嗇」，從而勸人不要濫用認識器官而浪費精力，使精神衰弱。所以說：「治

人事天，莫如嗇。」又說：「知治人者，其思慮靜，知事天者，其孔竅虛。」
（《解老》）這實際上是與受到道家影響的《荀子》「虛壹而靜」相同的觀點。

　　《韓非子》在認識的客體問題上，吸取了《老子》的「道法自然」的觀點，提出了作爲自然規律的「道」與「理」。法家對《老子》本體論、宇宙論之「道」沒有興趣，然而《韓非子》所說的「道」卻是指客觀道理「萬物之所然也」（《解老》）。它認爲萬物都有規矩，「萬物莫不有規矩」，又說：「聖人盡隨於萬物之規矩」（同上）。「規矩」就是萬物之理、規律性，它在認識客觀萬物之理的方法上，提倡深思熟慮。「思慮熟則得事理，得事理則必成功。」（同上）。這種觀點對《老子》「無爲」的轉變有不少影響。《喻老》說：「隨時以舉事，因資以立功，用萬物之能而獲利其上，故曰：『不爲而成』。」這包含著積極的唯物主義。《淮南子》對「無爲」的解釋基本上繼承了《韓非子》的「得事理」而行動的這種觀點。《韓非子》之注重萬物之理、客觀規律的觀點被《淮南子》吸收，而在其認識論思想中占著重要地位。

　　《韓非子》在判別認識的是非的方法上，提倡了「參驗」、「刑名參同」、「參伍」之術。《韓非子‧奸劫弒臣》說：「循名實而定是非，因參驗而審言辭。」這包含著要求名實一致與以「實」驗「名」而定是非的思想，而接近了《墨子》的名實論。它強調實際「功用」是檢驗認識的標準「以功用爲之的彀」（《韓非子‧問辨》）這實際上含有以實踐爲檢驗眞理的標準的因素。《淮南子》繼承了法家的參伍之道。法家的參伍實證之法其目的應用於窺測群臣的過失、錯謬、陰私。然而《淮南子》的參伍實證的目的在於公道。《淮南子》認爲參伍不能只憑個人之意而定是非，不能以君令爲標準。個人的見聞有限，因此《淮南子》在檢驗的方法上，提倡博觀眾聽。《泰族訓》說：「何謂參伍，仰取象於天，俯取度於地，中取法於人。」《淮南子》認爲參伍之術應該用在客觀眞理的認識，而批評了法家爲告奸連坐之參伍之術。

　　《韓非子》繼承和發展了《荀子》認識論，它從人的認識能力與客觀規律的觀點出發，對《老子》思想作了改造。《韓非子》之這種思想傾向基本上與《淮南子》一致。這說明，《韓非子》特別是由後學寫成的《解老》、《喻老》對《淮南子》認識論思想起的作用非常之大。大部分學者認爲《淮南子》認識論中的積極思想來源於《荀子》、《墨子》等，而《淮南子》把它們總括起來。然而，實際上在《淮南子》總結和改造以前，《韓非子》之一部分已經把包括荀、墨等各種先秦認識論思想整理而發展，從而給《淮南子》提供了比

較完整的思想體系。

第六節　從戰國末期到漢初盛行的思潮──從陰陽五行說與黃老學的影響

　　戰國到漢初之間，在諸家思想融合的時代潮流中形成把自然觀與政治思想結合起來的綜合體系。特別從陰陽五行思想與黃老政治學等當時盛行的思想中提出來的天人感應的觀點是其重要組成部分。《淮南子》也在其潮流中吸取了天人感應觀、天人同體說、災異說、循天思想等與陰陽五行思想相關的種類雜多的世界觀。雖然《淮南子》保存了不同系統的陰陽、五行之學說，但由於淮南王門客中有許多來自齊地之人，因此其中最主要的是齊國的學說。他們的天人觀在當時的政治理論上發揮了把天與人、自然與人爲、無象的「道」與有象的「事」結合在一起的作用。

　　陰陽五行說從戰國時期的齊國開始。《周易》談陰陽不談五行，《洪範》談五行不談陰陽，到了戰國時期，以鄒衍爲代表的齊國思想家形成了「既談陰陽，又談五行」的一個學派。其思想雖被道家、儒家等諸學吸收，但它本身也作爲獨立存在的學派，將原來的術數、陰陽思想加以發展，企圖構造世界圖式，以說明世界的整體聯繫。目前，可以從《史記》、《呂氏春秋》等書中的一些資料瞭解他們的學說。其他，在《管子》、《漢書》、《鹽鐵論》、《別錄》、《論衡》等著作中還有一些片斷的有關陰陽五行說的記述。《淮南子》也繼承了《呂氏春秋》中出現的陰陽五行說，如《時則訓》全錄《呂氏春秋·十二紀》之首章，《十二紀》首章中的五帝五神被編到《天文訓》中成爲五星等。《淮南子》中的《天文訓》、《地形訓》、《時則訓》、《冥覽訓》、《本經訓》五篇主要根據陰陽五行思想開展其世界觀或政治觀。〔註6〕除此之外，還在《精神訓》、《說山訓》、《說林訓》、《泰族訓》等諸篇中可以看到關於「循天」、「天人相關」的各個學說。《淮南子》受到儒家後學以及法家思想的影響，在一些篇章中可以看到由「循天」過渡到以人爲主的「循因」的趨勢。從整體來看，以鄒衍爲代表的陰陽五行家的學說也在《淮南子》中與道家系思想同樣占著重要地位。

〔註6〕參見〔日〕向井哲夫：《〈淮南子〉與陰陽五行思想──以覽冥訓與本經訓爲中心》，《日本中國學會報》34，1982。

　　有的學者從哲學的角度分析陰陽五行思想而說：「他們的觀點中有些唯物論與辯證法的因素，但他們的體系卻是唯心主義、形而上學的，甚至是神秘主義的。」〔註7〕這些因素給《淮南子》認識論帶來了不少影響，它在一些篇章中形成了被研究者評爲先驗論或神秘主義的原因。但是，他們的觀點在「循因」的政治實踐理論的發展上做出了一定的貢獻。陰陽理論在道家系思想家提出的形而上的「道」與政治等現實的「事」的關係上起了媒介的作用，給漢初流行的黃老政治學提供了理論根據。《淮南子》思想雖然不完全是與漢初黃老學同一個思想，但是它也吸收了黃老學的各個政治思想因素。正因爲陰陽五行與神仙術、神話世界觀、巫術文化有密切的關係，而且流行於民間的種種迷信也在神秘化了的陰陽五行說之中，所以吸收陰陽思想的黃老學同時把荒謬的迷信、禁忌思想向其內放進去。胡適先生從此把假託於黃帝的著作稱爲「極大的垃圾馬車」。〔註8〕但是，黃老學的主流還是從天人感應觀導出來的「循天」、「因其自然」的包含著「有爲」意義的「無爲而治」政治理論。除了提出「因而不爲」（《知度》）「因性任物」（《執一》）等積極的無爲思想的《呂氏春秋》以外，《尸子》、《鶡冠子》、《文子》以及《管子》的一部分大體都可以算在這一思潮之中，連撰寫《新語》的陸賈以及撰寫《新書》的賈誼也不免在這一思潮的影響範圍之內。〔註9〕黃老之學適應漢初休養生息與恢復發展經濟的需要，得到統治階級的重視。曹參接受黃老學派的蓋公的教導運用黃老之學治理齊國，後來繼蕭何爲相，取得了很好的政績。尊奉黃老之術的竇太后處於中央政權的四十多年，黃老在政治上得到支持，都居於優勢。這一時期出現的《淮南子》雖然不假託黃帝，但是其內容的實際思想在很大的程度上吸收了黃老之學。有些學者稱之爲「集幾十年流行的黃老之學的大成」。〔註10〕從戰國末期開始的思想融合的時代趨勢與在這種情況下產生的漢初黃老之學的流行給淮南的學者們帶來了不少影響。

　　那些時代思潮對《淮南子》的影響在各個問題的探討中散見，《淮南子》作者們從《原道訓》開始討論的問題，大致可以分爲「天」、「天與人」、「人

〔註7〕　孫叔平：《中國哲學史稿》（上），上海人民出版社，1980年，第182頁。
〔註8〕　胡適：《淮南王書》，文載：《中國中古思想史長編》，華東師範大學出版社，1996年，第180頁。
〔註9〕　參見葛兆光：《中國思想史》第一卷，復旦大學出版社，1998年，第243頁。
〔註10〕　任繼愈主編：《中國哲學發展史》（秦漢），人民出版社，1998年，第126頁。

與人」、「人的內部」的四個方面〔註11〕。關於「天」的問題，《淮南子》繼承了早期道家的「道」的概念與本體論。特別在「天與人」的關係以及「人與人」的關係上，陰陽思想與黃老之學起了重要作用。關於「道」（天）與「人」或「萬物」的關係，《淮南子》提及了萬物中普遍存在的「實在」、即「道」的一側面，而「陰陽」概念與「氣」論使原來模糊的「道」理論有了具體性與物質性。換言之，它們在「道」與具體事物的結合上起了媒介作用。「人與人」的關係就是政治的問題，《淮南子》提出的各個思想中，最突出的便是依靠黃老之學的「無爲」政治理論。實踐「無爲」政治的前提條件是統治者必須「自得」。因此《淮南子》在「人的內部」問題上展開了聖人的自得論、養性論。《原道訓》說：「天下之要，不在於彼而在於我，不在於人而在於我身，身得則萬物備矣。」這裡的「身得」就是指「全身」、「自得」、「與道爲一」的境界。「所謂自得者，全其身者也。全其身，則與道爲一矣。」（《原道訓》）這種具有政治性的個人養性也是吸收道家系因素的黃老之學的一個側面。總之，包括陰陽、黃老等「道」與「事」並重的時代思潮，特別在「天與人」的關係論上給《淮南子》提供了不少啓示，而使其認識論有了形而上學與形而下學統一的因素。

從有關認識的問題來看，「自得」、「與道爲一」就是主觀埋沒在客觀裏的直覺認識境界，也是主體返回自然本性的狀態。這種境界把天與人、「道」與萬物的聯繫都包在裏面。自得者在人與人之間實踐「因循」而「無爲」，這種觀點與「君子無爲而群臣有爲」的政治觀點有直接的聯繫。但是《淮南子》主要提倡的是天人關係上的「循天」、「因其自然」的境界。從此認爲，天人感應觀不僅在政治方面，而且在爲了達到「與道爲一」的養性方面也提供了理論體系。本文所說的「把握本質」也是「自得」、「與道爲一」的一種表現。在這種具有直覺性的認識上，其境界就是途徑，其途經就是境界。下一章在這個前提下依靠思想研究的分類考慮有關認識本質的境地與途徑的問題。

〔註11〕〔日〕有馬卓也：《〈淮南子〉原道訓的位置——圍繞「因循」思想》，《日本中國學會報》39，1987。

第四章　關於把握本質的方法的考察

　　本文所假設的認識目標是事物的「本質」，它是在各種現象中隱蔽的，在事物本身中固有的根本屬性。一般使用的「本質」的含義太廣泛，為了研究目的與方便起見，本文要縮小「本質」意義的範圍。筆者所說的「本質」主要是指某種技藝、技能等具體「人為」中內在的不變的根本因素。「把握本質」則是指認識與實踐的統一狀態，完全實現某種行為的一剎那的境界。因此，「把握本質的方法」就是主體達到其境界的手段。但是剎那的狀態沒有時間的過程，因此手段、方法應該是主體還沒有「把握本質」時必要的途徑。這種具有形而上學因素的認識對象與一般的具體事物不同，不能通過一點一點地積纍的方式得到而只能靠主體的直覺能力。由於主體的直覺認識能力的提高，人們也會提高把握一些技藝的精華與本質的可能性。所以說「把握本質的方法」不是指認識對象本身的途徑而是指提高主體直觀能力的途徑與方法。本文所說的直覺、直覺性認識是沒有通過思維或推理而一剎那間領悟事物本質的一種方式。已經獲得的知識與積纍的經驗是實踐直覺、直觀的一些前提，但是主體在認識的最後階段中應該把那些知識、經驗放在意識之外。主體依靠已有的知識與經驗，就不會實現直覺性認識，而排除知識、經驗所產生的成見的干擾，才能把握事物的本質。從另一個角度來說，在直覺當中，主體裏沒有基於知識與經驗的理性思維活動。這是直覺的境地與達到其狀態的方法的相互作用，也可以說，在那種情況下消滅境地與途徑的分界線。從主觀與客觀的關係問題來說，本文所說的「直覺」是主觀與客觀都滅缺或主觀與客觀的統一狀態、也可以說是主觀埋沒在客觀之中的狀態。

　　關於「把握本質的方法」的問題是該研究的本題，本文根據獨自的分類

與次序來考慮有關認識本質的一些問題。從認識論哲學的角度來說，此章所提及的問題是：認識對象、目標即事物的本質；認識的途徑與主體達到的境界。而從思想研究的觀點來說，在認識的對象方面提到的是《淮南子》的「道」與宇宙觀；而在認識本質的境界方面考慮「因自然」的「無爲」概念與直覺、直觀的問題；在得到其境界的途徑，即提高主體直觀能力的方法上考察養性、養心與「忘」的思想。首先，爲了顯示採用這種分類方法的理由，在第一節提及只靠哲學的標準研究思想的弊病，而提出筆者對思想研究方法的觀點。

第一節　認識論研究的問題所在

從認識論哲學的角度來衡量中國思想的大部分研究者對其中的經驗論、合理、辯證、唯物主義等因素，給予較高的評價。與此相反，他們否定相對主義、不可知論、先驗論以及唯心主義等方面，而把《淮南子》中的從老、莊繼承下來的形而上方面的概念附會那種批評的對象。這是在大陸學者的研究中比較顯著的傾向。臺灣學者中也有利用哲學認識論的概念分析中國思想的研究者，但是他們對於思想的評價方面基本上沒有依靠西方哲學的標準。戰後，日本學者沒有採用從認識論等西方哲學的角度分析中國思想的研究法。換言之，在日本根據東方人獨特的思維方式闡明思想本身的研究者較多。

每個研究法各有好處，然而從西方哲學的角度分析思想的研究法包含著一些問題。它對唯心主義或神秘論的批判過於熱心，容易忽略對思想本身的追求。例如，研究者評價《淮南子》中包含著老、莊思想因素的認識論時，他們使用「陷於某某」等辭彙否定老、莊所屬的哲學分類，而不考慮到老、莊思想本身所提倡的具體內容。特別在直覺性認識方面，認識論研究者有把它視作唯心主義而排除它的傾向。這從思想研究的角度來講，不過是放棄超越自己的理解能力的難題而已。「體道」、「得道」或絕對認識不是模糊的抽象概念，它可以聯繫到現代的、現實的所有一切。但是從科學、學術等角度來闡明這些問題相當困難，因此在大部分的情況下，始終解釋原文的表面上的語義而沒有提到「得道」所指的實際、具體狀況。學術必須通過分析對象而闡明細節，但是要求把握整體的那些概念不允許分析與分割。這說明，通常的方式在直覺性認識的研究上不能適用。這是《莊子》往往通過寓言的方式給予啓發的原故。就是說，我們只能分析直覺性認識的外廓，即它所引起的

表面現象。就本研究而言，由於主體「把握本質」而發生的具體現象以及「把握本質」以前的途徑是從哲學的觀點分析的對象。

以哲學為標準的中國思想研究還有另一種趨勢。它往往把《淮南子》從墨、荀認識論的容納和總結的積極思想評為中國哲學史上的發展。然而，其認識的對象基本上限於形而下的事物。雖然《淮南子》對具體事物的認識問題的考察加以深度，但是在把握本質的絕對認識方面，它缺乏思想上的純粹性，其雜亂的內容比老、莊的思想倒退了一些。因為淮南王劉安與其賓客們撰寫《淮南子》的目的在於實際政治，所以他們不得不把老、莊等早期道家的形而上學的概念與諸家思想對具體情況的觀點結合起來。從整體來看，從先秦到漢初的諸思想的接受與整理在思想史上取得了研究者的好評價。然而，從「有關認識的思想」的角度來說，《淮南子》從墨、荀認識論接受的經驗主義及勸學思想沒有那麼大的價值，它不能適用在「把握本質」本身的研究，而只能適用在其途徑的考察方面。對於《淮南子》從墨、荀的積極因素接受的不同評價是研究視點的差異所產生的，而我們不能把一方提出的觀點看作是絕對的結論。贊同墨、荀的積極思想而否定老、莊的形而上的思想，這只是以唯物主義為主幹的認識論研究提倡的片面觀點而已。本文並不否定以西方哲學的概念為媒介研究思想的方法，而是說不應該由外來的概念歪曲中國思想的本來面目。思想研究應當儘量抓住思想本身的含義，而給各個思想做出公正的評價。

總而言之，認識論的研究法的問題在於思想的解釋與其評價方面。這也就是說，哲學的概念所歪曲的思想解釋往往會阻擋正確的認識與研究。例如，對於老、莊的所謂消極思想，特別是《淮南子》改造以前的《老子》之「無為」等一些思想的有些偏頗的解釋往往給中國思想的研究帶來局限性。本文所提出的就是重視思想的本來面目的研究方法。認識論是哲學的問題，不得不借用西方的概念分析各個思想，但是在闡明和評價那些關於認識的思想時，應該回到其思想的真正意義。

就本研究的主要問題而說，闡明「道」、「無為」等思想的各個因素的真正含義，才能從公平的視角進行認識論思想的研究。從墨、荀到韓非的重視經驗與理性思維的可知論的潮流可以說是關於形而下的客觀具體事物的認識論觀點。其價值只在於積極積纍具體知識與經驗方面，不能從有關認識思想整個方面給予高的評價。另一方面，《淮南子》從道家、陰陽五行說等齊學以

及黃老之學繼承下來的重視客觀規律的宇宙論則屬於形而上學的認識論。其中的被唯物論哲學的觀點評爲不可知論、神秘主義的一些思想卻往往在認識事物的本質方面發揮重要作用。關於把握本質的問題屬於形而上學，它與「道」的自然規律的側面有關。在萬物中普遍存在的絕對不變的自然規律就是所謂事物的本質，而某種技能的本質即是各個技藝中普遍存在的客觀規律。客觀規律是「道」的一側面，它與宇宙論分不開。在認識本質的方法研究上，對於「道」與宇宙論的考察是不可缺少的重要問題。本文在下一節論述《淮南子》的主要認識目標、即「道」的各個側面。

第二節　認識的目標與其境界

一、《淮南子》之「道」與宇宙觀

本文所考慮的認識對象就是事物的本質，特別包括某種技藝的繼承過程中應該把握的技能的本質。從《莊子》開始的萬物之中普遍存在的「道」的概念包含著對世界萬物的主導作用和客觀規律。「無所不在」（《莊子·知北遊》）的「道」在各個技能中也存在。特別在《莊子·達生》中有比較豐富的關於得道者所實現的絕技的描述。「道」概念各個學派有所不同，《淮南子》的「道」受到老、莊與陰陽思想的影響，包括宇宙本根與客觀自然規律的各個側面，也具有存在論的物質屬性。首先，本文闡述《淮南子》「道」的性質的各個側面，然後在下一節開始考察其認識方法的問題。

《淮南子》從《老子》等道家繼承下來的「道」概念是天地萬物的本源或本根。它也把「道」作爲形而上的最高範疇來解釋。《淮南子》又認爲「道」遍在於一切對象之中，這種貫串著萬物的普遍存在的側面是從具有泛神論性質的《莊子》思想的接受。老、莊之「道」爲「無極」，然而由於漢代陰陽思想家的影響，《淮南子》注重了萬物變化原理的探究，也接受了《易·繫辭傳》的「太極」觀念。這是「道生一」的「一」的發揮，形容宇宙萬物的最高點，它稱之爲「太一」。亦《淮南子》接受莊子後學「氣」的思想或稷下道家的精氣說的啟發，使「道」與「氣」合爲而一，從而使「道」獲得物質質料。它認爲「道」的「渾沌」、「無形」、「恍惚」以及「太一」都是「氣」的存在狀態的表述。「無形」並非是剔除物質性的「無」，而是指「道」之物質實存的未分狀態的一側面。所以《原道訓》說：「夫無形者，物之大祖也。」從此可

知,《淮南子》認爲「道」不是精神性的東西,而是物質實體。它把《老子》絕對精神的「道」改造爲物質性的「道」,而認爲「道」是「卓然獨立,塊然獨處」(《原道訓》),不依賴人的主觀意識而獨立存在的,是可以被人認識到的客觀存在。《淮南子》又認爲,宇宙之間的一切都是由「道」構成的,而且它是在不停地運動、發展的。《天文訓》說:「道曰規,始於一,一而不生,故分而爲陰陽,陰陽合和而萬物生。」這說明,必須有「道」內部陰陽二氣矛盾的兩個方面的對立統一,才能推動事物的發展變化。《淮南子》把「道」看作包含陰陽二氣的一種整合存在,把「氣」視作是陰陽矛盾統一體。從此,它的「道」與「氣」便獲得了辯證的規定。關於「道」、即「氣」,《淮南子》作出了質與量的統一、無限大與無限小的統一等規定,從而對其物質性方面奠定了理論基礎。〔註1〕

　　從哲學的角度來分析,《淮南子》「道」與「氣」的宇宙觀屬於樸素唯物主義。這也就是說,它對《老子》的唯心主義宇宙觀作出了補充與改造,把「道」指向了唯物論的發展進程。於首奎先生對《淮南子》提出的唯物主義的元氣論,評價地說:「這在我國唯物主義思想發展史上具有重要的意義。」〔註2〕然而,從思想本身的研究角度來看,這不一定是發展,臺灣學者李增先生說:「老莊的道超越宇宙萬物而達無極,而淮南子較拘泥於萬物之有限。」〔註3〕這是因爲《淮南子》著重於萬物的層面而削弱「道」之絕對性及無限性。對《淮南子》唯物主義因素的讚揚是站在哲學角度的相對的評價。我們不能把這些偏頗的觀點視作絕對的思想評價。

　　《淮南子》受到以氣、陰陽而使「道」落實於萬物。它在對「道」與「氣」作出的規定的基礎上,對「道」與萬物、各種具體事物的關係作了說明。《詮言訓》說:「同出於一,所爲各異,有鳥、有魚、有獸,謂之分物。方以類別,物以群分,性命不同,皆形於有。隔而不通,分而爲萬物,莫能及宗,故動而謂之生,死而謂之窮。皆爲物矣,非不物而物物者也,物物者亡乎萬物之中。」各種事物與現象都不過是「道」的顯現。也就是「道」生萬物不是母與子二分之生,而是「道」化而爲萬物。因此,它得出了「物物者」物質實存遍存於各種具體事物之中的結論。

〔註 1〕　參見丁原明:《〈淮南子〉道論新探》,齊魯學刊,1994.6。
〔註 2〕　《兩漢哲學新探》,四川人民出版社,1988.4,第 45 頁。
〔註 3〕　《淮南子之道論》,《大陸雜誌》,第 66 卷第 6 期,1984.12。

　　《淮南子》宇宙觀是圍繞著「道」的物質性方面以及其發展過程等問題開展的。在「道」的發展形成的過程方面,《俶眞訓》說:「有始者,有未始有有始者,有未始有夫未始有有始者」這實際上是偏重於時間過程的無限性來說的。「始」是永遠無法窮盡的,宇宙世界沒有開端,時間是無限的。亦《俶眞訓》接著說:「有有者,有無者,有未始有有無者,有未始有夫未始有有無者。」這是從事物現象的空間廣延性、無限性來說的,從無到有的四種發展變化的形態。這兩種描述是說明「道」在時間與空間上的發展過程與無限性。「道」是無法窮盡的,《齊俗訓》說:「往古來今謂之宙,四方上下謂之宇,道在其間而莫知其所。」這意味著「道」是在宇宙,即時空中實有自身的。也就是說,《淮南子》把「道」的運動與天地萬物的演化當作一個自然發生、自身使然的過程來看待的。《天文訓》說:「道始於虛廓,虛廓生宇宙,宇宙生氣。氣有涯垠,清陽者薄靡而為天,重濁者凝滯而為地。」亦《精神訓》說:「古未有天地之時,惟象無形,窈窈冥冥,芒芠漠閔,澒濛鴻洞,莫知其門。有二神混生,經天營地,孔乎莫知其所終極,滔乎莫知其所止息,於是乃別為陰陽,離為八極,剛柔相成,萬物乃形,煩氣為蟲,精氣為人。」《淮南子》認為,「道」是陰陽二氣的整合存在,「虛廓」與「二神混生」都是其陰陽之氣的整合狀態,萬物是其「道」自身所固有的陰陽矛盾性的交互作用的結果。從此可知,一切現象都是物質的渾沌體、「道」的本質的流轉,「道」的「分物」(《詮言訓》)。從哲學的角度來說,《淮南子》在先秦老、莊道論的「揚棄」和它以前的合理因素綜合的基礎上,說明宇宙萬物的物質統一性與發展規律。

　　雖然《淮南子》宇宙觀、自然觀之中的「道」概念帶有物質性,但是作為認識目標的「道」概念還是老、莊道家所提出的形而上學的規律性因素較強。《淮南子》在關於「道」的體會的描述中,沒有強調「道」的性質中的物質因素。然而,「道」的各個因素在當時的「天人感應」的世界觀中混合在一起,構成了統治者的「因循」等具有現實性的理論。「得道」、「達於道」、「體道」就是主體對萬物的發展變化規律的體會,而其境界的達到者能夠在政治、藝術、百工技術等各個具體「人事」方面發揮「道」的各種功能。

二、「得道」的境界與途徑

　　「得道」者的境界包含著主體把握事物本質的狀態。「得道」者也在各種

技能方面發揮「與道爲一」所引起的各個能力。「昔者馮夷得道，以潛大川；鉗且得道，以處崑崙。扁鵲以治病，造父以御馬；羿以之射，倕以之斵。所爲者各異，而所道者一也。」(《齊俗訓》) 如此，在《淮南子》中可以看到「得道」的外部表現或關於「得道」者的描述。其中可以看到有一些對於「得道」方法的啓示。《原道訓》說：「故達於道者，不以人易天，外與物化，而內不失其情。」又說：「是故達於道者，反於清靜；究於物者，終於無爲。以恬養性，以漠處神，則入於天門。」這些描述中可以看出不以人事改變天性的「循天」思想；「因自然」思想；以恬靜修養自己的「養性」思想；「無爲」思想等。得道者的境界的描述包含著必要條件的因素。「不以人易天」、「與物化」以及「反於清靜」都是「得道」者應有的狀態的一側面，同時也是「得道」的條件。

「循天」、「順應自然」是達到的境界的一種外部表現，《原道訓》說：「循天者，與道遊者也。」亦《兵略訓》說：「古得道者，靜而法天地，動而順日月，喜怒而合四時，叫呼而比雷霆，音氣不戾八風，詘伸不獲五度。」如此，《淮南子》主張外部表現應該順應自然之勢而變化，「因時而變化」(《兵略訓》)、「外與物化」(《原道訓》)。但是其內部、即「本性」是不能改變的。《人間訓》說：「得道之士，外化而內不化，外化，所以入人也，內不化，所以全其身也。」這「全其身」的狀態就是由於內部修養達到的「自得」。「所謂自得者，全其身者也。全其身，則與道爲一矣。」(《原道訓》) 遵循自然規律而隨時變化的外部表現是從不變的內部本性的修養引導出來的。「是故聖人將養其神，和弱其氣，平夷其形，而與道沉浮俯仰。」(《原道訓》) 修養精神、志氣、形體而返回自然本性，這是爲了達到「與道爲一」、「與道沉浮俯仰」境界的應有的條件。從天與人、自然與人事的關係問題來看，「道」、即萬物的客觀規律是天與人之間的內部聯繫。就是說，不變的內部規律包含著人的本性、各個具體事物的本質，也包括某種具體技能的本質在內。從此可知，「得道」就是指同時把握內外的、主體與客體的本質。其外部表現主要是指具體外在現象，也就是通過主觀埋沒在內部客觀規律之中的「順應自然」狀態。這「順應自然」是指遵循主體本性與客體本質的人爲。《淮南子》把這種「得道」的外在因素包括在「無爲」概念之中。所以，要解決「得道」的途徑問題，除了內在的本性與其修養方面之外，還必須闡明「得道」者的外在表現，即「循天」、「因其自然」的「無爲」等方面的問題。

　　內部修養是「得道」、「自得」的途徑，有學者提出，虛靜、節欲、率性以求「自得」，是《淮南子》所提倡的自我修養方法及「得道」的正途。〔註4〕《淮南子》繼承早期道家的傳統，對「道」的態度不是努力外求，而以自身內部的「虛」、「靜」爲依憑來接近它。「虛者，道之舍也。」(《詮言訓》)「道」的概念包括人的本性，所以「道」的性質往往被與人心的理想狀態結合。「道」有「無欲無私」的側面，「夫道者，無私就也，無私去也。」(《覽冥訓》)因此，人也要「無欲」，《詮言訓》說:「有以欲多而亡者，未有以無欲而危者也」、「以爲有欲者之於廉，不若無欲者也。」、「故聖人損欲而從事於性。」而「虛」、「靜」等對人心的要求也是「道」的性質的一側面。《原道訓》說:「故得道者志弱而事強，心虛而應當。」人心應該保持「虛」的狀態，同篇接著說的「柔毳安靜，藏於不敢，行於不能，恬然無慮」就是「志弱」、「心虛」狀態的外表。總之，人必須返回「無欲無私」、「虛靜」的內在「本性」，所以說:「原心反性，則貴矣。」(《繆稱訓》)又說:「節欲之本，在於反性」(《詮言訓》)從《中庸》接受的「率性」也是指同樣的主張。《齊俗訓》的開頭說:「率性而行謂之道，得其天性謂之德。」這是建議人們遵循其「天性」而行動的要求。總之，這些「無私」、「虛」、「率性」都是「道」的性質，同時也是人「與道爲一」的方法。

　　關於「道」的體會，《覽冥訓》說:「夫道之與德，若韋之與革，遠之則邇，近之則遠。不得其道，若觀儵魚。故聖若鏡，不將不迎，應而不藏，故萬化而無傷。其得之，乃失之;其失之，非乃得之也。」從此可知，「道」不能通過努力追求的方式得到。而必須保持像鏡子一樣不送不迎的任憑自然的心態。「得道」的途徑就是從外在現象回到內在本質、即「本性」的過程。《詮言訓》在其政治論中提到返回「道」的過程，而說道:「爲政之本，務在於安民;安民之本，在於足用;足用之本，在於勿奪時;勿奪時之本，在於省事;省事之本，在於節欲;節欲之本，在於反性;反性之本，在於去載。去載則虛，虛則平。平者，道之素也;虛者，道之舍也。」後半部分講的是統治者的修養途徑。「去載」就是排除煩瑣的具體知識。「節欲」、「反性」、「去載」都是方法，而「虛」、「平靜」則是統治者的心應該保持的狀態。修養的各個要求包含著狀態與方法的兩種因素，而且這兩種因素不能分開考慮。總結《淮南子》中的關於「得道」的各個啓示，可以導出下面的圖式。

〔註4〕戴黍:《〈淮南子〉治道思想研究》，中山大學出版社，2005年，第34頁。

途徑與方法：養性（去智、節欲、守柔）──反性

得到的境界：虛──靜──平──無欲無私──自得──與道爲一

包含著手段與狀態兩種因素的描述：無爲──因自然──循天──率性

　　《淮南子》的主要認識目標是「道」，也就是說「與道爲一」是其最高境界。「自得」是從另一個視角描述的一回事，就是對固有的內在本性的把握。因爲在「與道爲一」的情況下，主體的意識與「道」的差異已經消失了，所以他的精神與「道」的性質同樣保持「虛」、「平靜」、「無欲無私」的狀態。其境界的達到者在具體「人爲」上，發揮「因其自然」、「循天」、「率性」的「無爲」。前者是指「得道」者的內部狀態，而後者是指其外在的表現。

　　爲了達到目標的主要方法是「反性」，即回歸固有的自然狀態。這也就是說，去掉「天」與「人」或「自然」與人的「本性」之間的區別的過程。初步階段必要的是包括「去智」、「節欲」等具體方法的「養性」、「養心」。

　　《淮南子》「無爲」理論包括「因循」等各個思想。「無爲者，道之宗。」（《主術訓》）它即是「得道」者的境界，又是爲了「得道」的主要途徑、方法。本文在下一節考慮「無爲」概念的轉變與其具體途徑，即「養性」的問題，以有助於本題的闡明。

第三節　把握本質的境界與方法

一、《淮南子》「無爲」與「因」思想

　　《淮南子》「無爲」概念與它的認識論的立場是不能分開理解的。它的「無爲」在尊重客觀規律的前提下，承認了人的主觀認識能力的能動性，而包括了特定的「有爲」意義。從關於認識本質的問題來說，《淮南子》「無爲」包含的各個思想具有「得道」的境界與方法雙方的因素。因此，本文爲了尋求把握事物的本質的具體過程，首先論述「無爲」思想範疇的變遷，然後考慮包含著「因」之思想的《淮南子》「無爲」理論。

　　關於《老子》提倡的「無爲」，許多學者評爲消極思想。這是拘泥於表面上的詞義或只從科學的觀點來說的評價。《老子》思想是作爲對當時的常識的批判而提出來的「反題」。人類在文明社會中依靠「人爲」的學習與實踐是理所當然的事。《老子》提倡「無爲」的目的是爲了解決當時的社會矛盾，使統治者達到，通過那種正當的「人爲」的方式達不到的某種境界，從而帶來天

下「無事」。從其目的來說，它的「無爲」思想包含著積極的意義。

《老子》涉及「無爲」概念的 10 個章節中，有 5 章論及了政治，其他部分也基本上與社會性事物有關。新加坡學者劉笑敢先生認爲「無爲」的含義有二：第一，就作用而言，「無爲」能夠引導社會走向和平與和諧。「故聖人云：我無爲，而民自化；我好靜，而民自正；我無事，而民自富，我無欲，而民自樸。」（《老子·第五十七章》）第二個含義是涉及到《老子》的方法論的。《老子》認爲「有爲」不能達到目的，只有「無爲」才能實現「有爲」的目的。「吾是以知無爲之有益。」、「無爲之益，天下希及之。」（第四十三章）因此，劉笑敢先生說：「顯然，老子認爲無爲本身不是目的而只是方法。」〔註5〕他提出的「無爲」的兩種含義實際上可以概括爲政治方法論。雖然《老子》「無爲」包含著政治方法論的意義，但是統治者的「無爲」帶來的社會和諧是「得道」的功用的一側面而已。筆者認爲《老子》的「無爲」是「得道」的境界與其作用的一種表現。其「無爲」概念也包括「得道」境界的含義。因此，劉笑敢先生提出的兩種含義只是「無爲」的一部分而已。《老子》的「無爲」是由政治方法與修養目標的因素構成的。「無爲之益」都是作爲境界的「無爲」所產生的必然結果。「道常無爲而無不爲」（第三十七章）的「無不爲」也是如此。

關於在《老子》的三個章節中出現的「無爲而無不爲」，在學術上有幾種解釋。在筆者看來，大部分人與劉笑敢先生相同，把「無爲」看作是爲了實現「無不爲」的手段、方法。還有人認爲，《老子》「無爲」是無執、無心、無私志的「有爲」，所以它本身就是「無不爲」。〔註6〕這種觀點是與「無爲」的精神修養方面有關。另有些人認爲，「無爲」與「無不爲」都是「道」的一側面的描述，《老子》講「無爲」是就對於萬物「不辭」、「不有」、「不爲主」而言，講「無不爲」是就「道」自然生成、長養萬物而言。「道」在本質上是「無爲」與「無不爲」的統一。也就是說，「無爲」就是「道」的沒有主觀意志的一側面，「無不爲」則是指「道」主宰萬物的一側面。〔註7〕這些對「無爲而無不爲」的不同理解是由於研究視角的差異所產生的，都有可取處。然而，從《老子》的成書時期來考慮，它可能已經受到「道」與「事「並重的時代趨勢的影響，其「無爲」概念包含著順自然而爲的積極政治觀。因此，

〔註5〕 《「無爲」思想的發展——從〈老子〉到〈淮南子〉》，《中華文化論壇》，1996.2。
〔註6〕 參見王邦雄：《老子的哲學》，東大圖書公司，1980，第128～131頁。
〔註7〕 參見葛榮晉：《論「無爲」思想的學派性》，《齊魯學刊》，2001.1。

在社會政治方面提出的「無爲」主要是以實現政治理想爲目標的具體手段。但是，《老子》把「無爲」概念適用在社會政治與人生修養這兩個方面。它在修養論上提及的「無爲」主要含義就是「道」的性質的一側面或「得道」者的境界。「無不爲」則是「道」對萬物的功用。所以，通過修養達到的「無爲」境界也可以應用在政治等具體「人事」方面，其必然結果就是「無不爲」。如此考慮，「無爲」境界可以說是修養的目的、目標。

《老子》所提出的實現「無爲」的方法是「去智」，「我愚人之心也哉，沌沌兮，俗人昭昭，我獨昏昏。俗人察察，我獨悶悶。」（第二十章）其「去智」、愚己的直接目的便是「節欲」，或者在個人修養方面得到「虛靜」境界，「致虛極，守靜篤」（第十六章），進而在社會上實現「不爭」，最後目標就是「取天下常以無事」（第四十八章）。《老子》「守柔」的思想也是「無爲」的重要內容之一。「柔弱」是「道」之運用上的性質，因此它要求人們也必須保持「柔弱」，從而接近「無爲」狀態的功能「無不爲」。在「無爲」的境界與其功用方面，《淮南子》基本上繼承了《老子》的政治思想與修養論的各種因素。

從重生思想出發的楊朱「無爲」論的目的在於保全人的身心完整性，它沒有社會性目的。亦在《莊子・內篇》裏出現的一些「無爲」與「逍遙」思想有關，它指向「無情」、「外物」而只想達到超越俗世的境界。有些學者認爲，這種無心無情的「無爲」是《老子》「無爲」理論的轉變。〔註 8〕但是從本文已經提到的老、莊成書的情況來考慮，沒有社會性意義的「無爲」概念可能早於《老子》中的與政治有關的「無爲」。其中包含著黃老政治學因素的《老子》「無爲」不能追溯到《莊子》「逍遙」之前。筆者認爲《老子》的「無爲」卻是固有的修養「無爲」理論的轉變或是在政治方面的運用，而且《淮南子》的「無爲」思想也是在其潮流之中產生的。

有些學者認爲，《淮南子》相容和總結諸家思想，創造了「無爲」的新解釋。但是《淮南子》這方面的思想基本上繼承了《呂氏春秋》的「因而不爲」的思想，它不過是豐富了其思想而已。〔註 9〕許多學者在《淮南子》「無爲」理論的研究中，提起其中儒、法的積極有爲的精神，而把它評爲《老子》「無爲」的創造性轉化，並且對它給予較高的評價。但是，就作爲一種狀態的「無

〔註 8〕〔新加坡〕劉笑敢：《「無爲」思想的發展——從〈老子〉到〈淮南子〉》，《中華文化論壇》，1996.2。

〔註 9〕參見牟鍾鑒：《呂氏春秋與淮南子研究》，齊魯書社，1987，第 190 頁。

爲」而言,「有爲」因素較濃厚的《淮南子》「無爲」概念降低了假設的境界目標,也倒退到需要「人爲」的平凡的東西了。在這一點,從黃老繼承下來的《淮南子》對「無爲」的解釋不能說是思想上的發展,而只能說它是時代思潮帶來的思想傾向。然而,《淮南子》「無爲」理論在認識事物本質的具體過程與方法問題上,比先行「無爲」概念更有具體性和現實性。這一點是其思想的價值所在。

　　《淮南子》雖然受到諸家積極思想的影響,但是它沒有否定從老、莊繼承下來的「無爲」,也沒有改變早期道家「無爲」的主要觀點。如果把《老子》之「無爲」看作是完全無所作爲的「塞而無爲」(《要略》),《淮南子》所提出的具有能動性的「無爲」就成爲《老子》「無爲」的轉變。但是,《老子》「無爲」實際上有「得道」境界的「狀態」與它對「人事」方面的功用等含義。換言之,它已經具有對於社會政治方面的積極因素。所以,把《淮南子》對「無爲」的解釋視作《老子》思想的轉變是不妥當。就是說,《淮南子》在作爲境界的《老子》「無爲」的基礎上,豐富了其中的具有「方法」意義的概念而已。《淮南子·要略》所說的「通而無爲」就是「因自然」、「循理而爲」的所謂《淮南子》之「無爲」,而無所作爲的「塞而無爲」是爲了讓前者顯眼而說的沒有人提起過的虛構概念。「塞而無爲」是在具體「方法」問題上說的「不爲」,《老子》與初期莊學等提出的「無爲」則是一種境界,兩者不是同一個概念。因此,《要略》這一部分併不是對老、莊所提倡的「無爲」的批評。

　　《淮南子》的「無爲」理論包含著政治與自然方面的思想,特別在政治方面《淮南子》以「因」的概念解釋「無爲」。「因」即「貴因」思想就是在尊重客觀規律的基礎上,發揮人的能動作用的思想。在《老子》裏沒有看到「因」的出典,而《管子·心術上》有「無爲之道,因」。亦在《莊子》中也有比較豐富的因循思想,如:「因其固然」(《養生主》)、「因自然」(《德充符》)、「順物自然」(《應帝王》)等。這「因」概念可能來自於慎到等道、法摻混在一起的思想家,後來韓非後學與《呂氏春秋》等包含著黃老學因素的各種思想接受了它。《韓非子·喻老》說:「隨時以舉事,因資而立功」這種說法也被《淮南子》容納,如:「隨時而動靜,因資而立功」(《氾論訓》);「循理而舉事,因資而立功」(《脩務訓》)等。開篇的《原道訓》在「無爲而無不爲」的解釋中,提出了「因」的思想,它說:「所謂無爲者,不先物爲也;

所謂無不爲者，因物之所爲。」它以「不先」與「因」的概念解釋「無爲而無不爲」。「不爭先」、「貴後」等思想是《老子》本有的思想，與「無爲」結合起來的「不先物爲」的意思就是在客觀時機還沒成熟以前不要強作妄爲，而要求「合於時」（同上）即合乎事物發展的時勢。這是在時間上遵循客觀規律、「因自然」的具體要求之一。《原道訓》又說：「天下之事不可爲也，因其自然而推之。」這裡的「因自然」是達到「無爲而無不爲」的手段，它認爲人們只有順應事物的自然本性與其必然趨勢，做事才能成功。亦《原道訓》提及了「自然」的具體內容，而說道：「夫萍樹根於水，木樹根於土，鳥排虛而飛，獸蹠實而走，蛟龍水居，虎豹山處，天地之性也。兩木相摩而然，金火相守而流，員者常轉，窾者主浮，自然之勢也。」「天地之性」與「自然之勢」分別是指萬物的本性與其運動變化的勢力、內部規律。從這種觀點出發，《淮南子》提出了「因勢」的政治思想。它認爲「法」是符合自然之勢的行爲規範，而要求君主以法執下。這是「無爲而治」具體方法的提示。君主的「無爲」是以臣下的「有爲」爲前提的。這種政治思想在後期莊子學的黃老派中可以看出，《莊子‧天道》說：「上必無爲而用天下，下必有爲，爲天下用。此不易之道也。」《淮南子》也繼承了君子無爲而群臣有爲的治國方法，而認爲對群臣的任用也要對待自然萬物一樣，遵循其固有的本性和能力。《主術訓》說：「是故有大略者，不可責以捷巧；有小智者，不可任以大功。人有其才，物有其形，有任一而太重，或任百而尚輕。」所以，《淮南子》主張君主要愼重任用大臣，它說：「是故人主之一舉也，不可不愼也。所任者得其人，則國家治，上下和，群臣親，百姓附。所任非其人，則國家危，上下乖，群臣怨，百姓亂。」（同上）這種「乘眾人之智」、「用眾人之力」的政策也是「因」思想的重要內容。總而言之，這些包含著各個具體社會意義的「因」思想，在「無爲」政治理論的實現上起了重要作用。然而，其主要意義在於遵循客觀規律方面，它是通過內部修養得到的「無爲」境界的一側面。除了社會政治以外，它可以適用在包括藝術、技能等各個「人爲」方面。

在《淮南子》中出現的君主之修養「守柔」、「去私去欲」，政治上的「不先」、「依法」、「任人」、「用眾能」等都是在「因其自然」、循理而爲的過程中的具體要求，也是《淮南子》「無爲」的屬性。其中的許多概念來自《老子》思想，《淮南子》說明而發展了其理論。作爲「道」的自然本性的「無爲」概念在《淮南子》中通過與「因」思想的結合，帶有行爲的「方法」的

意義。《脩務訓》說:「若吾所謂無爲者,私志不得入公道,嗜欲不得枉正術,循理而舉事,因資而立功,推自然之勢,而曲故不得容者,事成而身弗伐,功立而名弗有,非謂其感而不應,攻而不動者。」它在尊重客觀規律的前提下,承認了能動的「人爲」。而它把與此相反的「背自然」的行爲叫做「有爲」。包括「因」概念的《淮南子》「無爲」有境界與方法的兩種因素,也就是說,它是達到某種境界的條件或手段,同時也是「得道」者保持的心態和其行爲方式。在這種觀點的基礎上,爲了實現「無爲」《淮南子》強調人要從內在方面培養主體的把握能力,從而提出了「養性」、「養心」的必要性。

二、養性、養心與教學思想

《淮南子》把「無爲」理論中的「因自然」、「循理」等各個因素應用在具體「人事」方面。「因自然」、遵循自然規律的行爲是「得道」的境界所引起的外在現象。其境界的主要途徑是內在本性的修養、即養性。從認識的問題來說,養性是把握事物的本質的主要方法之一。

《淮南子》有對於「養性」途徑的一些提示,《俶眞訓》說:「靜漠恬澹,所以養性也;和愉虛無,所以養德也。」精神的平靜、無欲是養性的主要目的。因此,外在因素所引起的各個現象不能惑亂主體的內部、精神。「外不滑內,則性得其宜」(同上)、「以言夫精神之不可使外淫也。」(《精神訓》)因此,它引用《莊子·天地》之言,指出「五色」、「五聲」、「五味」、「趣舍」等助長物欲的外在現象的壞影響。亦《泰族訓》說:「治身,太上養神,其次養形;治國,太上養化,其次正法。神清志平,百節皆寧,養性之本也;肥肌膚,充腸腹,供嗜欲,養生之末也。」爲了避免物欲惑亂精神,它要求人們剷除私欲、即「節欲」。精神的「虛靜恬愉」與「節欲」之間有相互因果關係,「虛靜恬愉」既是「節欲」的目的、結果,又是「節欲」的方法。《精神訓》說:「氣志虛靜恬愉而省嗜欲」

《淮南子》認爲人性來自於「道」的本性,即「自然」、「無爲」、「無欲無私」,而且人之性也是安靜恬愉,「人生而靜,天之性也。」(《原道訓》)、「人性安靜,而嗜欲亂之。」(《俶眞訓》)「人性欲平,嗜欲害之。」(《齊俗訓》)所以,它要求人們棄情返性、寡欲養生,以免物欲擾亂「恬愉虛靜」、「無爲」的本性。「是故聖人之學也,欲以返性於初,而遊心於虛也。達人之學也,欲以通性於遼廓,而覺於寂漠也。」(《俶眞訓》)這種「養性」觀基本上是從早期道家繼承下來的思想。它的目的是「反性」,也就是主體與「道」的統一。

其途徑就是超越感性認識與理性思維的直覺性認識、直觀。但是，它對人的處世方面的應用使原來的超越世俗的「養性」轉變了其方向，而具有了合乎現實社會的因素。

亦《淮南子》認爲「心」是身體與精神的發動者，「夫心者，五臟之主也。」（《原道訓》）「心者，形之主也，而神者，心之寶也。」（《精神訓》）人們不能保持「清靜」、「無爲」的本性的原因在於沒有發揮好「心」的主宰作用。「好憎者，心之過也；嗜欲者，性之累也。」（《原道訓》）因此，《淮南子》主張人們爲了避免失去「心」的控制，必須強化「心」的主導作用、即「養心」，從而它顯示人的主體能動性的價值。這種強調主體認識能力的「養心」思想與儒墨的經驗主義、《荀子》勸學思想結合在一起，加強了理性思維的因素。從此可知，《淮南子》的「養性」、「養心」包含著兩種方向：一個是以返回自然本性爲目標的道家派所提倡的「養性」；另一個是以理性思維能力的發揮爲主要目的的儒家因素比較濃厚的「養心」。然而，在《淮南子》的各個描述中兩者之間沒有明確的分界線。

《淮南子》中道、儒兩派的教學思想的對立色彩較濃厚，但是兩派之間也有互補和相通之處。道家派的認識目的在於體察自然之「道」，它在認識方法上，要求「虛」、「靜」以「觀」之。《道應訓》引用《老子》之言，說：「致虛極，守靜篤，萬物並作，吾以觀其復也。」他們提出文字材料與口授的局限性，《氾論訓》說：「誦先王之《詩》、《書》，不若聞得其言，聞得其言，不若得其所以言，得其所以言者，言弗能言也。故道可道者，非常道也。」又主張，事物的本質「所以言」、「道」，不能以語言傳授。他們認爲，教學內容要因時而變，從而批評以先王之學爲目標的復古主義。歷史文化的繼承、書本知識與言傳的內容都是認識的具體對象，那些具體知識的把握方法是「藏」。然而，要掌握事物變化發展的規律，必須保持「虛」的狀態。《淮南子》中的道家派把「虛」與「藏」對立起來。但是，廣泛吸取各家學說的《荀子》的教學觀卻承認了「虛」的功能，《荀子·解蔽》說：「人何以知道。曰心。心何以知，曰虛壹而靜。」它吸收了道家的「貴虛」思想，然而其目的在於排除干擾，發揮主體思維的能動作用方面。《淮南子》之「養心」是對《荀子》的積極認識思想的繼承，也可以說是，儒、道互補的教學理論。從荀學的立場出發的《脩務訓》提出了關於教學的觀點。它說：「今無五聖之天奉，四俊之才難，欲棄學而循性，是謂猶釋船欲蹠水也。」這包含著與董仲舒的

「性三品」說比較接近的思想，它承認堯、舜、文王等「不待學問而合於道者」可以「棄學而循性」，也承認丹朱、商均等無法教化的人「不可教以道，不可喻以德，嚴父弗能正，賢師不能化者」的存在。但是《脩務訓》對一般的凡人提倡教學的重要性，它說：「夫上不及堯、舜，下不及商均，美不及西施，惡不若嫫母，此教訓之所諭也，而芳澤之所施。」因此，沒有像「五聖」、「四俊」那樣的才能的屬於平凡的人們不能放棄學習而只遵循自然本性，而應該「教訓施續，而知能流通」。《泰族訓》的前半部分也是與《脩務訓》教學觀點一致的。它提倡經驗、知識的積纍。它說：「人之所知者淺，而物變無窮，曩不知而今知之，非知益多也，問學之所加也。夫物常見則識之，常為則能之，故因其患則造其備，犯其難則得其便。」這說明「問學」、「常見」、「常為」對於人的知識增長與技能的提高大有益處。《脩務訓》與《泰族訓》的這些思想都是對「棄學循性」的道家派的批評。在《淮南子》中，道、儒兩派在教學思想上的對立比較明顯，但是其方法與過程的問題上，兩者之思想也有相通的部分，這也可以說是兩派思想的互相轉變。它提倡「博學多聞」（《本經訓》）「學以致用」同時，要求通過「虛」、「靜」以「觀」來減少主觀片面性。

在筆者看來，凡人要努力學習而不斷積纍知識和經驗，這種觀點是道家派對儒家派的「反題」之前提，而不是批評的對象本身。就是說，從道家的角度來看，「學習」這平凡的方式沒有值得提及。它沒有讚揚也沒有否定過程中的學習，而只是提出人們在認識本質的最後階段的剎那必要的方式「去智」、「反性」、「無為」而已。所以它說「棄學」、「棄智」，這不是指從來「無學」、「無知」。人們已經有一定的知識與技能，這是把握認識目標的前提。《淮南子》道家派為了做出認識本質最後階段的瞬間的精神狀態「虛」、「靜」，要求排除「藏」即具體知識、物欲的干擾，從而提倡「養性」的必要性。這種剎那間把握本質的認識方式，可以稱之為直覺性認識。它使分割性認識上陞為整體把握。一般在認識論研究中，這種方式被戴唯心神秘主義的帽子而否定。但是，這是在東方文化繼承的過程中不可缺少的具有現實性的認識本質的方式。「養性」就是提高主體直觀能力的主要途徑。

此章把「得道」、「無為」、「因」、「養性」等概念為主要線索考慮《淮南子》對把握事物本質的方法的觀點。為了總結各個內容，在此用圖表示。

認識對象：形而下（事）――――――――――――――／――形而上（道）

　　　　　現象　　　　　　　　　　　　　　　本質

認識方法：積纍知識與經驗―――――――／――「因自然」、「無爲」（方法＝境界）

　　　　　實踐――學習――「養心」／「養性」（「去智」、「節欲」、「虛」、「靜」）

　　　　　　　　　　　　↓　　　「反性」→「自得」、「得道」、「與道爲一」

認識形式：感性認識――理性思維（發揮「心」的主宰能力）――／――直覺性認識

　　　　　感覺經驗、直接經驗――間接經驗（相對性認識）――／――絕對性認識

　　　　　分割性認識――――――――――――――――／――整體性把握

　　「把握本質」的方法已經是一種境界，其途徑就是提高認識能力的過程。與客觀事物直接接觸的感性認識與通過學習得來的間接經驗等，《淮南子》中的荀學、墨學系思想提倡的不斷積纍經驗知識的方式只能適用在具體事物方面。在提高「把握本質」能力的方法上，《淮南子》提出了主體內部的修養。它在相容諸家思想的時代潮流中受到了各家的積極思想的因素，把通過「去智」、「節欲」得到的「虛」、「靜」應用在思維能力的提高上，使它的認識具有了局限性。但是，其中的道家派繼承了早期道家的觀點，以「養性」爲提高直觀能力的途徑。主體通過「養性」或「反性」得到的境界就是「因自然」、遵循客觀規律而爲的「無爲」。它的含義包括主體「與道爲一」的，主觀埋沒在客觀中的精神狀態。從認識本質的問題來說，直覺性認識就是其途徑與境界的統一。就是說，直覺性認識是由於「養性」、「反性」排除主觀的干擾以後，主體與形而上的認識客體合一的認識境界。在《淮南子》對認識的這種觀點上，它的天人觀起的作用也不少。「把握本質」的主體在包括各種技藝的具體「人爲」上，遵循事物的內部規律與主體內部的本性，能夠發揮其「道」的性質的各個側面。在筆者看來，這種認識事物內在本質的途徑與境界在現代的東方社會裏還存在。《淮南子》在具體過程的提示方面，應該被學者們承認其認識論價值。

第四節　直覺性認識與「忘」之思想

　　東方的，特別是中國古代的思想家，不像西方哲學家那樣偏重於邏輯分析，而習慣於作直覺體驗。直覺性認識是一種超越感性與理性的內心直觀法。它是從總體上模糊而直接地把握對象的內在本質的方式。特別從老、莊道家

開始的直覺觀是不同於西方的一大特色。《淮南子》也在一定的程度上繼承了其認識論特徵。

在《淮南子》看來，可以實現直覺性認識的境界是「因」自然本性的「無為」狀態。達到其精神狀態的過程中，必須「養性」而保持自己的本性像「道」那樣「虛無恬愉」。但是，《淮南子》受到荀學、墨學等積極教學思想的影響，把「養心」的目的變為主觀能動性的發揮。從道家派來說，保持「虛」、「靜」精神狀態的目的在於主觀與客觀的統一，或者是主觀埋沒在客觀之中而兩者的差異滅卻的境界。但《淮南子》過於強調主體的理性思維能力，從而它設定的通過「養心」才能得到的「虛」、「靜」精神狀態又淪為平凡的認識工具了。這些都是依靠理性思維的對形而下的具體現象的認識方式。《淮南子》中的「推類」思想也沒有超越理性思考的範疇，「類」只是具有相對性與矛盾性的表面現象，它不能作為得到本質的媒體。因此，它最後提出了「類不可必推」的結論。道家系統的思想基本上都是從世界萬物普遍存在的相對性、矛盾性出發的。他們發現只靠人的感性而認識的萬物都有相對性、偏狹性、有限性。所以《說林訓》引用《莊子·齊物論》「莫壽於殤子，而彭祖為夭矣。」等語言，承認所有的客觀事物都是相對的。這是《淮南子》往往被評為陷入了相對主義的原因。然而，老、莊的那些思想視作相對主義，這只是表面上的觀點，關鍵在於道家系思想從承認事物的相對性出發，摸索絕對的客觀真理。道家系的思想家通過貶落萬物，注意到了宇宙存在的絕對性、完整性、無限性，他們把這個沒有任何形質規定性的東西，認作是宇宙的本源或本體。到了《莊子》，其絕對同一的整體存在被認為貫通世界萬物的內在規律。後來《淮南子》受到陰陽思想的影響，用「氣」的概念說明萬物與其絕對的內部規律的關係，從而使「道」的概念帶有物質性。「道」具有模糊特性，《道應訓》從《莊子·知北遊》引用而說：「道不可聞，聞而非也；道不可見，見而非也；道不可言，言而非也。」所以它不是感官可以直接感知的，也不是理性思維所能推究的。這些絕對的、無限的「道」只能是直觀體驗的對象。

人們對具體事物的認識都是分割性的，它通過分析現象而闡明事物的細節。但是，道家系的思想家認為，用認識日常事物的方法，無法達到絕對無限的整體存在的把握。從這種觀點出發，他們主張在「道」的把握與傳達的途徑上不能採用語義分析法。但人類對這種本體或萬物中的內部規律不能不有所說明。這種情況下，道家認為其說明不應該是定義性的，而只能是描寫

性的。人們只能從某種方面，通過對「道」所引起的外部現象狀態的描述，給人們帶來爲了體驗它的啓示。這是《莊子》中寓言較多的原因之一。《淮南子・原道訓》之開端「覆天載地，廓四方，柝八極，高不可際，深不可測，包裹天地，稟授無形；原流泉浡，沖而徐盈；混混滑滑，濁而徐清。」等各個側面也是對「道」的一種描寫。此外，道家系思想家在傳達的方式上採用了否定式。這是通過對有限的具體事物的否定，從反面來顯現「道」的無限、完整性的方法。如「無私」、「無形」、「無事」等即是，上述的「無爲」概念也是其中之一。這些表達方式都表明「道」的不能分割的整體性，也就是它通過直覺的方式才能把握的。

直覺認識所要達到的目標是「明」。《道應訓》引用《老子》之言「知常曰明」（第十六章）「常」是指「道」的無限性、絕對性。體認到了絕對的「道」，就稱之爲「明」。這就是一種對「道」的認識境界。《莊子》重視在認識過程中的主體與對象的關係，更進一步追求與「道」同體。在《莊子》看來，「道」成爲人的本性、世界萬物的本質。因此，人要在直覺中實現認識主體與「道」的合一。《莊子・齊物論》說：「天地與我並生，而萬物與我爲一。」《莊子》「齊物我」、「齊是非」、「萬物一體」等觀點都是從直觀的立場來描述的一種境界，就是主觀埋沒在客觀裏的精神狀態。《原道訓》也說：「所謂自得者，全其身者也。全其身，則與道爲一矣。」這些觀點都是在承認主體與客體的差異性的前提下提出的，而不能說是相對主義。

直覺性認識具有反經驗、反理性的性質。它爲了避免感性經驗的干擾，要求人們「掩其聰明」（《原道訓》）、「塞其兌，閉其門」（《老子・第五十二章》），也爲了排除主觀思維的偏見性，要求「依道廢智」（《原道訓》）、「遺形去智」（《齊俗訓》）。換言之，在直覺體悟的刹那，應該停止任何思維活動。《老子》對人們的返回自然、嬰兒等要求只是爲了強調其精神狀態的一種描寫而已。這意味著道家系思想承認人類已經有一定的知識與經驗，而沒有否定人類所積纍的經驗知識作爲認識過程中的媒介。但是，到了直覺把握事物本質的階段，應該忘掉或去掉所有的經驗知識。《莊子》用「忘」字解釋這種觀點，《莊子・外物》說：「荃者所以在魚，得魚而忘荃；蹄者所以在兔，得兔而忘蹄；言者所以在意，得意而忘言。吾安得夫忘言之人而與之言哉。」這是說，「得意」、「得道」必須通過語言等媒介，但是不可執著於其媒介、手段。「荃」、「蹄」、「言」都是得到目標的具體手段，「忘言」是認識「道」之境界的一種描述。

從此可知,《莊子》也承認語言等認識媒體、手段的存在,「忘」其手段是排除由經驗與思維產生的成見的方式,也是具有現實性的把握整體性本質的過程。就是說,「忘」有狀態與方法這兩種因素。《淮南子》也繼承了這概念,引用了不少關於「忘」的描述。《俶眞訓》從《莊子・大宗師》等篇引用地說:「夫魚相忘於江湖,人相忘於道術。」不管魚還是人,都在困難的情況下互相幫助,但是這不如在自然之中忘掉互相的存在。所以,魚「不如相忘於江湖」,人的是非「不如兩忘而化其道」(《莊子・大宗師》)這是指主觀埋沒在「道」之中,或主體與外界萬物同一的精神狀態。亦《繆稱訓》說:「故其心治者,支體相遺也」,「支體相遺」是指不執著於主體感官與具體物象的境界,其他還有「忘肝膽,遺耳目」(《俶眞訓》)、「忘其五藏,損其形骸」(《精神訓》)等說法。關於其狀態的外表與心態,《精神訓》引用《莊子・知北遊》「形若槁木,心若死灰」。在《莊子》中還有「心齋」(《人間世》)、「朝徹」、「見獨」(《大宗師》)等描述。《道應訓》引用了《莊子・大宗師》中的顏回「坐忘」的虛構故事。「坐忘」就是「墮支體,黜聰明,離形去知,洞於化通」的境界。在其故事中,顏回經過「忘禮樂」與「忘仁義」的階段,才達到「坐忘」。這說明,道家派承認在達到直覺的過程中有不同的階段與時間的流逝。《老子》損之又損、《莊子》忘之又忘等過程都是在其前提下主張的,而它沒有全面否定人們固有的知識與經驗的存在。《淮南子》作者們明白這一點,而提出了刮掉其經驗知識的過程、即「養性」,而使人的「心」保持「虛」、「靜」、「恬」的狀態。

在後代,魏晉玄學與格義佛教、禪學等吸收了這些思想因素。魏晉玄學的創始者王弼對「一貫之道」的認識有所研究。他提出了「得意而忘象」的理論,而認爲要得到貫通一切事物的總規律,必須拋開具體物象的限制,如果只停留在具體物象上,就不可能把握它。注釋《莊子》的郭象往往被認爲發展了不可知論與神秘主義,但是他的「冥然自合」思想也是通過主觀的修養,消除主客觀對立的具有現實性的直覺性認識。亦南北朝時期多有以老、莊之學講佛經者。他們以「無爲」、「無欲」、「無形」、「無事」等道家之言解釋佛經中的義理,其中包括《老子》「損之又損」、《莊子》的「忘」思想等整體直覺的途徑。現今,東方社會受到其思想潮流的影響,有些人還著重實踐在繼承傳統文化的過程中的直覺性認識。有些技藝需要通過直覺性認識得到其精華。本文所說的「把握本質」的主要意義在於這種境界在具體行爲中的

發揮。

　　從哲學的角度來看，直覺、直觀思維還是一種不注意明晰區分事物現象的類屬邊界的模糊認識方式。但是，直覺性認識的這種非理性的性質是從現代的認識總水平來說的，也就是說，目前科學理論、唯物主義的觀點還不能闡明它而已。直覺、直觀的認識方法培養了東方民族對於事物現象的洞察力與高度的悟性，這也是毫無疑問的事實。隨著現代科學的發展，世界上的矛盾也日益增多，人們越來越要求重新開始從宏觀整體來把握世界的本質。立足於這一點去反思中國古代的直覺性認識，它會給我們有益的啟示。

結　語

　　漢初，隨著儒家派勢力在漢朝中的擡頭，中央越來越加強剷除藩國割據勢力的趨勢。淮南王劉安在這種情況下，被加謀反之罪而自殺。而且劉安所獻給漢武帝的《淮南子》這部巨著，其政治思想不符合武帝的積極政策而沒有被中央採用，因此它在歷史上一直以來沒有得到應有的地位。但是，在漢初思想統一的時代潮流中，淮南的自由學風與《淮南子》對諸家思想的相容和總結給中國思想史帶來的影響不少，從各個方面的描述中可以看到思想的發展變化。《淮南子》中的道家系思想與當時漢朝大臣爲了避禍保身而實踐的黃老政治學分門別戶，《淮南子》不太重視黃帝，卻多次引用《莊子》之言，並且它爲「老莊」並稱之始。就是說，本來各爲別派的老學與莊學的統一從淮南開始，從此產生了「老莊」等於是所謂「道家」這種一般的圖式。《淮南子》可以說是所謂「老莊」思想的搖籃。從這一點來看，《淮南子》對道家思想轉折的歷史潮流引起的作用非常大。

　　從認識論的角度來看，《淮南子》缺乏系統的哲學論證。但是，它受到諸家思想的各種因素，看重了「道」與「事」這兩種認識對象。前者是形而上的本體或貫通一切萬物的自然規律，它屬於本質，而後者則是指形而下的具體物象，即現象。《淮南子》對於「道」的體認，吸取老、莊的「虛」、「靜」的思想，要求人們去掉感性經驗與理性思維的干擾，而其中看到「因其自然」的「無爲」理論以及主觀埋沒在客觀裏的「忘」思想。另一方面，《淮南子》對於形而下的具體對象的認識上，贊同了從《荀子》、墨學到韓非後學的可知論與經驗主義的思潮。站在認識論的立場的研究者基本上把荀、墨的積極有爲的思想傾向視作中國哲學史上的發展。但是，從把握本質的方法問題來看，

荀、墨所提倡的不斷積纍經驗知識的方式只能把握具體物象，它不是最佳的認識本質的途徑，而不過是過程中的一個階段而已。《淮南子》道家派認為，要把握自然固有的規律，人們必須在其最後階段實踐直覺性認識。它在直覺、直觀的方法上要求修養人性而把「心」保持像鏡、水一樣「虛」、「靜」。但是，不夠系統的《淮南子》認識論的「養心」包含著發揮理性思維的目的。在此，「虛」、「靜」思想實際上降低了其目標的程度。亦《淮南子》在「無為而無不為」的解釋中提出了主體的思維能力的能動主導作用。他要求「因」自然趨勢的同時獎勵「為學」即經驗知識的積纍以及主體的認識能力的提高。這種「無為」與「因」思想的折衷以及對經驗主義的贊同降低了各個思想的純粹性與境地的崇高感。但是，《淮南子》通過諸思想的容納，使老、莊所提出的境界的描述帶有「方法」的意義。《淮南子》之「無為」即「因自然」的「有為」，這種發揮理性思維能力的觀點可以說是作為境地的「無為」思想的倒退，但它《淮南子》為了讓直覺性認識接近現實起了一定的作用。

道家派所提出的直覺、「得道」的境界是主體與客體的統一狀態，學者們對它的評價一般都是不可知論或神秘主義。這種評價是研究的視角所決定的。筆者認為，思想之研究應該看重思想本身固有的含義，而不能只從西方哲學等外來的尺度衡量和批評它。現代，隨著文明的發展，各個方面的個人技術被淘汰，有些方面個人的能力逐漸衰落。過去的人們所能實現的某種技能或他們發揮其能力時保持的精神狀態，大部分人已經不能再現了。人的能力不斷地發展，這種看法是科學對歷史的傲慢，事實不是如此。思想也是一回事，人的想法很容易趨向利益，而容易忽略非合理的重要的東西。以已經增加局限性的現代人的認識作為衡量古代思想的尺度是不妥當，其評價就會有偏見性。典型事例就是由唯物史觀對老、莊的「無為」、「齊萬物」等思想的評價。中國的思想應該作為思想，而不能作為哲學，哲學只是外來的分析思想的手段而已。只靠外來的尺度就是旁觀者的方法，而不是其文化、思想的主人所能採用的研究方法。東方的思想應該從東方人的思考方式掌握而給予其價值。

本次認識論思想研究，其目的在於給現代人的精神結構帶來有些影響。雖然，通過分析得到的科學知識與它所產生的各個方面的力量給我們的生活帶來了方便，但是只靠那些物質現象的社會已經發生了不少矛盾。要實現世界真正的發展，必須改進每個人的觀念與思考方式。現代已經不是只能靠科

學觀點的時代了。一直到現在，偏於唯物主義的人們往往蔑視一些本來有價值的東方無形遺產，而且有著讓我們放棄那些優秀文化的趨勢。這是歷史已經證明的毫無疑問的事實。筆者認為我們對思想、文化、歷史的觀點也需要與時俱進、發展變化。我們在這時代，應該反思這些東方思想文化的精華。筆者會斷定，世代相傳的直覺性、整體性的把握方式也是其重要無形遺產之一。

主要參考文獻

一、著作

1. 劉文典撰，馮逸、喬華點校：《淮南鴻烈集解》，中華書局，1997 年。

2. 〔日〕服部宇之吉：《淮南子：孔子家語》（漢文大系 20），富山房，2004 年。

3. 楊樹達：《淮南子證聞：鹽鐵論要釋》，上海古籍出版社，2007 年。

4. 〔日〕楠山春樹：《淮南子（中國古典新書）》，明德出版社，1971 年。

5. 〔日〕楠山春樹：《淮南子》，新釋漢文大系 54，明治書院，1979 年。

6. 〔日〕池田知久：《淮南子——知之百科》，講談社，1989 年。

7. 〔日〕戶川芳郎、飯倉昭平：《淮南子：說苑（抄）》第 6 卷，平凡社，1974 年。

8. （漢）司馬遷：《史記》，中華書局，1959 年。

9. （漢）班固撰，（唐）顏師古注：《漢書》，中華書局，1962 年。

10. （清）郭慶藩：《莊子集釋》中華書局，1961 年。

11. 陳鼓應：《莊子今注今釋》，臺灣商務印書館，1978 年。

12. 陳鼓應：《老子注譯及評價》，中華書局，1984 年。

13. （清）劉寶楠：《論語正義》，中華書局，1990 年。

14. 楊伯峻譯注：《論語譯注》，中華書局，2005 年。

15. （清）焦循：《孟子正義》，中華書局，1957 年。

16. 梁啓雄：《荀子簡釋》，中華書局，1983 年。

17. （清）孫詒讓：《墨子間詁》中華書局，1954 年。

18. 陳奇猷校注：《韓非子集釋》，中華書局，1958 年。

19. 陳奇猷校釋：《呂氏春秋校釋》，學林出版社，1984年。

20. （清）孫星衍：《周易集解》，上海書店，1988年。

21. 胡適：《中國中古思想史長編》，華東師範大學出版社，1996年。

22. 張豈之主編：《精編中國思想史》，水牛出版社，2000年。

23. 葛兆光：《中國思想史》第一卷，復旦大學出版社，1998年。

24. 侯外廬等著：《中國思想通史》，人民出版社，1957年。

25. 李澤厚：《中國古代思想史論》，天津社會科學院出版社，2003年。

26. 任繼愈主編：《中國哲學發展史》（秦漢），人民出版社，1998年。

27. 孫叔平：《中國哲學史稿》（上），上海人民出版社，1980年。

28. 中國哲學教研室北京大學哲學系：《中國哲學史》，商務印書館，2004年。

29. 馮友蘭：《中國哲學史》，商務印書館，2006年。

30. 張豈之主編，黃留珠分卷主編：《中國思想學說史》（秦漢卷），廣西師範大學出版社，2007年。

31. 〔日〕島田翰：《古文舊書考》卷四，民友社，1905年。

32. 〔日〕武內義雄：《中國思想史》，岩波全書，1957年。

33. 〔日〕金谷治：《秦漢思想史研究》，平樂寺書店，1960年。

34. 〔日〕町田三郎：《秦漢思想史之研究》，創文社，1985年。

35. 熊鐵基：《秦漢新道家略論稿》，上海人民出版社，1984年。

36. 金春峰：《漢代思想史》，中國社會科學出版社，1987年。

37. 徐復觀：《兩漢思想史》（第二卷），華東師範大學出版社，2001年。

38. 于首奎：《兩漢哲學新探》，四川人民出版社，1988年。

39. 〔日〕狩野直喜：《兩漢學術考》，築摩書房，1964年。

40. 陳鼓應主編：《道家文化研究》（第十四輯），三聯書店，1998年。

41. 孫以楷主編：《道家與中國哲學》（漢代卷），人民出版社，2004年。

42. 〔日〕津田左右吉：《道家之思想與其開展》，岩波書店，1964年。

43. 〔日〕池田知久：《老莊思想》，放送大學教育振興會，2000年。

44. 〔日〕金谷治：《淮南子的思想——老莊的世界》，講談社學術文庫，1992年。

45. 牟鍾鑒：《呂氏春秋與淮南子研究》，齊魯書社，1987年。

46. 于大成：《淮南論文三種》，臺北：文史哲出版社，1975年。

47. 于大成：《淮南鴻烈論文集》，臺北：里仁書局，2005年。

48. 〔日〕平岡禎吉：《在淮南子中出現的氣之研究》，理想社，1961年。

49. 〔日〕福永光司：《氣的研究》，東京大學出版會，1978年。

50.〔日〕向井哲夫:《〈淮南子〉與諸子百家思想》，朋友書店，2002 年。

51.〔日〕有馬卓也:《淮南子的政治思想》，汲古書院，1998 年。

52.〔日〕鈴木隆一編:《淮南子索引》，京都大學人文科學研究所，1975 年。

53.戴黍:《〈淮南子〉治道思想研究》，中山大學出版社，2005 年。

54.孫紀文:《淮南子研究》，學苑出版社，2005 年。

55.〔日〕鈴木由次郎:《漢易研究》，明德出版社，1974 年。

56.徐克謙:《莊子哲學新探》，中華書局，2005 年。

57.鬍子宗、李權興等著:《墨子思想研究》，人民出版社，2007 年。

58.林徐典主編:《漢學研究之回顧與前瞻》，（下冊）歷史哲學卷，中華書局，1995 年。

二、論文

1. 陳化新:《論淮南王劉安政治上的失敗》，《西南民族學院學報（哲學社會科學版）》，1994.2。

2. 康清蓮:《淮南王劉安謀反之再分析研究》，《江西社會科學》，2005.6。

3. 周文龍:《淮南王劉安謀反論略》，《淮南師範學院學報》，2005.2。

4. 張南:《淮南王劉安與〈淮南子〉》，《歷史教學》，1986。

5. 陳麗桂:《淮南王兩世謀反研議》，書目季刊，1984，9。

6. 孫以楷:《劉安與〈莊子〉》，《安徽大學學報（哲學社會科學版）》，1990.3。

7. 陳廣忠:《〈淮南子〉的成書、傳播與影響》，《船山學刊》，1996.2。

8. 漆子揚:《劉安及賓客著述考略》，《古籍整理研究學刊》，2006.1。

9. 周遠斌:《〈九歌〉爲劉安及其門客所撰考》，《雲夢學刊》，2006.9

10. 乂田:《〈九歌〉作者新考——兼〈九歌〉非屈原作品補證》，《古籍整理研究學刊》，2007.1。

11. 張繼海:《淮南王作〈離騷傳〉考》，《古籍整理研究學刊》，2006.11。

12. 丁美霞:《劉安神仙形象探源》，《中國道教》，2002.5。

13. 陳靜:《〈淮南子〉作者考》，《中國哲學史》， 2003.01。

14. 熊禮彙:《〈淮南子〉寫作時間考》，《武漢大學學報（哲學社會科學版）》，1998.5。

15. 陳廣忠:《論〈楚辭〉、劉安與〈淮南子〉》，《中國文化研究》，2000.4。

16. 張智彥:《楚文化與老莊思想》，《社會科學輯刊》，1990.2。

17. 呂藝:《道家與楚文化》，《文史知識》，1988.11。

18. 丁原明:《楚學與漢初黃老之學》，《文史哲》，1992.4。

19. 熊鐵基:《從〈呂氏春秋〉到〈淮南子〉——論秦漢之際的新道家》,《文史哲》,1981.3。

20. 袁春華:《〈淮南子〉認識論思想初探》,《復旦學報》,1985.1。

21. 丁原明:《〈淮南子〉認識論探析》,《哲學與文化》,1995.6。

22. 李增:《淮南子之知識理論:淮南子對先秦儒道法知識理論之平評》,《國立編譯館館刊》,1985.6。

23. 丁原明:《〈淮南子〉道論新探》,《齊魯學刊》,1994.6。

24. 李增:《淮南子之道論》,《大陸雜誌》66-6,1984.12。

25. 戴黍:《漢初時代轉型與〈淮南子〉的學術境遇》,《深圳大學學報(人文社會科學版)》,2006.3。

26. 余治平:《漢初時代:學術的復蘇與繁榮——百家爭鳴之後的思想大融合》,《求索》,2004.6。

27. 張科:《〈淮南子〉對諸子思想整合的初步考察》,《青海民族學院學報(社會科學版)》,2005.4。

28. 熊鐵基:《從〈呂氏春秋〉到〈淮南子〉——論秦漢之際的新到家》,《文史哲》,1981.3。

29. 陳遠寧:《淮南子的辯證思想》,《中國文化月刊》,1989.4。

30. 李磊:《中國古代自然觀念的認識論特徵》,《杭州大學學報》26-3,1996.9。

31. 江安:《先秦道家直覺思維方式試探》,《孔子研究》,1988。

32. 馮達文:《道家哲學的把握方式》,《學術研究》,1986。

33. 董平:《論先秦哲學的直觀思維》,《哲學研究》,1987.1。

34. 王雪軍:《〈老子〉認識論芻議》,《長春理工大學學報(社會科學版)》19-2,2006.3。

35. 杜志強:《莊子認識論新探——兼論認識論並非相對主義》,《哲學研究》173,2006.1。

36. 方勇:《〈淮南子〉對莊子的積極闡釋》,《漳州師範學院學報(哲學社會科學版)》39,2001.2。

37. 若水:《「老莊」並稱始於〈淮南子〉辨正》,《孔子研究》,2004.2。

38. 周力行:《淮南子與老學》,《中國與日本》,1981.3。

39. 陳劍昆、周軍:《略論〈淮南子〉與「黃老」的關係》,《淮陰師專學報》77,1997.4。

40. 朱新林:《試論〈淮南子〉中齊地的五行思想》,《管子學刊》,2006.3。

41. 丁原明:《〈淮南子〉道論新探》,《齊魯學刊》,1994.6。

42. 李增:《淮南子之道論》,《大陸雜誌》,1984.12。

43. 雷健坤：《〈淮南子〉的中心思想及其理論架構》，《天府新論》，2002.5。

44. 張運華：《〈淮南子〉的「無爲」理論》，西北大學學報，1996.2

45. 丁文宏、蔡友和：《老子「無爲」思想探微——兼論〈淮南子〉對老子「無爲」思想的揚棄》，《安徽大學學報（哲學社會科學版）》23-3，1999.5。

46. 〔新加坡〕劉笑敢：《「無爲」思想的發展——從〈老子〉到〈淮南子〉》，《中華文化論壇》，1996.2。

47. 趙妙法：《〈淮南子〉德「自然無爲」說及其後現代意義》，《安徽大學學報（哲學社會科學版）》30-6，2006.11。

48. 戴黍：《〈淮南子〉中的「無爲」及其思想史意義》，《哲學研究》，2006.3。

49. 謝天祐、王家範：《評〈淮南子〉的無爲思想》，《中華文史論叢》，1981.2。

50. 雷健坤：《論〈淮南子〉對道家無爲觀的創造性詮釋》，《中共中央黨校學報》，2002.2。

51. 陸榮：《思想尚「無爲」，平生欲「有爲」——劉安與〈淮南子〉》，《學術界》112，2005.3。

52. 張德廣、程文琴：《簡論〈淮南子〉「無爲而治」政治觀的基本特徵》，《理論建設》93，2004.5。

53. 唐劭廉、李慈梅：《「性合於道「：〈淮南子〉人性論探析》，《茂名學院學報》13-2，2003.2。

54. 高漢聲：《〈淮南子〉論人性與教育》，《南京大學學報》，1988.2。

55. 陳劍昆：《論〈淮南子〉中道儒互補的教學思想》，《淮陰師範學院學報（哲學社會科學版）》71，1996.2。

56. 許建良：《魏晉玄學與〈呂氏春秋〉和〈淮南子〉》，《學海》，2002.2。

57. 劉松來、尹雪華：《〈淮南子〉藝術鑒賞論探賾》，《西南民族大學學報（人文社科版）》25-8，2004.8。

58. 潘顯一：《〈淮南子〉道家——道教美學思想研究》，《四川大學學報（哲學社會科學版）》139，2005.4。

59. 魏宏燦：《〈淮南子〉的音樂審美意識》，《阜陽師範學院學報（社會科學版）》91，2003.1。

60. 袁濟喜：《〈淮南子〉與中國文論精神》，《寶雞文理學院學報（社會科學版）》，2003.5。

61. 漆子揚：《論〈淮南子〉的新道家文藝觀》，《中州學刊》152，2006.2。

62. 孫紀文：《〈淮南子〉文藝接受思想的現代闡釋》，《廈門教育學院學報》6-2，2004.6。

63. 孫紀文：《〈淮南子〉文藝思想四論》，《寧夏大學學報（人文社會科學版）》111，2003.3。

64. 呂凱著，勞錦德譯：《淮南子與陰陽家》，《緯學研究論叢》，1993.2。

65. 辛賢：《〈淮南子〉與「道」和「事」》，《中國文化》54，1996。

66. 〔日〕有馬卓也：《〈淮南子〉原道訓的位置——圍繞「因循」思想》，《日本中國學會報》39，1987。

67. 〔日〕有馬卓也：《關於「應時耦化」說的成立——以《淮南子》犯論訓爲中心》，《東方學》75，1988.1。

68. 〔日〕有馬卓也：《〈淮南子〉人間訓的位置》，《東方學》90，1995.7。

69. 〔日〕有馬卓也：《〈新語〉的統治概念——以與《淮南子》的關係爲中心》，《中國哲學論集》18，1992.10。

70. 〔日〕有馬卓也：《關於〈淮南子〉本經訓——因循思想的分歧點》，《東方宗教》77，1991.5。

71. 〔日〕池田知久：《關於淮南子要略篇》，《東洋學論集》，1980.9。

72. 〔日〕池田知久：《〈淮南子〉的成立——由〈史記〉與〈淮南子〉的研討》，《岐阜大學教育學部研究報告：人文科學》28，1980.3。

73. 〔日〕池田知久：《〈莊子〉眞的知識與「物」的認識》（上），《思想的研究》2，1968。

74. 〔日〕薄井俊二：《淮南子地形訓的基礎研究》，《中國哲學論集》10，1984.10。

75. 〔日〕內山直樹：《〈淮南子〉要略篇與書籍》，《二松》14，2000。

76. 〔日〕宇野茂彥：《淮南子的總合與其調整管見》，《名古屋大學文學部研究論集》105，1988。

77. 〔日〕大久保莊太郎：《淮南子之周邊》，《羽衣學園短期大學紀要》8，1972.1。

78. 〔日〕大角紘一：《〈莊子〉無爲自然思想的一考察——關於境地與其階段》，《文藝論叢》68，2007.3。

79. 〔日〕岡阪猛雄：《淮南子的「言」之意識》，《東洋學論集》，1964。

80. 〔日〕笠原仲二：《莊子的認識論》，《立命館文學》73，1949。

81. 〔日〕片倉望：《〈列子〉與〈淮南子〉的「自然」》，《論集》（三重大學）11，2004。

82. 〔日〕楠山春樹：《〈淮南王莊子略要、莊子後解〉考》，《フィロソフィア》38，1960.4。

83. 〔日〕楠山春樹：《從淮南子看莊子的成立》，《フィロソフィア》41，1961.7。

84. 〔日〕久富木成大：《氣的循環與黃泉的形成——關於〈淮南子〉的黃泉觀念》，《金澤大學教養部論集；人文科學編》26-1，1988。

85. 〔日〕倉石武四郎：《淮南子之歷史（上）（下）》，《支那學》3-5、6，1923。

86. 〔日〕小林理惠：《〈淮南子〉的治身、治國論與世界觀——以「精神」爲核心》，《集刊東洋學》60，1988.11。

87. 〔日〕佐藤明：《司馬遷看到〈莊子〉》，《中國哲學論集》，1984。

88. 〔日〕澤田多喜男：《關於〈淮南子〉的道家傾向與儒家傾向》，《東海大學紀要文學部》24，1975。

89. 〔日〕末永高康：《精神小考——以〈淮南子〉爲中心》，《中國技術史研究》，1998.2。

90. 〔日〕杉田正樹：《語言的秘密——以〈淮南子〉爲線索》，《關東學院大學文學部紀要》78，1996.12。

91. 〔日〕鈴木喜一：《關於淮南子論法的考察》，《懷德》30，1959。

92. 〔日〕田中麻紗巳：《作爲雜家的〈淮南子〉》，《九州中國學會報》27，1989.5。

93. 〔日〕田中麻紗巳：《〈淮南子〉從〈呂氏春秋〉的引用》，《呂氏春秋研究》2，1988.12。

94. 〔日〕田中麻紗巳：《關於〈淮南子〉的「自然」——西漢道家思想的一面》，《集刊東洋學》36，1976.11。

95. 〔日〕田中柚美子：《鄒衍的世界觀和淮南子墜形訓》，《東方宗教》41，1973.4。

96. 〔日〕田中智幸：《關於〈文子〉與〈淮南子〉的關係》，《櫻美林大學中國文學論從》11，1986。

97. 〔日〕谷口洋：《關於〈淮南子〉的文辭——漢初諸學的統一與漢賦的成立》，《日本中國學會報》47，1995。

98. 〔日〕谷中信一：《關於對〈淮南子〉成立的齊文化影響——以兵略訓爲中心》，《日本女子大學紀要：文學部》40，1990。

99. 〔日〕戶川芳郎：《關於〈淮南子〉所引的詩句》，《日本中國學會報》43，1991。

100. 〔日〕馬場英雄：《關於〈淮南子〉的「自然」》，《漢文學會會報》32，1986.10。

101. 〔日〕馬場英雄：《關於「神、形」與「心、性」的問題——〈淮南子〉的人間觀》，《國學院雜誌》87-1，1986.1。

102. 〔日〕平岡禎吉：《關於從現代來看待在〈淮南子〉中出現的氣》，《日本中國學會創立五十年記念論文集》，汲古書院，1998.10。

103. 〔日〕平岡禎吉：《在淮南子中出現的生命觀》，《九州中國學會報》1，1955。

104. 〔日〕平山久雄：《關於高誘的〈淮南子〉〈呂氏春秋〉注中的「急氣言」「緩氣言」》，《東方學》78，1989.7。

105. 〔日〕本田濟：《淮南子的一面》，《人文研究》4-8，1953.8。

106.〔日〕宮本勝:《淮南子主術訓的政治思想與其理論構造》,《中國哲學》4,
　　1967.3。

107.〔日〕向井哲夫:《〈淮南子〉與墨家思想》,《日本中國學會報》31,1979。

108.〔日〕向井哲夫:《〈淮南子〉與陰陽五行思想——以覽冥訓與本經訓爲中
　　心》,《日本中國學會報》34,1982。

109.〔日〕村田浩:《〈淮南子〉與災異說》,《中國思想史研究》14,1991.12。

110.〔日〕村田浩:《〈淮南子〉的「類」》,《中國思想史研究》17,1994。